河北经贸大学学术著作出版基金

河北经贸大学金融学院学术著作出版基金

河北省社会科学基金项目

民国社会组织
对小区域货币的管理研究

——以商会为核心的社会治理考察

陈晓荣　著

中国金融出版社

责任编辑：王雪珂
责任校对：李俊英
责任印制：丁淮宾

图书在版编目（CIP）数据

民国社会组织对小区域货币的管理研究：以商会为核心的社会治理考察/陈晓荣著．—北京：中国金融出版社，2020.11
ISBN 978 - 7 - 5220 - 0595 - 9

Ⅰ.①民…　Ⅱ.①陈…　Ⅲ.①社会组织管理—作用—货币管理—研究—中国—民国　Ⅳ.①F822.9

中国版本图书馆 CIP 数据核字（2020）第 069436 号

民国社会组织对小区域货币的管理研究——以商会为核心的社会治理考察
MINGUO SHEHUI ZUZHI DUI XIAOQUYU HUOBI DE GUANLI YANJIU——YI
SHANGHUI WEI HEXIN DE SHEHUI ZHILI KAOCHA

出版
发行　**中国金融出版社**

社址　北京市丰台区益泽路 2 号
市场开发部　(010)66024766，63805472，63439533（传真）
网 上 书 店　http://www.chinafph.com
　　　　　　　(010)66024766，63372837（传真）
读者服务部　(010)66070833，62568380
邮编　100071
经销　新华书店
印刷　北京九州迅驰文化传媒有限公司
尺寸　169 毫米 × 239 毫米
印张　17.75
字数　265 千
版次　2020 年 11 月第 1 版
印次　2020 年 11 月第 1 次印刷
定价　69.00 元
ISBN 978 - 7 - 5220 - 0595 - 9
如出现印装错误本社负责调换　联系电话（010）63263947

目　　录

第一章 导 论

　　民国社会组织的内涵是相当丰富的，鉴于本书的视角，社会组织将以民国时期商会为核心，包括各业的同业公会、农会及其他类似的工商业团体组织，尤其以钱业公会、银行公会等金融业同业组织为主体。因为本书探讨的中心论题之一是小区域货币，很多问题是围绕货币问题展开的，因而商会及同业公会都应与之相关。在选择文献时，将着重于以下四个方面。一是市民社会的相关理论及文献；二是商会及同业公会的研究文献及资料；三是民国乡村治理及士绅的研究成果，其中涉及民国自治的相关问题；四是关于民国小区域货币的研究及相关文献。由于以上文献题材其实来源于各个不同的学科，有相关独立的理论体系，借助于这些跨学科的理论工具及思维方法，可能对研究者找到寻求问题的答案提供重要的帮助。这也是目前学界的某种趋势及做法，在此也愿稍作尝试。

第一节　社会组织及小区域货币的学理支撑及相关文献

　　对民国小区域流通货币的研究，目前所见研究成果多集中于对该货币的发行机构、流通效果、票面版式等方面，对监管层面的探讨涉及不多。因此，仅从钱币学和历史学的研究途径出发，不免使探索的思维和视野都受到局限。借鉴其他学科的理论与方法，让我们找到分析问题的新视角和新路径，如社会学方法、政治学方法、管理学方法等，如果能将这些手段与货币历史研究有机结合，一定是值得鼓励的。实际上，越来越多的人正在进行此方面的探索和尝试。

一、市民社会的相关理论

学界对"市民社会"的研究成果颇丰，这是我们可以借鉴的"他山之石"。黑格尔和马克思建立了市民社会的理论基础。哈贝马斯、柯亨等又进一步丰富了市民社会的理论。近年来，中西方学者在此基础上也进行了大量的理论及实践研究。王振海探讨了现代社会组织发展及其对国家治理的作用，并梳理了社会组织参与治理的理论依据。①

（一）国家、市场与市民社会的良性互动

1. 市民社会的两分法

黑格尔和马克思完成了市民社会理论的构建，提出社会结构的"政治国家—市民社会"两分法，把市民社会看作独立于政治国家之外的社会自主领域，市场经济是市民社会的核心部分，其主要由经济交往领域和社会组织所构成。黑格尔认为，"市民社会"是处在家庭与国家之间的地带，他首先提出了市民社会作为与政治社会相对立的概念，并在此基础上与国家作出学理区分。进而在对市民社会与国家界定的基础上，通过严密的逻辑推导，建构了"国家高于市民社会"的理论框架。黑格尔第一次将市民社会与政治国家作了二元划分，但其"国家高于市民社会"的理论具有局限性，"隐含着国家权力可以无所不及和社会可以被完全政治化的逻辑，其国家的概念也常常被转化为一种对强权的理想化"②。

马克思肯定了黑格尔国家与市民社会两分法的基本观点，同时指出黑格尔的"国家高于市民社会"理论，倒置了市民社会与政治国家关系的真实性。马克思明确将市民社会纳入经济基础的范畴，指出"在过去一切历史阶段上受生产力制约同时也制约生产的交往形式，就是市民社会"，"市民社会是全部历史的真正发源地和舞台"③。马克思认为市民社会是政治国家的基础。

2. 市民社会的三分法

市民社会三分法，即一些学者提出的"国家—经济—市民社会"的三元

---

① 王振海. 社会组织发展与国家治理现代化 [M]. 北京：人民出版社，2015：59.

② [英] J. C. 亚历山大、邓正来. 国家与市民社会——一种社会理论的研究路径 [M]. 北京：中央编译出版社，2002，97.

③ 马克思恩格斯选集：第1卷 [M]. 北京：人民出版社，1995：88.

分析模式。代表人物是哈贝马斯、柯亨和阿拉托等。哈贝马斯认为，资本主义社会市场经济的发展导致了国家与社会的相对分离。政治领域作为"公共权力领域"与国家相对应，"私人领域"与社会相对应。私人领域既包括狭义上的市民社会，也包含公共领域。这样经济与公共领域都被划入私人领域。但同时他也认为，经济与国家在本质上更为相似。因此，他又提出了"生活世界—系统"的二元社会分析框架。"生活世界"与公共领域相对应，"系统"则由经济和国家所组成。"生活世界"里人们在自发的社会关系中进行"社会整合"，而在"系统"中人们进行"制度整合"。前者遵循的逻辑是人与人在日常交往中的相互理解，后者遵循的逻辑是金钱和权力。他进而提出在现代资本主义社会，阻挡系统对生活世界的殖民式干预才是公共领域发展的目标。他所谓的公共领域包括教会、文体团体和学会，也包括独立的传媒、运动和娱乐协会、市民论坛和市民协会，此外还包括职业团体、政治党派、工会和其他组织等，也即市民社会。① 这就是哈贝马斯的"公共领域—经济—国家"三元分析模式。

美国哲学家柯亨和阿拉托提出"公民社会—经济—国家"的三元分析模式，即柯亨和阿拉托对市民社会的构想。"它主要是想在不妨碍经济和国家领域的自主运行逻辑的前提下，通过政治社会和经济社会的中介对它们施加影响。在当代发达国家内部，民主革命如果要继续的话，其中心不在别处，就在市民社会。而对民主化最为重要的不仅包括进行自由交往的'公共领域'，而且包括志愿性结社，因为人们能直接参与并亲自体验和学习民主。"②

萨拉蒙也认为，我们是置身于一场全球的"社团革命"中，历史将证明这场革命对 20 世纪后期世界的重要性丝毫不亚于民族国家的兴起对于 19 世纪后期世界的重要性。其结果是出现了一种全球性的第三部门，即数量众多的自我管理的私人组织，它们不是致力于分配利润给股东或董事，而是在正式的国家机关之外追求公共目标。③ 因此，萨拉蒙提出了"政府—营利部门—

---

① ［德］哈贝马斯. 公共领域的结构转型［M］. 曹卫东等译，北京：学林出版社，1999：21.

② 童世骏. "后马克思主义"视野中的市民社会［J］. 中国社会科学季刊，1993（3）.

③ ［美］莱斯特·萨拉蒙. 非营利部门的兴起［M］. 何增科译，载何增科主编. 公民社会与第三部门，北京：社会科学文献出版社，2000：243.

第三部门"的三元分析模式。第三部门就是非政府组织（NGO）或非营利组织（NPO）。三者由于各自在提供社会产品上的不同特点，将形成一种互补合作的关系。

3. 国家与社会合作理论

加州大学伯克利分校的皮特·埃文斯（Peter Evens）在 1997 年提出了"国家与社会相互赋权"或共治的理念，强调社会力量的赋权并不必然削弱国家治理社会的权力。公民参与能够加强国家力量，而国家制度也可以建立一个有利于公民参与的环境，二者互为条件。① 邓正来也是国家与市民社会关系"良性互动说"的代表。他认为国家与市民社会具有一定的互补性。"透过这种互动，双方能够较好地抑制各自的内在弊端，使国家所维护的普遍利益与市民社会所捍卫的特殊利益得到符合社会总体发展趋势的平衡。"②

4. 市民社会三分法在中国近代货币史研究中的运用

官方的视角主要是二分法。认为国币、省钞是国家的，而钱庄票、商号票则是应该被禁止的。因此，货币体系基本就分为上下两层。传统上的皇权不到县，县下就是地方治理。民国自治也是这一治理思路的延伸。直到 20 世纪 30 年代后期，保甲制度的推行，强调一元化的统制政策后，金融及货币体系的二元结构逐步被一元化的货币制度取代了，即货币完成了统一，不仅是地域的统一，也是上下分层的合一（见表 1 - 1）。

表1-1　　　　国家、市场、社会三分法下的货币结构及分层体系

国家（管理机构）		市场		社会
		机构	货币	
上	中央（财政部）	国家银行	国币	商会联合会
	各省（财政厅）	省银钱局（省银行）	省钞	总商会
下	各县（财政局）	钱庄、银号等	钱庄票	县商会
	市镇、乡村	工厂、店铺等	商号票	镇商会

---

① Xu Wang, "Mutual Empowerment of State and Society: Its Nature, Conditions, Mechanism, and Limits", Comparative Politics, Vol. 31, No. 2, 1999, p. 234.

② 邓正来. 国家与社会：回顾中国市民社会研究 [A]. 载张静主编. 国家与社会，杭州：浙江人民出版社，1998：287.

（二）市场、政府与社会的互补治理

1. 市场失灵

在市场经济条件下，市场机制对资源配置起着基础性和决定性作用。市场的作用机制，包括价格机制、供求机制、竞争机制、利益机制等。它具有任何其他机制和手段不可替代的功能优势：资源配置的高效率性、市场决策的灵活性和市场信息的有效性等。但现实生活中市场的缺陷是不可避免的。所谓市场缺陷就是市场机制的低效率或无效率。市场缺陷又称市场失灵，主要表现在垄断、市场主体产权界定、外部性、公共物品提供等方面。另外，还有一种"合约失灵"（contract failure）现象。由于生产者和消费者之间存在着信息不对称现象，仅靠合约不可能消除机会主义行为。汉斯曼提出，在提供复杂的个人服务、公共物品服务等制度条件下，都会出现合约失灵现象。这种在某些私人物品供应中由于信息不对称导致的合约失灵或私益方面的市场失灵，又被称作"第二种市场失灵"。① 如果这类商品或服务由非营利组织来提供，生产者的欺诈行为就会少很多。这是因为非营利组织受到了"非分配约束"。非分配约束是对生产者机会主义行为的一种有力制度约束。② 因为非营利组织不能把获得的盈余分配给股东，只能用于组织自身的发展，这个特征在很大程度上抑制了生产者或通过提高价格或通过以次充好等行为，去损害消费者利益的投机主义动机，维护了消费者的权益。

2. 政府失灵

公共选择理论的代表人物布坎南认为，市场失灵不应该成为对政府干预进行辩护的证据，政府失灵与市场失灵一样是不可避免的。政府干预的局限性也即政府失灵，政府失灵体现在很多方面，如公共决策的失误、政府供给公共产品低效率、政府机构膨胀和政府寻租等方面。以公共产品为例，造成政府提供公共产品低效率的原因是：（1）政府垄断公共产品供给，缺乏市场竞争机制；（2）政府缺乏成本—效益意识和顾客导向理念；（3）公共产品和公共服务难以测量；（4）政府官员和社会公众之间拥有的信息具有不对称性；

① 秦晖. 政府与企业以外的现代化——中西公益事业史比较研究 [M]. 杭州：浙江人民出版社，1999：20.

② 田凯. 西方非营利组织理论述评 [J]. 中国行政管理，2003（6）.

（5）受制于信息公开性的局限性，缺乏社会对政府的有力监督。另外还存在"第二种政府失灵"，也是政府提供公共物品的另一个缺陷，即政府提供公共物品无法满足社会多元化的需求，因为政府提供公共物品的决策是一种政治性决策，它倾向于反映"中位选民"的偏好。因此，政府会受到多种条件的制约，最终使一部分人对公共物品的过度需求得不到满足，另一部分人的特殊需求也得不到满足。由于这种由政府提供的物品属于公益性质，非私益方面的，被称作第二种政府失灵。

同时政府寻租行为导致政府在提供公共产品中公共性的丧失。寻租行为是一种非生产性活动，其结果必然会给社会带来资源的巨大浪费，社会公平、公正和政府信誉的丧失，从而使政府失去了作为提供公共产品主体地位的基础。

借鉴以上理论，政府失灵在货币领域同样存在，如市场对货币的"过度需求"是指因季节性交易增长而引起的货币需求增长，但在供给一定的条件下，便无法得到满足；而对货币的"特殊需求"则指对货币的需求是因地而异的，在相对平均的货币供给下，货币需求却存在明显的地区间不平衡。因为经济发展水平差异导致了交易规模的地区差别，以及地理、交通等因素，这都决定了货币需求的地域不平衡性是客观存在的。此外，政府寻租理论也揭示了货币发行中的滥发无度可能是政府寻租行为的必然结果。只要政府寻租行为不受制约，货币超发会导致政府丧失币信，从而纸币成为废纸的历史便一再重演。

货币学派代表人物米尔顿·弗里德曼曾指出，"在今天的世界里，通货膨胀是一种印刷机印象"，即一国中央政府是制造通货膨胀的祸首。但"没有一个政府愿意承担制造通货膨胀的责任"，他们还要为通货膨胀找各种替罪羊，如所谓"贪得无厌的企业家""得寸进尺的工会"等，但"所有这些被指控的罪犯，没有哪一个拥有印刷机，没有哪一个能凭借印刷机印出那些装在我们口袋里称为货币的纸片，也没有哪一个可以合法地授权会计在账册上汇入与那些纸片相等的项目"。① 从公共选择理论看，这就是政府缺陷或政府失灵

---

① ［美］米尔顿·弗里德曼. 货币的祸害［M］. 安佳译，北京：商务印书馆，2007：185.

在货币领域的表现。

（三）市民社会与商会的关系研究

运用市民社会理论和公共领域研究明清、民国时期的社会问题成为西方汉学界兴起的一个研究热点。萧邦齐、罗威廉和兰金都认为在 19 世纪末，出现类似于欧洲资本主义发展初期所特有的"公共领域"，到 20 世纪初形成萌芽状态的"市民社会"。但魏斐德、孔飞力、黄宗智等学者对这一观点持否定态度。国内学者最早对这一问题作出回应的是王笛。他借用公共领域的概念对商会及其他公共组织进行考察，认为 20 世纪初期，成都公共领域的扩张，是由于国家同地方士绅的紧密合作而形成的，这从商会的建立以及城仓的出现均可明显看出。①

葛宝森在《保定商会研究》中对近代学者在市民社会与商会关系的研究进行了整理和综述。② 马敏认为，在清末民初，中国城镇中传统公共领域在很大程度上隐含着某种体制意义的变化，"城镇公共领域里的变化，其结果是导致城市行政权力部分由官方下移民间，形成国家权力之外的社会权力体系：在野市政权力网络，这一网络拥有不完全的市政建设权、商事裁判权、工商、文教、卫生及其他公益事业管理权。如果不拘泥于字面意义，在野市政权力网络实质上就是黑格尔曾经论述过的市民社会的雏形"。③ 但是由于处于市民社会早期，与国家依赖性一面占据着主要地位。

为回应西方学者关于清末民初是否出现市民社会这一问题，朱英经过深入的思考，以卷帙浩繁的商会档案为基础，运用"国家—社会"理论框架来阐释以商会为代表的民间团体与政府之间的互动关系。朱英认为，在清末民初，中国最具有市民社会特征的组织就是商会，具体反映在"独立自治""契约原则"和"民主制度"三个方面。从国家方面来看，曾给予社会一定的扶持，成为独立市民社会孕育萌生的重要因素，但统治者又担心社会权力的扩张会危及自身的统治地位，因而在国家对社会给予扶持的同时，加以各种限制，甚至在自身力量比较强大时给予扼杀；从社会方面来看，市民社会初步

① 王笛. 晚清长江上游地区公共领域的发展 [J]. 历史研究，1996 (1).
② 葛宝森. 保定商会研究（1907—1945）[D]. 保定：河北大学博士论文，2011：28 - 32.
③ 马敏. 官商之间——社会剧变中的近代绅商 [M]. 天津：天津人民出版社，1995：285.

形成以后，取得了相当一部分自主权利，在一定程度上发挥了制衡国家的作用。但是，近代中国的市民社会始终面对一个不愿放弃既有权力的国家政权，更重要的是本身发展不充分，自始至终都在很大程度上存在着对国家的特殊依赖性，很难与国家长期抗衡，无力抵御国家的侵蚀，最终难以摆脱被国家扼杀的命运。①

市民社会理论是以"国家与社会"抗衡为前提的，虽然朱英支持中国市民社会由于发展不充分，但与国家的合作和依赖占据主要方面。国内学者冯筱才对这一研究路径提出了不同看法，并且从商人自身的角度进行了探讨。冯筱才认为，在中国，官员与地方精英之间更多的是基于"儒家政治策略的合作"，所谓社会精英增强的活动或者"政治表现"，更多的是因为国家的权威降低，官员未能尽到责任之故，并非一种有意的独立倾向。市民社会的基础是私有产权，而"中国的理论资源中并不能找出类似证明私有财产神圣不可侵犯的东西。而私有公享之类的论调，国家至上的原则却可以找出很多例证"。②

20 世纪 90 年代以来，国内学者将市民社会理论引入商会史研究，并迅速成为商会史研究的主流模式，出现了一大批颇有分量的学术成果，把商会史研究推向了一个新的高度。虽然不乏争议，但这一研究范式具有极大价值的借鉴意义。它从政治—社会变迁的角度来观察和分析社会转型，更加明确商会与政府的关系。作为一种研究范式，市民社会理论不仅拓宽了国家与社会研究的深化，而且更着眼于国家与社会的互动关系，具有极大的历史意义和现实意义。

二、回顾商会、同业公会史研究

（一）商会研究简述

天津商会档案的整理研究工作：1991 年，天津市档案馆和天津社会科学院开始合作整理天津商会档案资料，出版了《天津商会档案汇编》共计 5 辑、

---

① 朱英. 转型时期的社会与国家——以近代中国商会为主体的历史透视［M］. 武汉：华中师范大学出版社，1997.

② 冯筱才. 在商言商：政治变局中的江浙商人［M］. 上海：上海社会科学院出版社，2004：17，56.

10 册，跨度从 1903 年至 1950 年，总计 1 000 万字，为后世研究天津商会提供
了重要的参考资料。

　　与此同时，对苏州商会的研究也取得了丰硕成果。马敏、朱英的著作
《传统与近代的二重变奏——晚清苏州商会个案研究》是关于苏州商会研究开
拓性的成果，其研究的视角侧重于晚清时期。1991 年，华中师大历史研究所
与苏州档案馆共同整理研究苏州商会档案，先后出版了《苏州商会档案丛编》
第一至第六辑，时间从 1905 年至 1956 年。在苏州档案资料整理的基础上，
王仲著《民国苏州商会研究（1927—1936）》则是对苏州商会研究的延续，重
点是南京国民政府成立至抗战爆发前的这一时段。内容涉及"训政"时期苏
州商会的组织变迁、该商会与各地商会的联络关系、商会对苏州乡村的社会
治理及对农业生产的扶持、商会与国家的控制与反控制，以及最后商会权力
的逐渐丧失等几个方面。① 另外还有厦门总商会编写的《厦门商会档案史料选
编》，整理了大量地方商会的珍贵资料。②

　　20 世纪 90 年代出现了一批较有分量的商会研究成果，主要表现在学者将
商会研究从最初的组织结构及与其他组织的关系梳理，推进到运用现代化理
论、社会组织系统论、法学理论和政治学理论等跨学科的分析方法来分析商
会的一系列基础问题。如徐鼎新、钱小明：《上海总商会史（1902—1929）》；
朱英：《辛亥革命时期新式商人社团研究》，中国人民大学出版社（1991）；
虞和平：《商会与中国早期现代化》，上海人民出版社（1993）；马敏、朱英：
《传统与近代的二重变奏：晚清苏州商会个案研究》，巴蜀书社（1993）；马
敏：《官商之间：社会剧变中的近代绅商》，天津人民出版社（1995）；朱英：
《转型时期的社会与国家：以近代商会为主体的历史透视》，华中师范大学出
版社（1997）等。

　　进入 21 世纪，学界对商会史的研究有了新进展。宋美云（《近代天津商
会》，天津社会科学出版社 2002 年版）、应莉雅（《天津商会组织网络研究》，
厦门大学出版社 2006 年版）、张学军、孙炳芳（《直隶商会与乡村社会经济

---

　　① 王仲. 民国苏州商会研究（1927—1936）[M]. 上海：上海人民出版社，2015.
　　② 厦门总商会编. 厦门商会档案史料选编 [M]. 厦门：鹭江出版社，1993.

(1903—1937)》，人民出版社 2010 年版）、李柏槐（《民国时期成都工商同业
公会研究》，四川大学出版社 2006 年版）、行龙（《山西商会与地方社会》，
《华中师范大学学报》，2005 年第 5 期）等，对商会研究在以下方面逐步深入
展开：地域更广，不仅有发达地区，还有边远地区的商会研究；内容更深入，
涉及商会的经济与社会功能、与政治及市场的关系、商会的法制化建设进程，
以及商会的社会管理与协调功能等。但对其经济功能尚处于初步，有待深入
探讨。涉及金融业管理的有：陈海忠（《近代商会与地方金融：以汕头为中心
的研究》，广东人民出版社 2011 年版）、陈景熙（《官方、商会、金融行会与
地方货币控制权》，汕头大学硕士论文，2002 年）、黄挺（《1933—1934 年金
融危机中的汕头市商会》，《汕头大学学报》，2002 年第 3 期）等，分别揭示
了地方商会在相关金融事件中的影响，地方商会在当时金融危机中的协调和
斡旋。

（二）商会、同业公会史研究精要

商会研究多注重其社会经济的职能，这是商会的重要职能之一。

宋美云以天津商会为例，认为天津商会组织系统由两个组织网络构成，
一是同业公会，称为垂直组织网络，二是其他社会组织网络，称为附属组织
网络。商会通过网络这一机制与全国各地商会互通商情信息，联合抵制苛税、
缓解金融危机、维护商人权利乃至推动市场经济的发展。① 人们对商会的社会
经济职能越来越重视，借用各种理论方法，出现了很多研究成果。姚会元研
究了清末民初上海总商会在平息金融风暴中的作用，认为上海总商会减少了
金融风暴中的损失，使经济恢复到正常状态。姚会元的研究结论强调上海商
会对金融市场的影响，摆脱了以往单纯从政治活动方面评价商会的倾向。② 宋
美云从市场中介组织的角度考察了 1912—1927 年的天津商会，研究了天津商
会作为市场经济组织的一系列经济行为，包括禁止买空卖空、调节商人诉讼
纠纷、缓解金融风潮、制止跌价竞争、维护市场公平竞争，说明天津商会是

---

① 宋美云. 中国近代社会的中介组织——天津商会（1912—1927）［J］. 天津社会科学，1999
（1）.

② 姚会元. 上海近代商会在稳定金融中的作用［J］. 学术月刊，2000（5）.

市场经济发展不可缺少的调控中枢。①

张芳霖则关注商会在市场及调节市场功能方面的研究。张芳霖的著作以清末至民国时期南昌商会为研究对象，剖析了不同时期南昌商人与商会组织的兴起、演变及其行为策略的时代特征。认为南昌商会既是特定市场环境需要的产物，也是一系列机构变革及制度安排的结果，是在中国传统制度变迁与现代制度安排不断冲突和融合中发展起来的。随着市场的开拓和扩大，商会及同业公会的乡缘、地缘、亲缘和官缘等因素日渐淡化，取而代之的是更加注重跨地区的信息传递与交流的"商联会—商会"及"商会—同业公会"的纵横组织网络体系的构建。这不仅有利于行业秩序和市场秩序的维护，也有利于国家及政党对商人组织的管控。而大多数人乐意接受这种制度安排。②

李娟婷在研究商会与商业行政时，分析了商会在商业金融发展中的角色定位。

首先，商会在币制改革中的作用。商会在贯彻政府政令、积极建言献策、维护币制统一及杜绝劣币等方面都发挥着重要作用。一是贯彻政府政令。民国政府在不同时期颁布了一系列政策、法令，禁止各银钱行号发行纸币。法令的传递路径是财政部下发各省财政厅，财政厅转饬各县，县署"转商会一体知照"；同时财政厅也函送苏州总商会，请其转知钱商公会及各银钱行号知照。而各商务分会及钱商公会除并遵令执行外，也应总商会要求，从事各业的情况调查，并反馈给总商会。二是积极为统一币制建言献策。《国币条例》颁行后，全国仍存在两元并存的情况，币制混乱，危机频发。全国商会联合会吉林事务所提议统一币制办法 14 条，得到全国各地商会的热情响应。三是整治秩序维护币制统一。如天津总商会对各地商会有违《国币条例》的行为，进行了查处。四是杜绝劣币侵害健康的市场。

其次，商会在金融风潮中的作用。如天津总商会和各县商会在民初铜元危机的处理中，都发挥着重要的作用。从 1917 年至 1926 年，天津铜元价格

①　宋美云. 中国近代社会的中介组织——天津商会（1912—1927）[J]. 天津社会科学，1999（1）.

②　张芳霖. 市场环境与制度变迁：以清末至民国南昌商人与商会组织为视角 [M]. 北京：人民出版社，2014.

连续下跌，从银元每元兑换铜元 135 枚，跌至每元兑 350 枚。究其原因，据各县商会反映，主要有三个方面：一是各地大肆铸造劣币；二是大量劣币流入市场；三是外人滥铸劣币充斥市面。加上奸商望风逐利，往往携带巨数银洋及大宗货物来天津，兑换铜元贩运出境，贪图渔利者络绎不绝。此后天津总商会的应对之策是：（1）设立专门机构负责发兑铜元票；（2）采取严厉措施禁止私运铜元；（3）据实反映市场状况；（4）调查铜元跌价行情；（5）提出铜元贬值应对建议。另外商会在中交停兑风潮中也发挥了很大的作用。① 其中，"据实反映市场状况"是以 1921 年 7 月至 1922 年 12 月天津各行商及直隶各县商会之间的函件为依据，列举大量的内容是关于各地商会就当地铜元泛滥情况的报告及其原因的说明，并据此提出整顿铜元贬值的方案。这充分说明天津总商会不仅在上令下达、下情上达方面都发挥着极其关键的纽带作用，还能集思广益，为政府部门提供更加切合实际的解决危机的方案。

朱英探讨了 20 世纪 20 年代商会法的修订问题，对商会与商民协会的矛盾乃至商会的存废问题进行了梳理。1926 年初国民党二大通过《商民运动决议案》，提出对北伐之前的商会进行改造，主旨是禁止买办或买办商人加入商会，并控制商会领导权，引导商会拥护国民革命；以委员制代替旧商会的会长与会董制度；减少会费，以便让中小商人加入商会，改变富商大贾操纵商会的旧体制。但从上海总商会的改造情况看，效果并不明显，最后又恢复旧制。国民党中执委一度主观地认为，商会是大资产阶级的代表组织，而商民协会是代表下层中小资产的组织，是革命的力量。因而曾有废除商会，由商民协会取代的意图，但遭到了各地商会的一致驳斥和抗争。自 1926 年至 1930 年，商会与商民协会共存时期，双方矛盾重重，甚至在湖南部分地区出现商民协会接管商会的现象。1928 年随着"训政时期"的到来，国民党中执委议决通过"民众团体组织原则及系统"，强调"凡利益不同而义务各异的民众应使其分别组织""民众团体应各保其完整一贯的系统"，此两项原则，商会得以保存。但新商会法迟迟不能推出，也导致商会与商民协会之间矛盾激增。

① 李娟婷. 商会与商业行政：北洋政府时期的政商关系（1912—1927）[M]. 北京：经济管理出版社，2015：180 - 196.

最后在各地商会的一再呼吁和据理力争之下，于 1929 年 9 月国民政府正式公布商会法，保留商会三级组织网络，即全国商会联合会、各省商会联合会、各市县商会；但取消了各省总商会。随后工商部公布商会法施行细则；此后，商民协会被废除。虽然国民党新商会法并未达到商界的满意，但商会得以保存，也是商会与政府长期抗争的结果。①

关于同业公会的研究，早在民国时期就有李森堡的《同业公会研究》。该书对同业公会的起源、组织以及与政府关系的讨论较为详细。② 李文海主编的《民国时期社会调查丛编——社会组织卷》记述了民国时期各类社会组织的概况，其中对昆明市 28 个同业公会的组织结构、职能、营业情况等作了详细论述。③ 樊卫国探讨了民国时期上海同业公会在政治上的行动，指出："民国的政治环境使资产阶级具有社会主流的地位。资产阶级追求'政治利润'，积极地参与国家政治与社会政治活动，其投入期望博取'回服'；但在以暴力权势为胜的环境中，民权宪政犹如虚空，大量的民间资产阶级作为'政治人'仍缺乏成就感和满足感。"④ 同业公会等组织在与政府当局的合法化博弈中，时而与政府合作，时而与政府有限地对抗。马德坤的博士论文《民国时期济南同业公会研究》主要内容涉及济南同业公会的组织结构和运行机制、经济职能、社会活动、与政府及其他社会组织的关系等。⑤

以上诸多学者研究商会、同业公会等组织的活动，涉及政治、经济、社会救济等各个方面。研究的区域主要集中在上海、天津、苏州、汉口、济南、保定等几个经济相对发达的地区。但依然存在一些薄弱环节，其中之一是商会、同业公会等组织与地主军阀关系的研究尚不多见。

---

① 朱英.1920 年代商会法的修订及其影响 [M].徐秀丽，郑成林.中国近代民间组织与国家，北京：社会科学文献出版社，2014：105 – 130.
② 李森堡.同业公会研究 [M].上海：上海青年书店，1947.
③ 李文海主编.民国时期社会调查丛编——社会组织卷 [M].厦门：福建教育出版社，2005.
④ 樊卫国.论民国上海同业公会的"政治行为" [M].徐秀丽、郑成林.中国近代民间组织与国家，北京：社会科学文献出版社，2014：163.
⑤ 马德坤.民国时期济南同业公会研究 [D].济南：山东大学博士论文，2012.

三、社会精英与地方治理及自治问题的探讨

民国社会组织是分散的、碎片化的、相互独立、结构松散的、分行业、分地域的（乡谊）少数人的利益群体，对外很难形成合力，更不用说对抗强大的中央政府和地方军阀了。最低限度地存在目的是生存和自保，没有做大做强的环境基础和现实条件。

（一）行业精英与地方金融

史瀚波在《乱世中的信任：民国时期天津的货币、银行及国家—社会关系》一书中，通过对某些行业精英人士（包括银行家及相关行业组织）在管理区域货币、处理地方金融危机、调度地方经济资源方面所起的作用，阐明了银行业精英对地方经济发展及调控地方金融危机等问题上都发挥着重要的影响力。

史瀚波首先从国家对金融的控制角度出发，分析国家控制的三个方面：国家对货币的垄断，国家在调控金融中的作用，国家对银行资源的使用。第一，专享对货币控制通常是现代国家的权力支柱之一。但通向垄断货币供应的道路，并非一条直线或不可逆转；对货币的中央控制可以被来自地方的抵抗瓦解。在中国，政府官员努力对始于晚清的纸币发行实施垄断，但直到1935年才由国民政府实现这一目标。为什么如此之长才实现垄断？第二，国家控制金融体系的能力与货币稳定性之间的关系问题，学者有不同的观点。银行业务自由论者认为：是市场，而非政府调节了银行和货币。中央银行和政府垄断货币事务，不是必需的，而且它在事实上干预了银行体系的有效运行。大卫·格拉斯讷（David Glasner）得出结论：国家对货币的垄断并非出于经济考虑，而是要对"抵抗内外威胁的国家安全"有所贡献。① 但是安娜·施瓦茨（Anna J. Schwartz）认为："历史证据并非很支持自由银行业务。"其理由是：关于结算所之功效及美国、英格兰、瑞典自由银行体系之稳定性的

---

① David Glasner: "An Evolutionary Theory of the State Monopoly over Money", *Money and the Nation State: The Financial Revolution, Government, and the World Monetary System*, Transaction Publishers, 1998, p. 40.

证据，显示出更多的调控和更大的潜在不稳定性。① 第三，在银行与国家关系中，国家对银行资源的使用是一个主要问题。史瀚波从天津的银行与中央或地方政府之间的直接贷款分析，得出结论："事实上，国家要求使用银行资源直接导致天津出现很多次金融危机，因为贷款给靠发行纸币维持其财政的政府，耗尽了银行金库，让货币兑换危如累卵。"②

史瀚波着重分析了精英与国家—社会关系的问题，认为有三个中心过程影响了精英在国家—社会关系中的作用：第一，精英对社会危机的反应是"行动主义"，19世纪20年代中国地方精英在"行动主义"上的增加。地方精英发挥了国家无法或者不愿发挥的许多功能（关于这一主题，文献宏富）。有学者认为，地方精英行动主义的增长发生在一个正在发展的公共领域，抑或是市民社会中。虞和平认为：作为精英行动主义主要媒介的商会严重依赖政府的支持和贯彻以达到其目的。③ 裴松梅（Margaret Pearson）把一位商业精英描绘为"一如两面神亚努斯，端坐国家与社会间"④。关文斌（Man Bun Kwan）在一份关于天津商业精英的研究中认为：地方精英发挥了"更大的作用"，他们既能加强也能破坏政府权威。⑤ 第二，银行在地方发行货币，一般在地方层面加以处理，体现了中央与地方的紧张关系。大量研究表明存在于国家与社会关系中的失败，是源于国家无力动员或者重塑中国社会。⑥ 第三，随着银行体系的发展，精英结构中接纳了银行家群体。马敏认为，绅商阶层在晚清时期发挥了国家与社会之间调停人的作用，但在共和时期却消失了。⑦绅商阶层的消失恰与精英的碎片化和诸如银行家等专业团体的出现同时发生。

---

① Anna J. Schwartz："Are Central Banks Necessary"，*Critical Review*，1993（7），2–3，p. 355.

② ［美］史瀚波. 乱世中的信任：民国时期天津的货币、银行及国家—社会关系［M］. 上海：上海辞书出版社，2016：16.

③ 虞和平. 商会与中国早期现代化［M］. 上海：上海人民出版社，1993：366.

④ Margaret Pearson：*China's New Business Elite：The Political Consuquence of Economic Reform*，Canifornia University Press，1997，p. 44.

⑤ Man Bun Kwan：The Salt Merchants of Tianjin：State – Making and Civil Society in Late Imperial China，Hawaii University Press，2001，p. 6.

⑥ Lloyd E. Eastman：The Abortive Revolution：China under Nationalist Rule：1927 – 1937，Harward University Press，1974，p. 309.

⑦ 马敏. 官商之间：社会剧变中的近代绅商［M］. 天津：天津人民出版社，1995：365.

上海的银行家在传统的团结形式，如乡谊中找到了力量。①

"银行家、官员和地方精英在天津玩弄的推动针对银行及其纸币的信任的诡计，看起来更像是一场精心制作的游戏。在其中，每一方都试图让自己看起来支持这一体系，而实际上对其不承担任何金融责任。但这场游戏是真实的，风险也很高。金融机构为转型货币体系和推动国家权力提供了一个强有力的工具。但在同时，针对这些机构的信任之需求限制了国家的活动，给银行家和地方精英带来了挑战，也让中国在混乱的民国时代在面对来自国内国际的紊乱时不堪一击。"②

史瀚波在研究中国精英群体与国家—社会关系时，从银行及其货币这个利益核心出发，从货币能否取得社会的"信任"为基准，恰是抓住了问题的实质。

（二）关于自治思想与研究

孙中山提出"县为自治之单位"的基本设想。与旧国民党的一些人不同，孙中山坚决反对联省运动，在地方制度的设计上侧重县自治，孙中山主张："地方自治者，国之础石也。础不坚，则国不固。观五年来之现象，可以知之。今后当注全力于地方自治。"③ "地方自治之范围，当以一县为充分之区域。"④ 在 1924 年 4 月的《国民政府建国大纲》中，孙中山指出："每县地方自治政府成立之后，得选国民代表一员，以组织代表会，参预中央政事。""县为自治之单位，省立于中央与县之间，以收联络之效。"⑤ 陈子明分析，孙中山在反复强调县为地方自治单位的同时，并没有明确肯定省为地方自治团体。

关于县自治，根据陈子明的研究，清末地方自治的重点是城镇乡自治，

---

① Marie – Claire Bergère："The Shanghai Bankers' Association, 1917 – 1927：Modernization and Institutionalization of Local Solidarities", *Shanghai Sojourners*, East Asia Research Center, University of California, Berkeley, 1992, p. 15.

② ［美］史瀚波. 乱世中的信任：民国时期天津的货币、银行及国家—社会关系［M］. 上海：上海辞书出版社，2016：18 – 32.

③ 孙中山全集：第三卷（1913—1916）［M］. 北京：中华书局，1984：327.

④ 孙中山全集：第五卷（1919.1—1921.11）［M］. 北京：中华书局，1985：220.

⑤ 胡春惠编. 民国宪政运动［M］. 中国台北：正中书局，1978：626.

府厅州县作为上级地方自治单位，实行的是一种半官治、半自治的体制——既有作为朝廷命官的行政长官，又有议事会、参事会等地方自治组织，但最后决定权在官治一方。国民政府成立后，积极推行县自治。1929 年 3 月，国民党第三次全国代表大会通过《确定地方自治之方略及程序，以立政治建设之基础案》，指出县自治的含义包括自治法人、自治行政、自治财政、自治选举等项内容。将前三项内容分述如下：

第一，自治法人，即县为法人。县作为自治团体，得自行处理地方事务，有独立的财源和财产。这就确定了县是国家行政区划中享有自治权的实级，而县上的专员公署和县下的区都不是实级。

第二，自治行政。清末至 1933 年前，州县学务、警政、实业等被定位为"官治"以外的"自治"，局、所不属于"官署"，局、所首长具有"绅"的社会身份，有时并不领取薪水。在顺义县，财务局长由各局各区及高小商会选举，县长呈请财政厅长核准委任。梁漱溟在回顾 20 世纪 30 年代乡村建设运动时说：山东各县政府以外还有四局（公安局、财政局、建设局、教育局），县长没有多大的权，各局直接受省政府各厅的指挥。1933 年，内政部拟定《各省县市地方自治改进办法大纲》，要求"注重由上而下，县市行政与地方自治打成一片"。1935 年 1 月，南昌行营颁布《剿匪省份各县政府裁局改科办法大纲》，县政府下设各局一律裁撤，归并于县政府各科管理，一切县政设施，悉由县长总其成；裁局改科后，增科添员，并酌加行政经费。1939 年"新县制"进一步规定，县政府设民政、财政、教育、建设、军事、地政、社会等科。合署办公与裁局改科，是走向县统一行政、自治行政的重要步伐。清末自治之行政公署与自治机关泾渭分明，有中央与地方之别。民国自治，尤其是 1933 年后，实行自治"官办"，由地方公务员取代地方士绅来办理地方自治。由县长统一指挥。

第三，自治财政。清末自治经费完全由地方自筹，不从正税中开支一文。1919 年北京政府《县自治法》规定县自治团体的经费主要来自各种赋税的地方附加，尤其是田赋附加（也称亩捐），亩捐常超过县财政总收入的 60%。民初民国政府划分中央财政与地方（省）财政两级，1934 年第二次全国财政会议改为中央、省、县市三级财政。此后各项税负中，县财政收入增加。如衡山县田赋收入中45%归县财政。国民政府1939年9月公布的《县各级组织纲要》规定：县之财政，由县政府统收统支；应建设上之需要，经县参议会之决议，及省政府之核准，得依法筹集县公债。1941年11月，国民政府颁布《改订财政收支系统实施纲要》，将全国财政分为国家财政和自治财政两个系统：前者包括原属中央及省级财政；后者以县市为单位，包括市县乡镇之一切收入支出。过去县财政中包括国家财政与自治财政两个系统，现在统一归入自治财政，这与地方自治由"民办"改为"官办"的趋势是一致的。该纲要从表面看似乎突出了县自治的地位，但由于把原属地方财政的田赋和契税悉归中央，事实上是强化了中央财政。1946年国民政府又恢复了中央、省、县市三级财政体制。①

（三）关于乡村治理问题的探讨

乡约制度并不是严格意义上的行政制度，而是地方士绅自愿帮助朝廷维系地方道德规范和社会秩序的非正式政府组织，作用主要是通过乡规民约的制定促使民间社会"德业相劝、过失相规、礼俗相交、患难相恤"。由于这种制度符合理学的政治伦理观念，因此自宋至明、清，逐渐成为民间化的制度。晚清至民国时期，乡村行政制度基本沿袭了北宋以来的乡约和保甲制度。到晚清，县以下的社会控制单位不是严格意义上的政府，其长官也并非严格意义上的官僚或品官，因而政府对于基层社会的控制，依赖的是地方的士绅或强人。而这些群体的利益与朝廷的利益不尽相同，甚至经常具有地方主义的性格，从而不一定能够服务于朝廷的政治一体化利益。② 因此，"基层社会控制单位经常被不同区域的社会群体改造成为地方认同的载体，与民间社团和非官方仪式性组织糅合在一起，也经常被纳入区域性经济政治组织的框架之内，使朝廷对之失去控制，而成为离心的势力。为了维系中央集权的权威，宋以后的诸朝依然部分保留着传统国家时代的社会等级、城乡等级差别，这就为非正式的制度提供了很大的生存空间"③。

① 陈子明. 陈子明文集（7）[M]. 中国香港：世界华文传媒出版机构，2010：298 – 301.

② Shue Vivienne. The Reach of the State: Stretches of the Chinese Body Politic, Stanford University Press, 1988, p. 95.

③ 王铭铭. 走在乡土上——历史人类学札记 [M]. 北京：中国人民大学出版社，2009：151.

许多学者认为，传统中国乡村的治理结构有两个不同的部分，其上层是个自上而下的官制系统，底层是官治以外的地方治理，即由族长、乡绅或地方名流掌握地方性的管制单位。其治理结构，"是两种情况的结合：文化、意识形态的统一与管辖区域实际治理权的'分离'"，即存在着"两种互不干扰的秩序中心"①。在基层社会，地方权威控制着地方区域的内部事务，他们并不经由官方授权，也不具有官方身份，而且很少与中央权威发生关系，这在事实上限制了中央权威进入基层治理；地方权威的"自主"管辖权没有受到严重挑战，它们各成一体。② 费孝通认为，乡村一级存在着以"绅权"为标志的乡土秩序，有别于以"皇权"为标志的国家秩序。关于中国乡土社会"乡绅统治格局"的观点，是目前学术界的主流话语。③

清末民初，士绅就处于乡村权力的中心，在自治过程中，绅权进一步扩大。

王先明认为，士绅阶层是超越村落社区的具有县域影响的非正式权势力量，他们的活动及其影响主要集中在县域；他们是相对独立于官吏体系之外的非正式权力；"士绅会议"是士绅权力发生作用的管道。虽然民国时期国家权力向乡村渗透，但仍然离不开士绅居于官、民之间的中介作用。"对于地方公共权力和公共资源的控制，是传统士绅独有的权力之一。"国民政府时期，士绅在经济资源上的权力得到强化，表现为原来的非制度化的公团会所变成正式的局科，地方士绅掌控了各县"四局"（公安、财政、教育、建设）。除公安局长由省委派外，其他三局均系本县士绅。王先明引用一个重要的例证是，江西省政府民政厅长提请省政府核准备案的《关于清乡剿匪办法案》，内容中提到在四种情况下都需依赖"士绅会议"出面解决：一是靖卫团、区团等由地方绅商辅助办理；二是各区团款不足时，需召集绅商会议讨论征收；三是抽收绅商米谷等捐，须由绅商会议通过；四是各县靖卫队薪饷不足时，需召集地方绅商筹给。因此，士绅会议成为民国时期乡村社会中重要的公共

---

① 王先明. 近代绅士［M］. 天津：天津人民出版社，1997：21.
② 张静. 基层政权——乡镇制度诸问题［M］. 杭州：浙江人民出版社，2000：18.
③ 陈子明. 陈子明文集（7）：中国行政区划改革与地方自治［M］. 中国香港：世界华文传媒出版机构，2010：341.

事务所。①

除以上几个方面的内容之外，还有一些方法值得注意，如区域经济学、自组织理论等理论及方法也可以借鉴。施坚雅（区域经济学或空间结构说）指出，在中华帝国（清末）的空间结构中，可以区分两种等级体系，一种是为了区域行政而设置的，另一种起初是因经济活动的需要而形成的。前者反映了帝国官僚的结构，是衙门的世界；后者反映了中国社会的"自然结构"，是一个集市和贸易的体系，在其中占支配地位的是在野官员、无职缙绅和重要商人。在1890年中国的18个省中，有经济中心地（包括城市、中心市镇、中间市镇和标准市镇）39 000个，其中作为行政治所的只有1 546个，其余都是非行政治所的中心地。② 到20世纪中叶，"在中国农村广袤的乡村里，仍有5.8万个基层市场体系"③。

克鲁格曼（Krugman）在《自组织经济》一书中，以多中心空间自组织模型对商业之间的向心力和离心力及其相互作用的分析为基础，阐明经由"一只看不见的手"形成大范围内的有规则的经济空间格局的内在机制；发展了克里斯塔勒（Christaller）的中心地方理论，为空间经济学的重要分析工具。④

四、小区域货币监管的研究概述

早期的小区域货币研究成果数量有限。值得注意的有吉田虎雄的《中国货币史纲》，该书列举近代中国发行纸币的机构有五类，分别是中央银行、省立银行、私立银行（即华商银行）、外商银行和"实业及其他团体、公司及个人"，其中小区域货币属于第五类机构发行的，但吉田虎雄认为第五种货币最为特殊，也最为有害，但"个人发行者较为少数"。⑤ 王业键在《中国近代币制与银行的演进》中分析了中国近代货币制度的基本背景，并指出近代货币

---

① 王先明. 士绅构成要素的变异与乡村权力 [J]. 近代史研究, 2005 (2)：283.

② 施坚雅. 中华帝国晚期的城市 [M]. 北京：中华书局, 2000：258, 327.

③ 施坚雅. 中国农村的市场和社会结构 [M]. 北京：中国社会科学出版社, 1998：115.

④ Paul Krugman. *The Self Organization Economy*. Cambridge, Massachusetts：Blackwell Publishers, Ltd. , 1996.

⑤ ［日］吉田虎雄. 中国货币史纲 [M]. 北京：中华书局, 1934：167.

的三大区域分布，即北方的铜钱与钱票兼行区；南方为银、私票与铜钱三角鼎立区域；西部边陲（新疆、云南、贵州）为银铜复本位所支配的区域。在此基础上分析了近代白银、铜钱、私票三个部门的货币扩张及其对近代经济的影响。[①] 吉田虎雄和王业键都以宏观的视角对近代中国私票的定位和意义进行了分析，极富指导意义。

20 世纪 90 年代，一些小区域货币研究成果值得关注。张志中编著的《收藏与鉴赏——中国近代纸币、票券图鉴》从收藏者的角度将近代私票及地方政府票券（地方票）的概况进行全面的归纳整理，得到初步的结论。[②] 由于作者的信息收集较全面，对小区域货币的进一步研究探讨是很有意义的。张通宝在《湖北近代货币史稿》中提示了湖北地方市票泛滥的情形以及湖北省政府对市票的治理措施，分析了治理效果不佳的原因，提出县政府"敷衍塞责"，地方驻军"出首为难"，地方商会把持操纵并"设法隐护"往往是造成治理不力、禁而不止的重要原因。[③]

石长有在《地方私票的产生及发展》一文中，分析了中国近代私票（小区域货币）发行的三个高潮期：第一个时期是清代中期，约道光、咸丰、同治时期。第二个时期是清代晚期（1883—1899 年），约光绪在位时期。中日甲午战争之后，中国被迫签订《马关条约》，允许帝国主义在华自由投资设厂，使外国资本大量输入，工商业有了新的发展，不断扩大的市场需求增加了货币流通量，另外割地赔款，赔款数额达两亿两白银，使政府财政状况极端恶化，无力控制全国金融形势，全国各省纷纷设立官钱局，发行纸币，各地方票号、钱庄、银号也都很活跃。并形成了钱业公会组织和商会组织。据统计，山西票号在全国 95 个城镇设立的分号就达 475 处，上海加入钱业会馆的汇划钱庄达 166 家，北京加入银钱业商会的庄号达 383 家。外商银行势力更加发展，到 1899 年，外商在华洋行已达 933 家，这时期是官商民间金融机构最为兴盛时期，也是货币制度最为混乱时期。这些商人组织发挥着重要的行业自律作用以及管理监督职能。第三个时期是民国初年至 1935 年法币政策

① 王业键. 中国近代币制与银行的演进 [M]. 中国台北：中央研究院经济研究所，1981：97.
② 张志中. 收藏与鉴赏——中国近代纸币、票券图鉴 [M]. 北京：知识出版社，1997：408 – 463.
③ 张通宝. 湖北近代货币史稿 [M]. 武汉：湖北人民出版社，1994：104 – 106.

实施前，这也是私票发展的第三个阶段。辛亥革命后，国内军阀混战，地方政权不稳，各路军阀为筹措军饷，在没有任何资金的保证下乱发军票，战争一紧或战败后一跑了之，所发的军票成了一堆废纸，因此人们对国家及军阀的信任远不如对当地有实力者的信任，这样就使地方私票在民间更加广泛的流通。①

戴建兵的《中国钱票》一书是进入 21 世纪后对钱票研究代表性的成果。该书以其极为丰富的资料，全方面梳理了全国各县近代钱票的相关内容，包括发行机构、发行数量、影响与效果等信息。书中首先对不同行业发行钱票进行了比较研究。《中国钱票》从货币职能角度将钱票分为若干类型：(1) 财政性发行的钱票。这种钱票多为政府行政部门所发行的，如县财政科，但更多的是由政府部门或军事部门给当地商会下令，由县商会或更小一级的镇、集商会发行的。这类与县财政相关的钱票发行，常常离不开地方商会的支持。(2) 流通性钱票。流通性的钱票往往是由当地商会出面而发行的钱票。商会出面发行钱票，一般的原因是着眼于流通，而之所以会出现流通不畅等情况，原因一般有三个：第一个原因是当地遭灾，这里包括兵灾和天灾；第二个原因是社会出现动荡，从而引发经济领域特别是货币的窖藏，而只好由商会发行钱票代替钱币流通，比如抗日战争初期华北出现了大量的私票，就是由于这个原因产生的；第三个原因是政府大量发行大额钞票，当地无法找零，而由商会发行钱票以解决问题。此外，还有"资本集聚性的发行""支付性的发行""消费性的发行"，以及"救济型钱票"等。在农村经济的死滞中，一些地区用私票充为"饮鸩止渴"之方，如桦川县商会发行钱票，并用之借贷给农民进行高利贷剥削。农民借款，要用地照或房契作为抵押，还要有两家铺保，立下字据。借款利息为月息二分，并且在借款时就要扣半年的利息。"当然这只是中国近代农村私票借贷千万例中之一，也反映出近代中国农村经济靠私票起不到救其出水火的作用。"②

《中国钱票》还对不同时期政府对钱票的管理进行了分析。(1) 关于清

①   石长有. 地方私票的产生及发展 [J]. 中国钱币，1998 (2)：68.
②   戴建兵. 中国钱票 [M]. 北京：中华书局，2001：10.

末商会的管理。宣统元年（1909 年）六月初七，度支部尚书载泽等上奏，拟定《通用银钱票暂行章程》二十条。其中第十六条规定："凡商设行号，由各地方官员随时会同商会派员抽查，如准备不符，或呈报不实，及有他项情弊者，报部查办。"该年九月，度支部尚书载泽等咨文《厘定商设银钱业注册章程》，进一步对商家银钱行号发行纸币进行调查。该文称："查暂行章程第五条，限于文到六个月内凡发行银钱票之行号，均须呈请地方官报部注册，逾期则由地方官分别处罚。现在期限将届，除京师由商会汇总呈请注册四十六家外，余均应由各该地方官会同商会绅董按照此次发出统一表式，迅速查明报部。其开设有年准其暂行仍发行票纸者，应按照第二表式自行填注各节，呈由该地方官报部分别注册立案。如仍因循玩视，一逾期限即当勒令将票纸全数收回，并查照暂行章程第十八条办理。各地方官遇有呈请注册立案等事务，宜遵章迅办，不得留难压搁，以恤商情。相应咨行各省将军、督抚、都统、副都统、民政部、顺天府转饬各该地方官切实遵办，并将部文表式及前咨暂行章程二十条刊印成册，转知商会绅董通饬银钱行号遵照可也。"（2）关于民国早期商会管理钱票。20 世纪 20 年代东北县一级政权对私票的态度：当时东北的省一级政权都先后发布了关于禁止私票流通的命令，但是各地的私票仍然通行无阻，而县政权在这一方是一个推波助澜的角色。当时安东的商家可以任意发行私票流通，只须将发行总额向当地商会登记即可。奉天发行私票一要由商会控制其发行额，还要得到县政府的批准。牛庄商家可任意发行，不需要什么手续。铁岭发行私票时由农、商两会协商控制其发行总额，即可在县政府备案。长春发行私票的商家只要商会作保，而在县政府处登记即可发行。吉林基本上也是可以自由发行私票，只是得由县政府认可。齐齐哈尔和满洲里等地，因大票太多，发行小票私票时，只要有一定的准备金，在县政府备案就可以发行。①

近年来，西方学者对货币制度的研究成果丰富。黑田明伸（Kuroda Aki-nobu）的《货币制度的世界史》（2007）从非对称性角度分析货币的差异化

---

① ［日］东亚经济调查局. 满洲流通的私帖［M］. 昭和四年版，东京堂书店，第 16 - 17 页. 转引自戴建兵《中国钱票》，中华书局，2001：15.

及多样性，从理论上分析民国货币多元化的存在原因。① 劳伦斯·H. 怀特在《货币制度理论》一书中利用"公开产品理论"分析货币的特点，并提出"多家发行通货使任何一家在流通中所占份额降低，因而限制了大规模过量发行的危险"的机制，因而认为存在一种"自发制度建设"的存在可能。②

西方自由主义的代表人物哈耶克（Hayek）在其著作《货币的非国家化》中指出，政府垄断发行的货币的确有一些好处，比如易于辨识且整齐划一，但是，"这样的好处当然不能抵消这种制度所带来的各种弊端"。"你即使对于他们的产品不满意，也必须使用。"这种垄断也剥夺了人们选择更优货币的机会。更糟糕的是，这种强制流通的货币，尤其是纸币，给人们带来的是周期性的通货膨胀。哈耶克认为政府不应当控制货币的发行，理由是："没有任何管理当局能够事先掌握这种'最优货币量'，只有市场才能发现它。"但政府为了维护其权威和垄断利益，往往禁止并打压一切私人货币的流通。"私人货币曾受人偏爱……尽管这样的货币却经常不被允许长期存在。"③ 因此，哈耶克提出的办法是，让私人创造的竞争性纸币取代政府垄断的货币，并倡导"自由货币运动"。尽管很多人认为哈耶克从金融自由化角度对分析货币垄断的弊端的分析恰如其分，也承认多元化货币有其合理的因素，但是哈耶克的设想并没有多少可行性。

第二节　研究内容的展开

民国社会组织在特殊背景下的经济管理及社会协调功能。商会等组织不仅适应了中国社会传统官本位的流风，也基本顺应了商品经济发展的需要，减缓了近代中国社会转型中的剧烈社会冲突。它是近代社会转型时期的产物，也是转型时期不可替代的社会各方矛盾的减震器和润滑剂。为了使行文方便

---

① ［日］黑田明伸. 货币制度的世界史——解读"非对称性"［M］. 何平译. 北京：中国人民大学出版社，2007.

② 劳伦斯·H. 怀特. 货币制度理论［M］. 北京：中国人民大学出版社，2004：16，58.

③ ［英］弗里德里希·冯·哈耶克. 货币的非国家化［M］. 北京：新星出版社，2007：33 - 39.

和使讨论更有逻辑性，也为了进一步推动对相关理论问题的探讨，在此先将一些重要概念及名词作出解释是十分必要的。在此基础上，试图归纳一下本书的基本思路及一般结论，以达开宗明义的目的。

一、相关概念及基本思路

对基本概念清晰理解是理论研究的前提，如果概念界定不清，可能造成不必要的争论。一些跨学科的概念或名词尤其需要解释清楚。本书中概念只对其外延作大致说明，并不对概念进行精准定义，以使其不会超出本研究的范畴。某些概念在学界尚未有清晰的界定，必须特别加以阐述，如小区域流通货币等。

（一）相关概念的解释

1. 社会组织

以一个县为基本单位的各种社会组织可分以下几大类：政治组织、经济组织、教育组织、自卫组织、党团组织、信仰组织、文化卫生组织、地缘血缘组织、秘密团体组织、社会救济组织等。[①] 对民国社会组织的划分，标准各有不同。有学者将其分为行业协会、互助与慈善组织、文艺和学术团体、政治组织、会党或秘密结社等几大类。[②] 根据与本书所论的主题小区域货币相关的社会组织可具体分为如下支系（如图1-1所示）。

从货币发行的角度看，县域各种社会组织都在不同时期发行过多种流通票券，形成了以社会组织为主体的多元发行体系。由于发行体系的多样化，在管理上也是由各社会组织互相协调、合作共管的格局。但是，由于国民时期国家货币体系的混乱，中央政府政令不出门，各省政府常把持在地方军阀手中，以军事力量对抗中央的法令，尤其是以省银行及其发行的省钞作为地方财政的支柱和军政费用的来源，必然构成了国家币制统一的巨大阻力，如桂系在广西，阎锡山在山西等，都有一套自己的财政货币体系，这是民国币制的混乱根源之一。作为省钞的支系，县货币体系更多由如上诸多社会组织

---

① 李文海等编. 民国时期社会调查丛编：社会组织卷 [M]. 厦门：福建教育出版社，2005：117.

② 张澧生. 社会组织治理研究 [M]. 北京：北京理工大学出版社，2015：4.

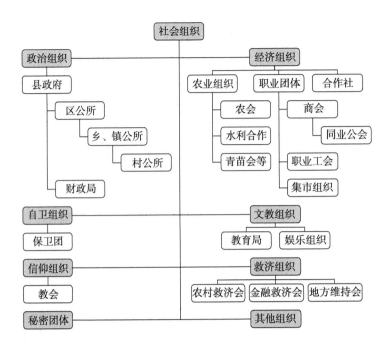

图1-1 民国县域各种社会组织体系构成

发行，总体上管理是杂乱无序的。但借助于社会学和组织管理学的相关理论，我们依然可以找出一些逻辑和规律来。

2. 行会、同业公会、商会及其相互关系

商会是传统商人组织——行会、会馆、公所整合而来的。行会、会馆、公所是商人自发形成的组织，均属于商人社团。一般而言，会馆是以地缘关系为纽带形成的商人团体，带有浓厚的地域乡土色彩。公所最初也是由会馆演变而来的，是按行业组织的商人团体，是外来商人与本地商人在经营地共同建立的行业性组织。行会则是对会馆和公所的总称。

关于商会与行会的关系，朱英将会馆、公所称为"前近代社团"，将商会称为"近代社团"，以示区别这两种性质不同的工商团体组织，只是商会在起源上与行会有一种千丝万缕的关系。[①] 行会是传统商人组织，商会是现代性商人组织，本质上两者是不相容的。虞和平则指出，行会与商会既有联系，也

——————————
① 朱英. 中国行会史研究的回顾与展望 [J]. 历史研究，2003（2）.

有区别。商会的功能主要在于其政治和经济两个方面，而行会的功能除此之外，还有乡亲联谊和福利的功能，行会与商会结合，是以其同质性为基础的，两者在协调官商关系、成员关系、维护利益、经济管理等功能上具有相同以及互相依赖的关系。①

对于行会与商会的关系问题，其实上述争论都存在一个共同的前提假设：传统与现代的对立。而现代化理论已经超越了传统与现代对立的观念。商会与行会的关系还是要回到具体历史情境中去。总的来说，商会不仅对经济发展有促进作用，还具有改善资本主义经济秩序、促进资产阶级政治参与和民族独立运动的作用，这种作用是行会所不及的。对于这一点，学者已经达成共识。但由于各地差异，对于行会与商会的关系问题，还有很大的探索空间。②

对同业公会的研究，代表性的有魏文享和李柏槐。魏文享把近代同业公会置于当今社会的民间组织理论背景下来研究历史上的同业公会组织，有意识地从"中间组织"视角，将工商同业公会置于所处的社会系统之中，确切地说是在国家形态之内来探讨同业公会的制度角色及其内在关系。作为中间组织，同业公会既居于政府与企业之间，也处于国家与商人群体之间，因此它作为一个制度平台，既可以为企业、商人、社会提供一个影响国家的渠道，也可以为国家提供一个调控社会的组织工具。魏文享对近代同业公会在社会组织中的作用和地位作了较系统性、通论性的研究。③ 李柏槐对成都近代同业公会进行了个案研究，尤其对商会与同业公会的关系作了辨析，认为商会与同业公会在法律地位上是平等关系，在组织管理上是上下级隶属关系。这种矛盾的关系，一方面弱化了商会对各同业公会的控制功能；另一方面可以保有商会对各同业公会的组织整合功能，有利于政府对商人组织的控制和利用。④

---

① 虞和平. 西方影响与中国资产阶级组织形态的近代化 [J]. 中国经济史研究，1992（2）.

② 葛宝森. 保定商会研究（1907—1945）[D]. 保定：河北大学博士论文，2011：17.

③ 魏文享. 中国组织：近代工商同业公会研究（1918—1949）[M]. 武汉：华中师范大学出版社，2007.

④ 李柏槐. 现代制度外衣下的传统组织——民国时期成都工商同业公会研究 [M]. 成都：四川大学出版社，2008.

3. 多元本位制与小区域货币

清朝是银两和制钱并行的时代，到晚清时政府铸造了大量中国从前没有过的新型的货币——银元和铜元。从此，中国的货币史上出现了一个新的时代，在货币领域中，金银铜纸各类货币满天飞，没有哪一种货币形式能够使其他种类的货币成为自己的辅币，都在流通领域中近于"平行"地流通，人称这一时期的中国货币是多元本位。① 在多元本位制下，由各种币材而产生的币种之间的关系也是复杂多变的。

首先，小区域货币与钱票（私票）的关系。小区域货币，与前作所论的范围有所不同，应包括制钱、铜元，乃至银两、银元等硬币。本书所论的主体虽仍为铜元票或角票等辅币券，但小区域货币之名，不应局限于纸币，也不应只囿于铜辅币，而是指流通于一域的所有货币种类。本书所讨论的流通各县的多以辅币为主的地方性钱票，因为各地习惯而有不同的称谓，如东北叫私帖或商帖，华北多为钱票、票帖、土票，湖南和湖北叫市票，江西为花票，广西为凭票，等等。下文为行文方便，将这种由地方机构及商人发行的纸币，称为钱票，或私票，有别于省银钱行号发行的纸币（官票），也不同于国家银行发行的国币。

新式银行的出现，对中国货币体系的影响尤为显著。"新的货币安排渗透到除了最偏远地区以外的所有地方，影响了经济的每一个部门……20 世纪的头 40 年见证了货币经济史无前例的扩张……货币存量有了新的安排；于其中，银行责任（存款与票据）占据了中心位置。"② 经过转型的货币体系有三个特征：一是 1935 年以前可兑换性是有效货币面临的真正考验。二是多种货币流通时，如何在与同行及外国货币的竞争中赢得公众的信任。三是银行在纸币上印有发行地，使其"本地化"。虽然是同一家银行发行的相同面值的纸币，但京票就没有津票值钱。③

其次，钱票与铜元流通的互动关系。官钱票与铜元是两项互相依赖的货

① 戴建兵. 中国钱票 [M]. 北京：中华书局，2001：4.

② [美] 托马斯·罗斯基. 战前中国的经济增长 [M]. 伯克利：加州大学出版社，1989：121.

③ [美] 史瀚波著，池桢译. 乱世中的信任：民国时期天津的货币、银行及国家—社会关系 [M]. 上海：上海辞书出版社，2016：13.

币体制。地方官府发行官钱票必须备有铜钱以供持票者兑换；否则无法建立官钱票的信用。湖南官钱局发行之初，人们仍持官钱票向官府索兑，以后再没有索兑铜元，反而是持现金向官府兑换官钱票了。因此，官钱票的市值往往超过铜元。① 究其原因，一方面，官府兑现的是铜元，一枚当十铜元成色只值 7 文，若向官府兑现铜元，则等于接受官府暗中贬值的现钱，所以人们宁愿使用官钱票。另一方面，发行官钱票可以取得人们手中的现金，为铜元局提供资金或铜原料的来源。因此，官钱票与铜元两者的关系是互相支持的。②

4. 商会票

民国时期纸币发行混乱，呈多元化货币发行的格局。小区域货币以乡村底层市场为生存空间，在各种竞存通货中，经商会注册或由商会直接发行的纸币叫作商会票，也是小区域货币的一种形式。在政局不稳定，物价上涨，货币严重贬值或统一货币不能正常流通的情况下，商会票具有调节货币流通、稳定物价、辅助地方经济发展、抵制外来货币掠夺、促进地方农工商发展等作用。商会票不同于官票，也不同于一般商号发行的商票，由于是公共组织发行的，是一种公票，如黑龙江绥化县清末发行的一种"公议会帖"，湖北宜昌县商会公济钱庄发行的"公济钱票"（1919 年），皆属此类。但必须指出的是，从官府的角度看，商票与公票都属私票的范畴。

商会票在小区域货币中所占比例虽不大，却在社会经济动荡时期发挥着重要作用。主要表现在两个方面：第一，从现存实物票券种类来看，种类并不多，但这并不代表发行数量少。私商票种虽多，主要是发行商号的家数多，但每家发行量并不大；政府部门和商会发行的纸币，仅一二种名目，发行额甚大。试举一例说明：1922 年，吉林省桦川县有私票 10 900 万吊，各商号票仅有 125 万吊，其余均为该县财务处、县城商务会、佳镇商务会和济桦钱号这四大家发行，县财政处就发行了 7 600 万吊（占总数的 69.7%）③。第二，现在发现的实物未毕尽能反映当时各部门发行纸币的实情。以现在发现的民

---

① 胡遹编. 湖南之金融 [M]. 长沙：湖南经济调查所，1934：11.

② 黄永豪. 米谷贸易与货币体制——20 世纪初年湖南的经济衰颓 [M]. 桂林：广西师范大学出版社，2012：114.

③ 戴建兵. 中国钱票 [M]. 北京：中华书局，2001：82.

国商会票实物为依据，河北省共有商会 16 家，发行商会票 42 种。而根据戴建兵的研究，从 1929 年到 1935 年法币改革前，河北省由县商会出面负责发行救济券银角票和铜元票的县有许多，资料可查的有藁城、定县、宁晋等 35 个县。① 总体而言，各家商会发行数量的多寡，是难以从票券种类上体现出来的。小商号及铺户发行的钱票也难以与有官府背景的商会钱票的影响相提并论。

此种多元共存的混乱货币体系，是造成动荡的根源。治理不善，如何治理，国民时期民间社会组织做过许多尝试。下面讲讲社会组织对区域货币的管理问题。

（二）基本思路及主题

借助于跨学科研究成果（金融理论、自组织理论、经济地理学、社会学、钱币学等）分析民国时期小区域货币存在的原因，并进一步分析社会组织的存在及其发展作用的机理，进而分析充分利用社会组织发挥其管理协调作用的意义。朱英、马敏等的研究，突出表现在商会的全方面作用，而非突出某一方面。本选题将集中探讨社会组织在金融货币问题方面所发挥的社会管理及协调作用，这既是转型时期的过渡需要，也是社会发展的趋势。

选题的背景是民国时期，政局动荡，经济转型，表现为典型的"小政府、大社会"的特点，由于民国币制混乱，货币种类多，货币流通芜杂，政府对货币不能有效控制，滥发无度，且朝令夕改，实际上，无论是中央政府还是地方政府，已经不能有效地管理货币制度了。托马斯·阿什顿在评论使用汇票作为货币时说："当国家不能履行其提供合适的法定货币的基本职能时，社会寻求创造自己的货币。"② 在这样的特殊背景下，社会组织的作用才能充分展示。当时市民社会、绅商社会的社会自治形式，对如今市场经济下政府逐步简政放权并发挥社会组织的作用具有重要借鉴意义。民国时期商会、同业公会等是当时重要的社会组织，清末以后，它们在社会化管理方面发挥着重要的作用。本书将以民国币制混乱为背景，以商会等社会组织对小区域货币

---

① 戴建兵. 近代河北私票研究 [J]. 河北大学学报（哲学社会科学版），2001（4）：36.

② [美] 查尔斯·P. 金德尔伯格. 西欧金融史 [M]. 徐子健等译. 北京：中国金融出版社，2007：90.

的管理为切入点，探讨社会组织在协调、管理经济及社会的职能及得失，因为市场经济需要以商会等为社会各阶层作"代言人"，为当下行政职能的转变、社会组织职能的强化提供经验借鉴和历史依据。此为本书的现实意义所在。

商会是近代社会转型时期的产物，即从旧的封建农业社会过渡到近代资本主义工商业社会，必须存在一种有别于封建政权且代表工商业者利益的社会组织，来协调各方利益冲突，尤其是新旧社会过渡时期的冲击。而货币的混乱发行则从一个侧面反映了此时各方利益冲突的具体化，因为货币的存在本身就是利益的体现，如商人发行钱票，是便于交易的需要，更是有利可图的；围绕钱票的利益冲突和协调既能充分展示各方的矛盾，也能集中体现商会的作用。

民国区域货币发行主体多元化，中央有国家银行体系，省有地方银行机构，市县也有银钱行号的存在。仅从县域发行机构来看，发行者既有地方官府的背景，也有商业机构的参与，还有社会组织的介入。如此纷繁复杂的局面，如何才能找出其头绪及规律？借鉴社会学的分析方法，从社会组织参与的视角去分析区域货币问题，顿觉混乱之中，找到眉目。

二、主题的导出及研究基本框架

本书以民国多元本位为背景，在社会组织为主体参与对小区域货币管理的特殊语境下，分析社会组织的成长及其社会治理能力的发展历程，探讨"第三部门"对社会治理的理论意义和实践价值。研究的总体框架如下：

（一）民国币制混乱情况。民国票币的表现形式多种多样，发行者各异：国币、省钞、银行券、商号票、军用票、土券、票帖满天飞。政治动荡伴随着钞票滥发，纸币贬值，民众遭难。省钞往往对民众的伤害是最大的。在政府币信用丧失之时，商会担负起维护地方票券流通的责任。

（二）地方经济的发展离不开货币的流通。但民国货币体系与经济发展并不匹配。这就导致市场必然内生出一套货币体系，异于国币或省钞架构，此即市场的货币体系。这是民间钞票生存的土壤。根据自组织理论，封建货币体系服务于旧的制度，已不能适应新的商品经济发展的需要；国家政局动荡，新的币制尚未建立。民间钱票的兴起，必然伴随着为其服务的机构的诞生，这就是商会、同业公会等社会组织，即"国民自理币制"的组织。

（三）商会在经济管理方面的作用。围绕钱票的存废，商会等组织处理其与三方关系（与地方政府的关系，与地方驻军的关系，与地区工商业的关系）：

1. 商会在政治稳定时期的作用相对有限。因为稳定的中央和地方政府，大都为集权政治形式，商会的作用会受到一定程度的压制，为维护工商业者利益方面收益甚微。

2. 在政治动荡时期的作用较为突出。社会动荡，各派势力更迭频繁，唯有商会组织较为稳定，能取信于民。其居间协调，成为军政、军民、官商关系的重要纽带和桥梁。

3. 士绅在商会中的作用。在任为官，退任为绅，士绅地位不可替代，是商会的中坚力量，也是商人的核心。新绅代表新兴资产阶级，商会也是其政治上的代言人。

（四）民国时期社会组织在维护小区域货币流通中的作用及其有限性。

1. 币制混乱即政局动荡或战争，货币的混乱必危及工商业者的利益，而此时商会受制于军政强权的威压而不能发挥应有的作用。

2. 币制动荡时期，只能短暂地维护币制的稳定，但其稳定性、持续性和权威性达不到维护社会各方面利益均衡的能力要求，因此最终被强权所控制和排挤也是必然的结果。

研究的基本结论：历史证明，一个机构完善的社会组织比一个追求短期效用的政府要更有信誉，在管理上也更加有效。社会组织是连接国家和社会的纽带和桥梁，是完善社会治理的重要依靠力量。社会组织以严格的规范自律体制和良好的协调沟通能力，在化解社会矛盾、制约公权滥用和膨胀，消解个人权利的不当主张方面，都发挥着不可替代的作用。同时，由于不同组织代表着不同群体的利益和诉求，如何在求同存异的基础上探求社会组织之间的良性互动和有效衔接，也是不断提高社会治理能力的新课题，探寻历史的经验教训对推进当今的社会治理现代化进程也具有重大的借鉴意义。

三、本书创新

第一，运用新的自组织理论分析探讨近代商会的形成及作用，以及商会管理中遇到的问题。第二，钱票实物的新证据不断涌现，结合大量商会史档案资料，找出二者结合点，为商会研究的新视角。第三，经济转型研究既发生在近代，也是当下的问题，借鉴现代研究成果反证近代；反之亦然。

当然，这里所讨论的社会组织是以商会为中心的各类团体组织，尤其以经济组织为主体，是难以代表全体社会组织的特征的。商会等团体不过是社会组织丛林中的一株小树而已；同样，社会组织的管理问题涉及社会诸多方面，对货币金融领域不过是社会经济汪洋大海中的一座冰山，而小区域货币更只是冰山一角。因而所讨论的问题及结论不免有失偏颇，抑或盲人摸象。

第二章　社会组织直接
参与钱票的发行

　　1904 年商部颁布《商会简明章程》之后，全国各地大中城市纷纷设立商会。到 1911 年，除川、粤、桂、黔、湘等省没有统计数字外，各省市共设总商会 34 个，商会 616 个。[①] 以工商业资本家为主体的商会之设，是 20 世纪初出现的引人注目的社会现象。尽管它仍带有某些中世纪行帮的印记，有的甚至还受到行帮的制约，但新式行业组织的商会、同业公会取代行帮却是一种历史趋势。

第一节　商会对货币的发行

　　商会在地方经济及货币方面的影响是多方面的。作为一种社会组织，商会所代表的是商民利益，维护市场和社会经济秩序，在振兴商务等方面起着积极作用。民国初年为了抵制外国货的倾销，众商家推举大商号出面组织商会，提出团结应变的方式，并实施"解纷苏困、救争恤艰、遇重争则集议，间有事涉争执、设评论员以理之，评论员与理事人环坐一室，期无不尽之辞、不达之隐"的策略。商会对小区域货币监管的主要形式就是由商会出面发行票币，商会票的表现形式多样，有的由商会直接发行，钱票下面印有某商会名称；有的由商会印发加盖"商会注册"的票券；还有的由政府某机构发行，加盖商会会长印章等。商会发行的钱票不仅存在区域性差别，也有阶段性特

---

　　① 陈旭麓. 近代中国社会的新陈代谢 [M]. 上海：上海人民出版社，1992：264.

点，同时在货币职能上也有较大的不同。

一、商会钱票的区域性

由于钱票的发行是基于制钱及铜元的流通，而制钱、铜元自清朝至民国皆呈现出明显的地区差异，大致表现为南多北少的局面。而一省之内又有市县各异，城乡有别。各地区内部也呈现出阶段性特征，下面仅以东北、河北、江西等省的商会票为例，论述商会票的详情。这些小区域货币在各地区有各地的名称，如东北叫私帖，河北称私票、角票、土票等，江西叫花票。

（一）东北地区的私帖

1. 哈尔滨商会和滨江商会发行的"羌帖兑换券"

"羌帖"是我国东北和新疆地区民间对俄国在我国发行的卢布纸币的俗称。从 19 世纪 60 年代开始，羌帖就越过边界出现在我国东北地区。1868 年，中国商人曾向官府报称："近来该夷商人比前倍觉诡诈，凡买本铺之货，并不付银，俱给羌帖，小民等欲不卖给，尤恐致失两国之谊。"[①] 与此同时，羌帖还出现在新疆的伊犁和塔城地区。到 1875 年以后，黑龙江省瑷珲县几乎为羌帖所独占。1898 年随着华俄道胜银行在哈尔滨建立分行和中东铁路开筑，俄国人大量流入，并且逐渐操纵了哈尔滨地方的行政权，黑龙江境内羌帖逐日增多。第一次世界大战初期统计，东北羌帖流通量约在 1 亿卢布以上，其中仅哈尔滨就有 4 000 万，中东铁路沿线 6 000 万，流通在南满和津、沪的尚且不计在内。其总额约占全俄卢布流通量的 1/16 以上。[②]

"在修筑（中东）铁路的五年时期，卢布的价值，较之不合规格的银元更为稳定。在通境的经济结算中，卢布占着统治地位。一切交易，不仅在中东铁路沿线，而且在内地其他许多地方，也使用卢布。农村居民在各种各样的金属货币或纸币中，宁愿吸收卢布，特别在储存货币的时候。"[③]

1917 年俄国十月革命胜利后，横行于东北的羌帖几成废纸；此时，国币哈大洋券正在酝酿发行阶段，即此时东北各县处于货币流通的"真空"时期。

---

① 黑龙江将军衙门档案 [Z]. 黑龙江省档案馆，全宗号 20，目录号 7，案卷号 1275。
② 侯树彤. 东三省金融概论 [D]. 上海：上海太平洋国际学会，1931：108.
③ 杨培新. 华俄道胜银行与欧亚大陆第一桥 [M]. 北京：中国金融出版社，1992：67.

东北各地商会等地方组织为了接济市场找零及流通需要，陆续发行了一些可与"羌帖"兑换的临时辅币券和存票。滨江商会和哈尔滨商会发行的羌帖兑换券是其中最典型的代表。现分述如下：

滨江商会发行的有两种：一是滨江商会临时辅币，1917 年 10 月和 12 月发行两个版别，券名"滨江商会发行临时辅币"，正面印有"足拾角兑换羌帖壹元"，背面有发行声明："本埠市面向系流通羌洋，近因零币缺乏，市面滞塞，本会为维持钱法起见，特发行半角、一角、二角、五角四种小票，以资接济，一俟钱法充足，再由本会如数收回，以防毛滥，特此声明。"二是滨江商会临时存票，1919 年发行，券名为"滨江商会发行临时存票"，正面有"此票足一千元、二百五十元俄帖兑付"字样，一元券背面有发行说明："本埠现因羌币毛荒，零币缺乏，金融奇紧，周转不灵，甚至大小帖兑换任意加价，钱法如此紊乱，商业前途何堪设想。本会为调剂金融平价兑换起见，特发行一元、三元、五元、十元临时存票四种，以资接济。此种存票准以一千元或二百五十元大帖来会兑换，不折不扣，与老帖一律行使，倘有不肖奸徒仿行伪造，一经查出定即送官惩究不贷，特此声明。"

哈尔滨总商会临时存票，哈尔滨总商会于 1919 年 5 月发行了五种面额的临时存票。票券背面印有"哈尔滨总商会发行临时存票条例"："第一条，现因哈市零币缺乏不便找付，特由本总会公议决定发行此项临时存票五种，即五角、一元、三元、五元、十元者为限；第二条，此项临时存票须满足羌帖二百五十元或一千元始能执换；第三条，油烂涂抹难辨真假者不能执换；第四条，如有变造假造者送官究办。"正面印有"此票照第二条兑换羌帖"。①

东北私帖的回收普遍早于其他省份。下面以滨江商会临时存票回收为例加以说明。民国初期，哈尔滨地区私帖流通基本消失。然在 1917—1919 年，因羌帖价格惨落，且辅币市场极缺，为了接济找零用货币，私帖又一度出现，然此私帖已非昔日由商号个人发行的以吊、文为单位的制钱私帖与铜钱私帖，而是一种市帖性质的、由滨江商会发行的临时辅币券和由滨江农业银行发行

---

① 张新知，王学文. 哈尔滨商会发行的特殊纸币羌帖兑换券 [J]. 中国钱币，2007 (1)：52.

的临时存票。其形状与流通的纸币相仿，票面上印有发行单位及"圆""角"等计价标志，最小面额为半角，最大面额为拾圆，还注有与羌帖比价及收回期间等字样。哈大洋发行后便停止流通，此后一段时间哈埠私帖绝迹。1931年"九·一八"事变后，市场金融堵塞，东北各地商会和金融救济委员会及少数私人商家又一度发行私帖，金额达1 609万元，券种达147种。哈尔滨地区也有少量发行。1932年7月5日，伪满洲中央银行发出53号"敕令"，禁止私帖发行，已发行的经"政府"批准，允其在年内继续流通，年末收回。到1935年6月，伪满洲中央银行用了3年时间，耗资291.8万元，将私帖全部回收。①

2. 东北私帖的发行与流通

东北私帖较多，但商会等官方、半官方机构占绝对多数（1920年前），名为救济灾民，为民兴利，实为搜刮民财。

民国初年，军阀割据，实行"省治主义"，各行其是。金融当然也不例外。当时，桦川县隶属于吉林省，以"永衡官银钱号"为最高金融机关，以该号所出货币为"官帖"②，独占全省金融市场。省有"省治主义"，县也有"县治主义"。有些县借口"银洋实币缺乏"，便自行印发"私帖"，用于搜刮民财，中饱私囊。桦川县便是其中的一个县。1919年，吉林省财政厅下发的一个训令中提到过其中情况："取缔纸币条例规定，除永衡官银钱号有特别规定并有特别的情形者外，所有官商银钱行号发行纸币，均应严行禁绝。而依兰、方正、桦川……等县，市帖、屯帖发行甚多。且有借以新换旧名目，暗中增发者。"桦川县正是如此。全县有一个机关、两个团体、25家商号和一家专业钱号印发"私帖"③，前后共印发私帖一亿零九百万吊④，按1918年全县粮食产值计算，这些私帖等于全县粮食总产值的5.45倍。私帖泛滥成灾，货币恶性贬值，物价暴涨，给全县商民带来很大危害。⑤

---

① 哈尔滨市志·金融志［M］.哈尔滨：黑龙江人民出版社，1995：15.

② "官帖"，东北地区省以上法定银行、官银行号等发行的货币，一般以吊为单位。

③ "私帖"，是旧中国一些地方使用过的一种纸币。这种纸币是由地方官署批准使用，由地方财政机关或绅商大户发行的，故以"私帖"之名与省以上法定银行所出"官帖"相区别。

④ 吊，是旧中国货币计量的基本单位，后来改为元。一吊钱等于一千文，即一千枚有孔的铜钱。

⑤ 金庆范.旧中国货币紊乱之一例［A］.佳木斯文史资料：第6辑，1987，3：162－163.

民国初年，上峰官署明令取缔，桦川县反而准予"取得环保，按资本半数出'凭帖'"。此禁一开，各大商号便见利忘法，争相印发。私帖一出，很快便失去节制，桦川县自行规定的按资本半数出使"凭帖"的章法成为一纸空文。1913 年，全县出帖商号便有 25 家，共出"凭帖"51.7 万吊，超出其资本总额的 31%。25 家全部超出资本半数，其中有 16 家超出其资本总额。吉林省和依兰道①也三令五申，督令取缔"私帖"。1914 年 2 月，桦川县署则限定各商号要在四个月内将所出"凭帖"全部收回。但直到 1920 年，桦川县还有大量私帖在外流通。据县商会调查，这年 8 月全县尚有 18 家商号计 47 万余吊"凭帖"未予收回。②

各商会发私帖虽多，与桦川县四大家比起来，真是小巫见大巫了。私帖垄断桦川市场的则是县财务处、县城商务会、佳镇商务会和济桦钱号③这四大家。到 1922 年，在全县印发的 10 900 万吊私帖中，各商号只有 125 万吊，而 98.8% 是出自上述四大家。在上述四大家中，县财务处一家就出 7 600 万吊，占私帖总额的 69.7%。济桦钱号于 1912 年经县署批准以 60 万吊为限出使凭帖，而他们当年第一次就出了 260 万吊，1914 年又擅自出了 540 万吊，到 1920 年，前后共出 1 090 万吊。县商会于 1917 年一次出帖 2 978 万吊。而且，在这四大家中，县财务处又只管出，不管收；其余三家，也都是出得多收得少，白手发财。据 1920 年统计，三家收回"凭帖"只占发行额的 7.5%，其余的都坑害了老百姓。④

3. 东北私帖流通的影响

第一，寻找理由，拒绝回收私帖，借机搜刮民财。当权者印发私帖的实质是搜刮民财。为了掩盖这一实质，他们还寻找种种理由。1921 年 7 月，济桦钱号经理李国卿、县商务会会长何景裕、镇商务会会长曲恩远及县财务处主任袁献璋，四人联名呈请县监督缓期收回凭帖。呈文中用大段文字诉说出帖缘由："民国四年，霪雨为灾，桦川颗粒未收，蒙郑前监督转请省宪批允，

---

① 道，是清末民初时期省与县中间的一级行政机构，道衙门称道台府，其首席官员称道尹。
② 金庆范. 旧中国货币紊乱之一例 [A]. 佳木斯文史资料：第 6 辑，1987，3：162 – 163.
③ 济桦钱号，是桦川县地方绅商大户与官府合办的专营信贷生意的小银行。
④ 金庆范. 旧中国货币紊乱之一例 [A]. 佳木斯文史资料：第 6 辑，1987，3：162.

组织济桦钱号，前后出使'凭帖'一千零九十万吊，急赈平粜，接济农户牛犋籽种，垫办教学经费。此钱号发帖之原委也。民国六年秋，'白龙'（土匪头目）肇乱，富锦失守，桦川岌岌不保，于是城乡修筑壕垒，先事自卫，耗费甚巨。于是县商会又出帖九百九十七万吊，佳镇商会出帖一千九百七十万吊。此又不得已发行'市贴'之实在缘由也。天祸我桦，大难未已，九年（1920年）各股匪纠众千余，攻陷佳镇，盘距四十余日，搜罗无所不至，损失何止'官帖'数千万之多。不得已，镇商会又出'钱条'（私帖）三千四百五十一万吊，开付商团薪饷，续购枪弹，修葺壕垒，应酬兵匪之消耗。至于财务处，归还钱号欠款，开付警团薪饷，接济灾户牛犋籽种，在在需款，告贷无门，于无可如何之中，亦出临时'钱条'三千二百一十三万八千吊。"这些缘由，办理防务，救济灾民，接济农户牛犋籽种，条条都像是为民兴利。实际并非如此，就连后来审理"私帖"案件的郑监督也说这种事情"名则接春耕、救济灾农、扶持公亏，实则灾民得沾实惠者绝少，不过供少数人之挥霍侵蚀而已"。①

　　第二，以私帖放贷，进行高利盘剥。事实上，所谓"接济灾民牛犋籽种"等等，是乘农民受天灾兵匪之劫，难以维持生产之际，用其所出"私帖"向农民放贷，谋取暴利。农民借款，需用地照或房契作押，还必须取得两家铺保，写下字据。借款利息为月利二分，并且要在借款当时坐扣半年利息。本县平政区赵凤阁的借款字据是这样写的："今据赵凤阁坐落玲铛麦河（地名）地照四十五垧，押本号钱（私帖）九百吊，按二分利例，予扣六个月利息一百零八吊，实应付给七百九十二吊。由四月二十一日算起，至十月十一日止，限六个月归还。逾限不缴，惟承保是问。此据。承保人：王兴和、张万财。"以后没有按期归还，共用了48个月，纳利873吊，平均年利率为52.5%。②私帖坑害百姓的实际情况，比起官府公文更让人触目惊心。1919年，桦川私帖出境要以十二吊兑换官帖一吊，而农民借款、卖粮拿到的私帖一律按官帖的帖值计算。有些商号所出的私帖，遇有周转不灵，更会突然贬值；此时，

① 金庆范. 旧中国货币紊乱之一例［A］. 佳木斯文史资料：第6辑，1987，3：163.
② 金庆范. 旧中国货币紊乱之一例［A］. 佳木斯文史资料：第6辑，1987，3：164.

持帖者争先兑换，闹得商号破产，所出私帖只能作废，成为一张废纸。① 这里就农民借款、卖粮所得"私帖"一律按"官帖"计值入账一事，试作如下分析：（1）卖粮，虽按官价计值，但所得却是私帖，如卖粮得一吊（官帖价），付给一吊私帖，在私帖滥发贬值后，假如是官帖十吊兑私帖一吊时，则等于农民手中的私帖贬值成一折了。（2）借款，也以官帖计值，即还款按官帖计值偿还，农民所得皆私帖，意味着在私帖贬值一半时，他们将双倍偿还债务。

第三，滥发私帖，造成物价飞涨。印发私帖向农民放贷，虽然高利盘剥，总还可以解决一点燃眉之急。而造成私帖泛滥，货币贬值，物价飞涨，那就只能给人民带来灾难。到1924年前，桦川县济桦钱号、县财务处、县商会、镇商会及各商号共印私帖11 697万吊，相当于1918年全县粮食总产量的5.8倍。依兰道尹下给桦川县的一件复文中说："该县钱法毛荒已达极点。本道尹前者视察该县，个中情弊，业经调查明确。当已拟定办法十条，饬令遵办。而该县知事漫不遵照办理，竟徇李国卿等之情，藉词出新换旧，希图假公济私。该县盗匪之劫，固较他县为重，而私帖之害，实较他县为深。"桦川县官署也不得不承认："一时权宜之计，印发私帖，行使市面，诚为剜肉补疮。以致钱法毛荒，百物异常昂贵，农商交困，感喟良深。若不及时整顿，势将商工辍业，农田荒芜。"②

但是，出帖的一些当权者从中大发横财。民国八年（1919年）十二月，一位化名王亦民的群众，给吉林省署写信告发桦川县滥发"私帖"，信中说："（济桦钱号经理）兰（剑云）、李（国卿）素以不名一钱之人，不五六年，而大有粮栈，开丰公司、同春义钱铺相继成立，并在佳镇建市房三百余间，车马衣物，宫室妻妾，居然富家翁矣。大利所在，人争趋之，佳（木斯镇）、悦（悦来镇）两商会会长曲恩远、何厚堂，也继起直追，印发'毛帖'（私帖）数千万帖。"由此可见出帖的几个人暴发了横财。③

①　金庆范．旧中国货币紊乱之一例［A］．佳木斯文史资料：第6辑，1987，3：165.

②　桦川县志［M］．哈尔滨：黑龙江人民出版社，1991：366.

③　金庆范．旧中国货币紊乱之一例［A］．佳木斯文史资料：第6辑，1987，3：166.

（二）河北（直隶）的钱票

河北省钱票流通情况较为复杂，表现为明显的阶段性特点。

第一阶段为民国前期，即大约为北京政府时期。北洋政府时期是河北钱票发行的典型阶段。柏乡钱帖以前商家发行的二千文、三千文钱帖早已废除，现在殷实商号经商会查明，取具连环妥保，备有押金，发行的一角、二角两种角票流通市面。[①] 万全商会约殷实商号十家互为担保，各出铜元票，分为十枚、二十枚、百枚三种，发行后人皆乐用。[②] 藁城毛票分为两种，一种是经商会保证后发行的，其信用尚好，一为私人滥发，信用薄弱。[③] 1914 年任邱由于政府下令禁止发行私帖，该县商会发出了《申述财政部禁止私立银号发行纸币应由各号自收以免金融波动文》，文中说："任邱各钱粮行，旧用凭帖换取铜钱，以代铜币，无论石印板印，皆是纸币性质，应令陆续收回，概不再发。" 1918 年，迁安公立钱局发行吊票，1923 年，该地的银钱行号在商会会长的支持下，大发私票，滥发约千万吊之多。1920 年，宁晋各商发行角票毫无限制，后宁晋商会向北洋印刷局订印了一批纸币，加盖"宁晋商会检查纸币"的印章，以收回前发纸币。河北栾城商会成员开办商业银号，并发行纸币，流通时间在 1919 年至 1920 年。1919 年，由栾城县商会成员组织开办商业银号。商业银号地址在西街南头路东，商会主要成员都为银号董事。该银号印发纸币，面额为壹角、贰角、壹元，发行多少票，就用多少银元做抵押，流放市场。翌年，城内传出谣言，说商业银号发行之票作废，于是人们纷纷到银号兑换，结果不长时间该银号就关闭了。[④] 山海关一带的银钱行号在商会会长支持下，大发私票。抚宁特别是留守营一带多发私票。1924 年临榆发行私票。同年曲阳县长与商会决定该县出钱票的商号要取得铺保两三家，纸币盖上商会图章即可发行，钱票由铺保和商会共同负责。5 月时直隶财政厅下令该县收回私票，但商会以该县地处山麓，地劣民贫且私票流通情况尚好为由

---

① 魏永弼纂．《柏乡县志》，卷四金融，民国二十一年铅印本。
② 任守恭纂．《万全县志》，卷三生计，民国二十二年铅印本。
③ 林翰儒编．藁城乡土地理［Z］．上册货币，民国十二年石印本。
④ 栾城县志［M］．新华出版社，1995：492.

请示暂缓收回，当时该县城镇有私票发行40多万吊，合大洋十八九万多元。①

第二阶段为国民政府初期，自国民政府成立至法币改革之前。1931年行唐有商会保证的商家15户发行私票。1931年曲阳县商会发行有流通券，面额分为一角、二角、三角、五角四种，并在其南邻的一些县内流通。新乐县境内有县商会认可的商店发行的私票流通，为银角票和铜元票。而且这些私票还可以在行唐县及石家庄流通。②

1932年，深县全县各地有36家商号发行，发行额自百元至二千元，分一角、二角、五角，共16 644元，仅在商会备案。蓟县私票俗名凭帖，有二吊、四吊、十吊、二十吊数种土票，每吊当铜元十三四枚，城乡商号发行，商会完全担保，市面发行约266 000余吊。束鹿辛集商会发行流通券共100万枚，准备金2 000元，城关商号出京钱吊票10余家，总额500～1 000吊。唐县1932年时，商会在天津北马路华东印刷印角票2.5万元，交上碑镇、益和成、德兴长、益发永、德盛永、普庆永、福顺成等19家商号使用。后下令停用。迁安商会设立公立钱局滥发1 920 350吊，另该县土票竟逾3 000万之多。公立钱局私发，且让城关私发商家向该局交保证金，汇总编号发行，有128万余串。1932年，石门商会为救济金融，发行救济金融兑换券角票10万元，由该市同业公会及特别户商号共同负担，该票在正太路以西至太原，平汉路北至保定，均可以流通。1934年，唐县商会发行有流通券2 000元，分一角、二角两种。晋县商会发行金融流通券。同年，定兴因利官钱局，创办于清末，开始仿照石门、宁津、元氏、深泽、晋县、藁城、固安等商会发行角票，印发流通券万余元。法币改革前调查，1934年宁晋县发行土票多达百余万元，1920年时各商会发行钱帖，后收回发行角票，系商会代印，由商会限制发行。③后大都收回焚毁，但仍有约14万元未收回（见表2-1）。④

① 戴建兵. 近代河北私票研究 [J]. 河北大学学报（哲学社会科学版），2001（4）：34.
② 河北省西北部流通货币调查 [A]. 辽宁省档案馆日文档案，财经类，2019.
③ 河北财政公报 [Z]. 1934，1（52）.
④ 戴建兵. 近代河北私票研究 [J]. 河北大学学报（哲学社会科学版），2001（4）：36.

表 2－1　　　　　　　法币改革前河北各县私票发行情况　　　　　单位：元

县别	时间	发行额	县别	时间	发行额	县别	时间	发行额
威县	1913	13 900	宁晋	1929	341 500	赞皇	1932	43 000
南宫	1916	2 000 000	隆平	1931	10 500	唐县	1932	25 000
深泽	1917	27 900	尧山	1931	15 000	石门	1932	100 000
曲阳	1924	180 000	抚宁	1931	27 000	宁晋	1934	1 000 000
元氏	1929	35 000	行唐	1931	16 000	迁安	1935	10 000
邢台	1929	60 000	栾城	1932	38 420	文安	1935	15 000

资料来源：根据《河北财政公报》1931年9月—1935年9月（第24～60期）各期数据整理。

第三个阶段为法币改革后。1936年，元氏县各村镇市场交易使用的货币均为角票，凡有500元资本的商店，只要在商会注册就可发行角票，当时流通额约为22万元，为不兑现纸币。宁晋1937年，因遭灾及金融枯竭，商界成立救济农村委员会发行期票，以一年为期，到时以地亩征摊，由商会负责办理。文安1938年县商会发行救济金融临时流通券。[①] 1937年，邱县城东街胡金庆任邱县商会会长期间，曾开立一银号。印制纸币票额为二角、五角，流通在邱县、馆陶两县各分区域。日军侵入境内，商会银号停办。[②]

抗战初期，赵县又有大启银号、庆源当发行银角票。1938年，兵灾多起，金融枯涩，该县组织了赵县农村经济委员会，在各村以富裕商号发行角票，一时间发行者极多，如南庄永庆祥、孔家营永茂兴、苏家町清威号、北李家庄瑞记、四德近仁号、孝友三合友等均发行了角票。城内各商号也广出救济农村流通券，如义盛永等。1939年后，该县将农村经济委员会改为救济农村合作社，并由该社发行救济农村流通券，用于农贷。该券分由各钱庄发行。现在已经发现发行这种救济农村流通券的商家有46个庄（见表2－2）。

表 2－2　　　　　　　法币改革后河北各县私票发行额　　　　　单位：家，元

县别	家数	发行额	县别	家数	发行额	县别	家数	发行额
临城	38	2 300	赵县	30	200 000	石门	—	150 000
永清	40	100 000	任县	40	110 000	临铭关	—	10 000
固安	—	60 000	元氏	—	220 000	武邑	67	—

资料来源：根据《河北财政公报》1935年12月—1937年2月（第63～89期）各期资料整理。

---

① 戴建兵. 近代河北私票研究 [J]. 河北大学学报（哲学社会科学版），2001 (4)：38.
② 邱县志 [M]. 北京：方志出版社，2001：483.

（三）江西花票的流通

江西各地发行花票，自 1926 年"江钞风潮"以后，更为严重，市场流通筹码不足，在辅币券极为短缺的情况下，各地公团商号机关乘机肆意发行花票。嗣后虽有裕民、建设、市立三家省市银行发行辅币券在 80 万元以上，而仅在省内较大的城市发行流通，各县、乡镇仍然缺少辅币券使用。于是各县乡镇地方政府机关、公团、商号等就借机发行纸币，有铜元票，也有发行角票的，甚至发行银元票。这些纸币大部分没有准备金，发行者从中牟利，地方当局漫无限制，越发越滥，既剥削平民百姓，又妨碍工商业发展，扰乱社会金融，为害甚烈。仅据 1933 年江西省经济委员会调查，吉安、万载、萍乡、九江、清江、靖安、铅山、崇仁、余江、安福、丰城、万安、贵溪、都昌、泰和、永丰、玉山、瑞昌、德安、安义、武宁、修水、万年、彭泽、新建、宜丰、东乡、永修、余干、上高 30 个县发行之花票，计有银元票18.0350 万元，铜元票204.5866 万串（以每串 3 角计，则为 61.3759 万元），两者合计 79.41 万元，几达 80 万元之多。其中发行单位不仅有钱业公会、商会、商店、当铺、信用社，还有县财务委员会、地方金融维持会、保卫团、县公卖局以及区办事处等。银元票发行最多者为 4 万元，系武宁地方金融维持会发行。铜元票发行最多者为 40 万串，系清江当铺发行，发行在 30 万串的有吉安商会、九江商会等单位，一般的也在二三万串。这只是部分县的调查情况，实际上全省发行花票的县和数额远远不止此数。①

20 世纪 30 年代初，江西省各县由商会发行的花票较为普遍。据《中国省银行史略》："民国廿二年，据江西财政厅调查，吉安、万载等廿八县，发行之铜元券及代币券之花票，价值共达八十万元之巨，发行机关则有商店、钱庄、当铺、钱业公会、米业公会、商会、县政府、财政局、财政委员会、县公卖局、区办公处、信用合作社等十七种之多。"② 花票在抗战前逐渐消失，兹将 30 年代江西花票发行情况列表如下（见表 2 - 3）：

---

① 诸锦瀛. 江西近代货币简史［M］. 南昌：江西人民出版社，2002：82.
② 郭荣生. 中国省银行史略［M］. 中国台北：台湾文海出版社，1975：62.

表 2 - 3　　　　　　　　　　江西各县商会花票发行数额

地名	发行机关	种类	调查年月	发行数额	备注
万载	商会	银元票	1934	10 000 元	
铅山	钱业公会	银元票	1934	8 000 元	
余江	商会	铜元票	1934	700 000 枚	市镇通用
万安	纸业公会、商会	银元票	1934	17 350 元	
吉安	商会	铜元票	1934	32 000 000 枚	
都昌	九江总商会	铜元票	1934	300 000 枚	
九江	商会	铜元票	1931	30 000 000 枚	
	商会	铜元票	1936	—	政府严令收回
泰和	商会	铜元票	1934	6 750 000 枚	
永丰	商会	铜元票	1934	17 436 600 枚	
瑞昌	商会	银元票	1934	50 000 元	
修水	县商会	铜元票	1933	一万吊	
彭泽	县商会	铜元票	1934	一万吊	全县通用
新建	商会等	银元票	1934	24 000 元	
	樵舍镇商会	银元票	1933	4 000 元	镇内通用
宜丰	县商会	铜元票	1933	数万串	全县通用
南城	县商会	银元票	1933	—	县城通用，有一角、二角、三角、五角数种
兴国	商会	铜元票	1936	—	县城通用
景德镇	总商会	银元票			市区内通用，一元、三元、五元券

资料来源：江西省政府委员会编. 江西经济问题 [Z]. 内部发行，1934：322.

戴建兵. 略谈民国时期江西纸币发行机构 [J]. 钱币研究，1990 (2)：41.

江西花票的取缔大约是在法币改革之后。江西各地花票的发行，自北洋政府统治时期直到南京国民政府统治时期始终没有停止过，历届政府虽一再通令取缔，也未能禁绝。其原因是多方面的，一是缺乏足够的信用坚实、随时可兑现之银行辅币券来代替花票，而且各家银行发行辅币券，种类多，数量少，又缺乏集中统一之效，不能满足日常周转和市场需要。二是政局动荡不定，特别是各地军阀割据，国家政权不稳定，缺乏有效的行政职能，实行货币的统一和强化金融管理只是一句空话。在此情况下，各省地方银行或所在地国家银行同样缺乏控制能力，无法发挥银行以辅币券调剂市场之作用，甚至有些地方反而受到当地花票之排挤。

1933 年江西省财政厅为切实取缔花票起见，将财政部公布之《修正取缔纸币条例》颁发各县，饬令各县对非法纸币依法严加取缔，并于 9 月制订本省取缔花票办法 4 条，通令各县执行。其主要内容是：（1）各县县政府财政局、各公法团、各合作社及各商店如有发行各种类似纸币性质之票券，应由县查明已印数目，立即责令发行机关或发行商号，将未发行或已发行而后收回者，悉数缴县焚毁。（2）已发行者限制依照发行时折合银元价格，兑现收回。并将每日收回之票券点数封存，每十日由县府会同截角。（3）焚毁票券时，应由县政府召集各公法团监视执行，焚毁日期、数额等报财政厅备案。（4）原存基金有经私人亏挪者，限令亏挪人一个月内如数归还，逾期不归还者即查封其财产备抵。此外，省财政厅还派出视察员分赴各县检查督促，严禁花票发行。虽经省财政厅限期兑现收回花票，而有些商号或发行机关每多借口持票人不来兑取，无法收回，甚至有的收回又复发出，终难禁绝。

1934 年 10 月，江西省政府又将原订之取缔花票办法加以修订，再颁发各县执行，责令各县政府对辖区内所发各种类似纸币性质的票券，查明印发数字，限期收回焚毁。同时，还取缔印刷厂、所代印花票，以堵票源。花票虽经一而再、再而三的取缔，其发行有所收敛，但问题并没有完全解决。从 1935 年调查遂川、赣县、分宜、吉安、万安、上高、九江、德安、安义、永修等地取缔花票的情况来看，有的还没有完全收毁，有的收毁部分，未收回的，由县布告限期收兑，逾期作废。

直到 1935 年实行法币政策后，国民政府加强了金融控制和管理，中国币制情况始有改观，滥发花票的情况才有了改变，江西辅币券发行也渐趋于统一。[①] 1931—1936 年，35 个县中由商会、钱业公会出面发行的有 17 个县。而花票在抗战前逐步消失。

二、商会钱票的阶段性

如果仅从抗战时期考察，商会票可分为三个阶段：代用币时期，无组织

---

① 诸锦瀛. 江西近代货币简史 [M]. 南昌：江西人民出版社，2002：83 - 84.

的自发发行时期，有组织的商会票时期。① 其实，纵观整个民国时期，商会票的发展经历也有类似的演变趋势。但由于民国时期时局动荡，社会经济环境变幻无常，三种阶段性的过渡界限十分不明显。甚至由于外部环境的突变，小区域货币还出现短期无组织发行的退化现象。更多时候是代用币、商号自发钱票和商会票同时存在。这些纸币与地方政府发行的地方票一起，构成了小区域货币的主体。②

（一）北洋政府时期的商会流通券

民国初年，全国各地都出现了由商会负责发行票币的情况。此时，湖北省宜都县发行市票的钱商甚少，县内仅有 3 家大士绅发行市票，一是刘沛之（商会会长）票号"和生祥"，二是李镜如（商会副会长），票号"鼎泰恒"，三是鲜于南谷，票号"福星玉"。唯"和生祥"市票颇有名气，行使沙宜一带。③

东北地区在民初由商会代表官方发行私帖较多，且成为县下乡村市场流通的主要货币。同宾县（今尚志县）一面坡镇商会，自清宣统年间至 1918 年，大量发行临时辅币达百万元之巨，计有一角、二角、五角三种。在各种纸币的背面，均印有发行辅币的目的，其文曰："本埠市面，向系流通羌洋。近因零币缺乏，市面滞塞。本会为维持钱法起见，特发行一角、二角、五角三种小票，以资接济。一俟钱法充足，再由本会如数收回、以防毛滥。特此声明。"票正面注明"足十角兑换羌帖一元"。虽承诺钱法充足时如数收回，但未明确收兑时日，等于无限期发行。1918 年以前，此种辅币年年印发，俨然成为市场流通的主币，而非辅币。"凡入一面坡商会的各工商业户，均使用此种辅币收买粮食物品、修盖楼院等。一面坡的福聚成、合兴隆、合顺成、万泰源、裕丰恒等号，均依此项纸票盛行而日渐发达。"随着羌帖滥发而变成"墙贴"，即羌帖几成废纸时，兑现变得毫无意义。因此商会"巧得之利可谓厚矣"。其间财政部虽三令五申，严令各县不准滥发纸币，但一面坡商会仍肆无忌惮。直到 1921 年一面坡王化南、昆玉良、赵荣宾三人，联名具保上告至

① 陈肥壤. 试论抗战时期的商会币 [J]. 中国钱币，1994（1）：24.
② 陈晓荣. 民国小区域流通货币研究 [M]. 北京：中国社会科学出版社，2012：159.
③ 宜都县金融志编写组. 宜都县金融志 [Z]. 内部发行，1982：7.

同宾县公署，县公署立即下令取缔，至此一面坡商会辅币才告终止。①

1925 年至 1926 年，山东省兖州县商会成立"兑换公所"，发行"地方流通券"。北洋军阀统治时期，各省军政当局滥发纸币的同时，地方私营商号也滥发纸币，上行下效。兖州地处鲁西南交通要塞，更得风气之先。除县私商外，县商会以调剂金融适应市面流通需要为借口，于 1925 年 4 月，在商会会长张永恩的支持下，成立了兑换公所，设在旧东关火神庙警察所内，聘用永茂钱店店主王春萱为经理。所有流动资金，既无现钱作准备，也无产业实物担保，主要依靠发行纸币"地方流通券"维持所务活动。流通券分大票和小票两类：大票以吊为单位，每吊换当十文铜元 50 枚，票券样式为竖式，上面横书两行"兖州城里""兑换公所"，下面直书"地方流通券九八京钱壹吊"文②。票券面额有一吊、二吊、五吊、十吊四种。小票以枚为单位，不短底，票样为横式，面积是大票的三分之一，上面横书一行"兖州兑换公所"，下面直书"铜元十枚"，面额有十枚、二十枚、三十枚三种。开业伊始，发行数量不大，尚能保持信誉，商民也乐于使用。后经过一段时间，发行数量超过市面实际需要，即开始逐渐贬值，挤兑现象时有发生，严重时利用地方官府军警武装出面弹压。最后由于无限制投放市面，信誉一落千丈，价值贬到按票面 60% 在市面勉强流通，一直延续到北伐军进驻兖州，市面上已拒绝使用，此时商民手中持有大量流通券也变成废纸。流通券发行量已无案可查，据当时知情人推测，约在百万吊以上。③

（二）抗战爆发前国民政府时期的商会钱票

以河北省为例。从 1929 年到 1935 年法币改革前，河北省由县商会负责发行救济券银角票和铜元票的县有：蓟县、曲阳、高邑、藁城、唐县、迁安、石门、晋县、定兴、宁津、元氏、深泽、固安、栾城、获鹿、隆平、内邱、沙河、柏乡、平山、平乡、鸡泽、新乐、定县、正定、清丰、井陉、束鹿、安国、任邱、深县、濮阳、玉田、文安、宁晋 35 个县（见表 2 - 4）。

---

①　佟常存. 清末民初一面坡商会发行的辅币［Z］. 黑龙江尚志文史资料：第三辑，1985，9（内部发行）：148.

②　所谓九八京钱，就是只换当十文铜元 49 枚，俗称短底钱。

③　兖州县金融志［M］. 桂林：漓江出版社，1992：132 - 133.

表 2-4　　　　　1929—1935 年河北省各县商会发行的角票及铜元票

地名及发行者	券名及币种	地名及发行者	券名及币种
深泽县商会	救济券银角及铜元票	栾城县商会	救济券银角票
获鹿县商会	救济券银角票	临城县商会	救济券银角票
隆平县商会	救济券银角票	内邱县商会	救济券银角票
沙河县商会	救济券银角和铜元票	柏乡县商会	救济券银角票
平山县商会	救济券银角和铜元票	平乡商会	救济券银角和铜元票
鸡泽县商会	救济券银角和铜元票	新乐县商会	救济券银角票
定县商会	救济券银角票	石家庄市商会	银角票
正定县商会	银角票	清丰县商会	救济券银角票
井陉县商会	救济券银角票	元氏县商会	救济券银角票
束鹿县商会	救济券银角和铜元票	辛集商会	银角票
晋县商会	救济券银角票	安国县商会	救济券银角票
任邱县商会	临时通用凭条	深县商会	救济券铜元票
濮阳县商会	救济券铜元票	玉田县商会	接济券铜元票
文安县商会	临时取款凭条票	藁城县商会	救济券银角票

资料来源：根据《河北财政公报》1931 年 9 月—1935 年 9 月（第 24~60 期）各期数据整理。

　　国民政府法币改革之后，河北省由县商会发行纸币的，有据可考的共计43 个县。此外，全国各地在同一时期也呈现出相似的特点，即商会、同业公会等成为货币管理及发行的重要社会组织。抗战爆发前，全国各地商会明显强化了对小区域货币（如钱票、土票）的管理，也从另一侧面体现了政府对小区域货币管理力度的加强。1931—1936 年，江西省发行钱票的 35 个县中由商会、钱业公会出面发行的有 21 个县。[1] 1931 年调查，察哈尔发行土票的 10个县中，除一个县由财政局发行外，其余 9 个县由商会核准发行。[2]

　　（三）抗日战争时期的商会辅币券

　　抗战时期，各地镇商会发行的票币以临时辅币券为多。1940 年，有一种"东台县富安镇商会筹备委员会临时调剂市面分券"，该券共有一分、两分、

---

① 戴建兵. 略谈民国时期江西纸币发行机构 [J]. 钱币研究, 1990 (2): 41-44.
② 察哈尔经济调查录 [Z]. 新中国建设学会, 1933: 112.

五分、十分券四种，均标注"中华民国二十九年印"字样，并盖有"东台县富安镇商会筹备委员会"红色印章。十分券正面有"积拾张兑一元法币壹张"字样，背面印有文字："（一）本会前发分券不敷周转奉令续印以资救济；（二）分券基金分存富安镇各殷实商号；（三）兑换处所富安镇商会筹备委员会；（四）本分券倘发见伪造或模仿等情依法诉究。"据程源、吉家林的发现，同期富安镇还有其他工商户印发的票券，发行时间在 1940 年前后，如"东台县第三区大众消费合作社找零票壹角券""东台县第三区社会服务处附设小本借贷所小本贷款票壹圆券""东台县第三区童口镇临时代价券贰角券""富安镇公盛大行找零券"，以及各公司及商行发行的工资券、购货券、购米券、找零券等，共计 12 种。①

另据王青春的研究，1938 年东台县商会发行支条一元、五角、二角，流通于东台县及附近一带。1940 年盐城县楼王镇商会发行货物找零券一角，在本地流通。1945 年东台县城区商联会发行代价券一元，在东台县城区流通。1941 年大丰县长明镇镇公所和商会联合发行兑换券一角，在大丰一带流通。大丰县小海镇商会发行货物流通券一角、二角、五角，其中五角券背面有"本券专为购物找零之用，此券积满十张兑换国币伍元"，流通于小海镇。抗战时期，在江苏盐城一带，除商会发行之外，还有商号、公司等发行的工资券、代工券、代价券、兑换券、流通券等，共计 38 种之多。②

以上说明此时，富安镇钱票并未由富安商会统一发行，而是自由发行状态。根据程源等的分析，东台县各乡镇在 1940 年发行大量"商票"，原因有三：一是当时富安地区商品经济发达，商品交易量增多，1940 年前后，仅富安镇上的商店就有数百家之多，商业的繁荣是商票发行的经济基础。二是法币政策的弊端造成的。1935 年法币政策施行后，由于准备不充分，只赶印了主币投放市场，辅币投放数量有限，一元以下辅币严重不足，远远不能满足当地市场需求。加上官方限制以铜元代替辅币，导致市场交易更加困难。为此，东台县商会也曾发行了一元、五角、二角的"商会支条"，以资周转。三

---

① 程源，吉家林．40 年代初期的东台富安商票 [J]．江苏钱币，2001 (4)：25.
② 王青春．民国时期盐城地方纸币发行、流通情况综述 [J]．江苏钱币，2001 (3)：23.

是东台县在 1940 年前后，政权更迭频繁，金融市场管理混乱，商家为求自保，私印小额商票。当时背景是：1938 年 5 月，日军侵占东台后成立了东台伪维持会。同年 7 月，日军南撤后国民党江苏省及东台县政府均驻东台城。1940 年 10 月，新四军挺进东台城后，建立了抗日民主政府，国民党军西撤。1941 年 2 月，日军再次入侵东台城，东台抗日民主政府转移到富安以东的敌后战争。上述政权更迭，是形成富安商票集中印发的政治原因。①

（四）抗战胜利后的商会辅币券

1948 年 8 月，国民政府发行金圆券，取代法币。但金圆券辅币迟迟没有发行。人们用金圆券兑换铜辅币，引起挤兑，辅币停铸。市场辅币匮乏，交易不便，各地自发代金券。实物中各省由商会发行的金圆辅币券有江西省吉安县商会临时找零券、永新县商会金圆券辅币、宜春县商会金圆券辅币券，福建省龙岩县银元辅币券代用券、晋江县商会银元临时流通券，广西苍梧县商会辅币代用券，湖南鲊埠市商会筹备处找数券等。1948 年后是商会发行找零票的又一高峰时期。

周可宝对安徽省南陵县商会发行金圆券找零券资料的搜集较为完整，现转录如下："南陵市面上，小面额金圆券严重缺乏，周转不灵，迫使部分商店自动备制筹码或纸壳等加注标记代替小票，致使纠纷时起。为利营业、杜纠纷，根据各业公会会员的请求，南陵县商会于 1949 年 1 月 7 日，召集各同业公会理事长和商会常务理事联席会议，经研究决定：（1）由县商会印发货币临时流通券壹元券肆万张、伍角券贰万张，照会商店、会员兑换，以资补救。（2）设立保管委员。即席公推陈元玉、陈隐庐、杨翼南三人为保管委员，并加选商会理事长袁阶三为发行人。（3）发行费用在兑换金圆券项下动支，以流通券兑换金圆券。（4）商店、会员兑换临时流通券之款项，专款购米存储交安徽省地方银行南陵办事处代存。（5）呈报县长、县党部、县地方法院、县众议会备案。1 月 8 日，临时流通券印制完毕并正式发行。"南陵县商会货币临时流通券有五角、一元。

---

① 程源，吉家林 . 40 年代初期的东台富安商票 [J]. 江苏钱币，2001（4）：26.

（五）商会钱票的阶段性演变

民国各个时期钱票的发行呈现出不同的特点，一般而言，经历了从私商自发钱票（私票）到商会集中管理并发行票券的演变。如湖南省里耶镇就是比较典型的例子。

里耶是湘西龙山县南端的古镇，民初时商贾云集，市场繁荣，湘鄂川三省边区的桐油、生漆、药材、木材、粮食等农副产品在这里集散流转，从武汉、常德、长沙等地运来的花纱、布匹、百货等轻工产品在此地批零辐射经销。

存号桐油（具有桐油银行的职能）。里耶街上曾有四大商号都做桐油生意，又经营布匹南杂，信誉较高。四富商针对附近所产桐油销售途经里耶的情况，大做桐油生意。他们采取发行市标收油、为油农寄存桐油、以物变相换油，或为农户挂账赊油转手倒卖等方式发桐油财。每年桐油开榨，周边地区农民将油挑到里耶街上出售，有的农户则将桐油寄存商号，这叫"存号油"。存油者可以在商号整取现金，或者整存桐油，零取油款。有的油农存油后就在商号买回布匹、杂货，余数找零（此时商号钱票可以发挥作用）。四大商号发桐油财后便将桐油经酉水运销外地城市，买回物品再运返里耶经销，通过物资流转和货币流通谋求更多利润。

货币流通。清代与民国时期，里耶境内流通的纸币主要分为三类：市票、地方银行券、国家银行券。里耶市票发行初期，不经任何手续，谓之私票。以后发行过滥，难以兑现，祸害百姓。如当年龙山百姓吃了市票和乡票不值钱的亏后，曾编歌发泄心里的气愤：里耶有个王星灿，他把民众骗，票子出得多，就是不兑现；里耶有个张润升，票子出几斤，害苦老百姓，他不存好心；里耶有个李秉章，起火烧个光，票子不兑现，百姓遭了殃。后来，里耶遂改由商会控制发行，谓之商票。一般只在本地流通。①

综上所述，私票的发行最初发生在交通要冲的集镇等商会集散地，这是私票（市票）的典型流通地带，但私票的滥发常常造成混乱及纠纷，于是商会出面组织发行钱票，加强私票的公信力，这是私票走向社会化管理的开始。

---

①　龚泽轩．当年古镇里耶的货币流通［J］．金融经济，2003（9）：57．

三、商会发行钱票的类型和作用

（一）商会的层次与商会票种类

由于商会在发行钱票的过程中，参与及管理的方式有别，其发行的票券种类也有较大的差异。一般而言，由商会作为唯一发行主体，直接发行的钱票是较常见和较典型的一种。还有由商会与地方政府机构联合发行的情况，如由县政府与县商会共同发行，并加盖县长及商会会长印章的就属此类。此外，很多地方由商号自行印发，并得到商会许可，票券仍以私营商号之名，加盖了商会印章或商会注册的印章。商会票还有其他的划分方法和不同的用途。

商会发行纸币的三个层次：省市商会、县商会和乡镇商会。商会票还可以根据其商会自身的层级高低而划分为不同的商会票种，如总商会一般居于省市一级行政管辖，级别最高；县级商会其次，乡镇级商会居于下层。基于此，商会票也就有不同层次的划分了（见表2－5）。

表2－5　　　　　　　　　民国时期全国各省市商会的纸币举例

名称	面值	年份	名称	面值	年份
常德总商会钱票	20文、30文	1917	满洲里商会临时存票	3元	1919
滨江商会临时存票	1角	1917	山西大同商会流通券	3元	1928
滨江商会临时存票	1元、3元、5元、10元	1919	常德市商民协会钱票	100文	1927
			宁波商会辅币券	1角	1940
哈尔滨商会临时存票	5角、1元、3元、5元、10元	1919	无锡工商联合会流通券	1元	1940
			贵州总商会钱局兑换券	200文	无
榆次商会铜元票	30枚	无	包头商会九行金融所兑换钱票	800文	无

资料来源：吴筹中．中国纸币研究［M］．上海：上海古籍出版社，1998：310.

从目前所知的商会票券实物来看，省商会发行的纸币极少，如贵州总商会商钱局兑换券就是一例。更多的是市商会（有时也称总商会）发行的票券。由于总商会居于通商大埠，因此总商会票币中还有面值高于一元的，如三元、五元、十元等。但这些大面额的纸币仍只是其中的极少数，总商会发行的大多还是一元以下的辅币券（见表2－6）。

表2-6　　　　　　　　　民国时期全国各县商会的纸币举例

名称	面值	年份	名称	面值	年份
赤城县商会钱票	2 吊	1910	蓟县马伸桥钱票	3 吊	无
晋县商会钱票	1 吊、3 吊	1916	宝应县商会补助券	1 角	无
湘潭县商会钱票	50 文	无	建德县商会辅币券	2 角	无
	20 文、30 文、50 文	1916	广灵县商务会铜元券	100 枚	无
	20 文、30 文、50 文	1917	文登县商会辅币券	5 角	无
威远县商会流通券	1 千文	1920	汾阳商会公益银局通用银元票	1 元	1927
威远县商会铜元票	200 文、300 文	1920	石门商会救济金融兑换券	1 角	1930
正定县商会救济市面兑换券	2 角、3 角	1929	定县商会辅币券	2 角	1932
藁城商会救济金融兑换券	1 角、2 角	1930	五原县商会临时金融救济券	80 枚	1932
九江县商会临时辅币兑换券	10 枚、100 枚	1931	邠县商会分所临时兑换券	1 千文	1932
多伦县商会流通券	10 枚、100 枚、1 元	1932	行唐县商界维持金融救济会辅币	2 角	1933
饶河县商会流通券	1 元、5 元	1933			
镇江县商会临时辅币券	1 分、2 分	无	沔县商会钱票	2 串	1935
丹棱县商会铜元券	1 千文、2 千文、5 千文	1934	犍为县商会铜元票	1 千文 3 千文 5 千文 10 千文	1935
	1 千文、2 千文、3 千文、4 千文	1935			
万县商会铜元券	1 千文、5 千文	1934	吉安县商会临时流通券	10 枚	1936
大竹县商会辅币券	2 角、5 角	1935	良乡县商会铜元券	10 枚	1936
叙永县商会铜元券	100 文、200 文、300 文	1935	栖霞县商会流通券	1 元	1940
巫溪县商会辅币券	1 角、5 角	1935	丹徒县商会流通券	1 分	1940
荣县商会辅币券	1 角、2 角	1935	乐山县商会兑换券	1 铜、5 铜	1935
南郑县商会临时存票	2 角、5 角	1948	乐山县商会银元券	1 元	1949

资料来源：吴筹中. 中国纸币研究 [M]. 上海：上海古籍出版社，1998：312-313.

在商会发行的纸币中，以县商会发行的居多。时间相对集中在 20 世纪二三十年代，尤其是法币改革之前。面值基本上都是一元以下的辅币券。由于当时各地市场上小额辅币缺乏，大致由县商会发行辅币券来解决市场找零问题。辅币券名称有流通券、兑换券、铜元票、辅币票、钱票等。银元票也仅出现有一元面值的，一元以上的极少见。

法币改革前，商会发行的纸币可以兑现，信用良好。商会的不同名称也反映了其不同的货币职能。充当辅币在市场流通，并在必要的时候兑现国币是其主要的职能。总体而言，商会发行纸币，仍是满足各个地区性货币流通的需求，由当地商会因地制宜，各行其是，各自负责，具有较强的地域特色和区域分割性（见表 2 - 7）。

表 2 - 7　　　　　　民国时期全国各乡镇地方商会的纸币举例

名称	面值	年份	名称	面值	年份
胜芳镇商会救济金融临时流通券	2 角	1938	梅县松口镇商会辅币券	5 角	1938
门头沟地方治安维持会商务股流通券	4 枚、6 枚	1938	大团镇商会辅币券	5 分	1939
江湾镇商会各商号临时联合代价券	1 分	1939	川沙三四区商联代价券	1 角	1939
马塘特别区商会辅币券	5 角	1941	泗泾镇商会代币券	1 元	1942
姚镇商会临时兑货券	1 枚、3 枚	无	周浦镇商会流通券	1 分	无
马生峪商会钱票	5 吊	无	罗店镇商会代价券	1 分	无
毛市乡商会联合会代价券	1 分	无	霍家桥商会临时流通券	1 分	无

资料来源：吴筹中. 中国纸币研究 [M]. 上海：上海古籍出版社，1998：312 - 313.

乡镇地方商会也发行辅币券，数量较少些。从表 2 - 7 可知，抗战时期较多见，票券种类及名目繁多，有称辅币券、临时流通券、商会通用券、钱票，还有称兑货券、代价券、代币券等。面值一般比县商会发行的更小，以角票、分票为主。

从以上市、县及乡镇三级商会所发行的纸币可知，市商会发行的面额较大，县商会以角票居多，而乡镇商会则大多为分票。其实这仅是众多商会发行纸币中很小的一部分。

（二）县商会发行钱票统一全县市场找零纸币

自清朝中期以来，由私商自发的钱票被官方认可。清道光十八年（1838

年），各地方巡抚、总督纷纷上奏清廷，就是否禁止在各地广泛流通的"钱票"展开讨论，最后的处理意见是"钱票之行，商民相安已久，仍听其便"。① 因此，全国许多地方的商号钱票长期处于一盘散沙的状态，没有统一的发行管理机构，纠纷频起，造成市场混乱。

1. 统一全县私商纸币

岳阳县商会在 1914 年统一印发了市票，以解决市场混乱的局面。在湖南、湖北等省，由钱庄、商会、商户发行的兑换纸币，统称市票。市票在境内发行面广、流通长。同治年间，岳州城内最大的裕泰恒钱庄发行过"一串文"纸币，由于店户殷实，讲究信誉，市民颇为乐用。民国元年（1912 年）、三年（1914 年）、六年（1917 年），岳阳县钱庄纸币发行数分别为 7 692 元、11 200 元和 700 元。1914 年前后，岳阳县商会统一印行一枚、二枚、三枚、四枚、五枚、六枚等小票，市场乐用，价值在官票之上。自此，小商贩、茶楼酒馆，甚至学校机关，纷纷仿效，滥发市票，任意行使，市面日益充斥，其信誉每况愈下，朝不保夕。平江、华容等地也市票泛滥。地方政府鉴于滥发纸币，损害官票信用，造成市面金融动荡，与商会联合通知，禁止市票发行和流通，民国 12 年（1923 年）后，市票逐渐消匿。②

一枚迁安县公立钱局民国七年拾吊券，券背面印有"迁安县商会布告"。此券由"官准立案""商会注册"。1918 年该券由迁安县商会发行。迁安曾因一度发行商票过滥受到查处。商票被禁以后，市面现钱立时奇缺，金融周转发生困难，并由商会拟出限制商票发行办法，统一印制新票，由迁安县公立钱局发放，限期收回旧票。至此一场混乱各告一段落，使商票纳入正常轨道。③ 这是县商会充当政府职能部门管理钱票的典型事例。

1926 年，四川"永川县商会规定各商行使钱票"，面值有拾文、贰拾文两种。正面有"王彦宾印"红色隶书章。背面文字："（一）本券发行总额伍百钏，分壹拾文、贰拾文两种。（二）本券由商会印制，分交本场富商担保承领，盖章发行。（三）本券凑足贰百文随时向发行处兑现，如涂改作无效，伪

---

① 中国人民银行总行参事室. 中国近代货币史资料·第一辑 [M]. 北京：中华书局，1964：140.
② 岳阳市金融志 [M]. 合肥：黄山书社，1994：65.
③ 张志中. 收藏与鉴赏——中国近代纸币、票券图鉴 [M]. 北京：知识出版社，1997：452.

造者请官厅按律重办。（四）发行处如有倒开或抗不兑现，由保人负责。中华民国十五年制。"① 1926 年，四川"隆昌县商会找补券"，面值"当铜元伍拾文"券，正面印有"正会长印""副会长印"。背面文字："隆昌县商会发行找补券条例撮要：理由，因滥钱票充塞，以致物价增高，叠经各法团机关议决，全县各种钱票一律收清，以后交易补找为艰，议由商会发行找补券当贰拾文、当伍拾文两种，共钱贰万钏，行使市面，俟金融活动概由本会负责兑现收回。民国十五年月日。"②

　　阜阳地方流通券是安徽阜阳商会在 1927 年发行的一种纸币。1927 年，阜阳社会混乱，驻军军长马祥斌在亳县被张敬尧扣押。马祥斌的第三师师长秦庆麟便在阜阳搞独立王国，为筹军饷，迫令县长曹凤巘以阜阳县商会的名义发行地方流通券，强制在市面流通，告示群众该券将来由田赋上加征地亩捐作为兑现基金。于是商人的票券又为商会发的流通券所代替，在市面上流通。地方流通券分五百文、一千文、二千文、五千文四种面额。其发行数字，外人不知，据闻最后一次印的是十万串，共印几次待考。③ 1926—1936 年，安徽蒙城商会发行了一种统一的"票子"（流通券）。1915 年，县城商户马锦成钱庄、同泰盐行、保和堂药店、备源公杂货店、聚顺公糟坊向县商会申请备案，用不动产作抵押，先后发行一千文、二千文面额的票券。一时各集镇商户乘机发行。持券人只能凭票购买发行票券商户货物或兑换钱币。商户破产，票券变成废纸。1926 年，县商会统一发行流通券。1936 年后，不再流通。④

　　根据 1933 年《江苏农村调查》，江苏邳县由商会统一发行钱票，由商号以现金购买，商会四成准备金。

　　官湖镇是邳县商业的中心，不论出口和入口都需要经过此地；出口以黄豆为大宗，花生和小麦居次位；进口多日用品、大米和棉织物。市面还不冷静，尤其在早晨更闹忙，这是土人集市的时候，所有的土产，还有小部分手

　　① 高文，袁愈高．四川近现代纸币图录［M］．成都：四川大学出版社，1994：44.
　　② 高文，袁愈高．四川近现代纸币图录［M］．成都：四川大学出版社，1994：46.
　　③ 刘志贤，茆修文．阜阳通货面面观［M］．安徽文史资料选辑：第 28 辑，合肥：安徽人民出版社，1988：128.
　　④ 蒙城县志［M］．合肥：黄山书社，1994：262.

工业品，布满了全段街心；没有警察，然而，秩序并不怎么糟。交易媒介，有中国银行和交通银行的钞票，商店所发行的钱票就是辅币。百文以下的买卖，没有铜元，就用竹片。此地以前稍微有点资产的商店，都可以发行钱票。发行的方法有两种：其一，甲乙两店的票子互相交换，就是甲店所发行的，由乙店用出，乙店的，由甲店用出，这可以避免自己发自己用的嫌疑；其二，由发行的至友用现金买去用出，以表示他的信用可靠。事实上，采前一种方法的，占十分之九。因此，邛县竟成了纸票的世界！十九年，马县长到任，大加整顿，限令商店收回，已经发行的钱票，改由商会发行，有一千文，伍百文，二百文，一百文几种；并设立兑换处，由商店用现金购买流通市面，商会则以四成现金作固定准备金，六成放款，票价赖以稳定。至今日市面始终维持了一元兑四千八百文的比价，平民得惠不浅！① 与之相似，河北省赵县统一由当地商会印制，下发到各店铺，加印店铺名称后参与社会流通。②

　　2. 商会发钞满足市场找零之需

　　四川省各县商会曾发行过辅币券，以满足当地市场找零的需要。1933 年 1 月，开县商会发行"开县商会第二届第一次找辅券"。1940 年开县商会又将此券加印上红色"作当百铜元五枚，积存一百张换法币五元"字样，发出市面流通。③

　　1934 年 8 月底，凉山市面一元券奇缺，五元、十元的粮契税券和四川地方银行钞无法找补，县政府即督同县商会，印发地方临时调剂的一元券 2 万元。该券券面盖县政府及县商会大印，并由县长及县商会主席签章；背面加具说明 4 条：（1）本券专为调剂地方、粮税两券，在凉山境内划分找补用；（2）本券专换粮税、地方两券，其执本券来本兑换处兑换者，亦只以粮税、地方两券赎回，出入均不兑换生洋；（3）本券系县政府督同县商会监制印行，其金额至多以 2 万元为限，决不多印，以免滥发，并有县政府县商会负责人笔迹图章，以杜伪造；（4）本券深恐贻害民众，特设有基金保管委员会，所

　　① 行政院农村复兴委员会编. 江苏省农村调查（民国二十二年）[M]. 杭州：文海出版社，1999：70.

　　② 张志中. 收藏与鉴赏——中国近代纸币、票券图鉴 [M]. 北京：知识出版社，1997：408.

　　③ 万县地区金融志 [M]. 成都：四川人民出版社，1992：48.

有兑换款项，决不挪动分厘，以坚信用。1935年4月，四川地方银行一元券及五角券运凉山甚多，县政府条告，凉山一元调剂券一律停止发行，持券人向商会掉换。①

同一时期，巫溪县商会也印制钞票，交商号使用。1934年1月，巫溪县商会鉴于五元、十元地钞在乡间不易行使，交易困难，商号发出的墨票数目无正当统计，信用亦不可靠，为维持金融，并使地钞（四川地方银行钞票）易于行使，特制券面书明"作找补购物用，不能兑现"字样的一元券及五角券，交付各商号发行。后由各领券商号负责，如数收回。②

3. 抗战时期商户联合发行的辅币券

自民初至抗战初期，安徽阜阳商号发行的条票曾引起市场的混乱。清末阜阳城内有14家钱庄发行"府票"（钱票），钱庄出的府票，一面以三分利息出贷，另一面用它在河下贩运粮食。大钱庄出的票子在十万串以上，小钱庄出的票子在五万串以上。民国以后，钱庄倒闭较多。自民初至1941年，阜阳城乡由商人及小商小贩照府票样式发行钱票，叫"条票"，条票分定期（照票）和不定期（红票）两种。由于无准备金，发行无限制，常闹出挤兑风波。"群众对条票失去信仰，经常发生持券人到发票商店挤兑、吵闹，甚而公开抢劫，一天内能有数家发票店被围，因而殷实商户也吓得贴上'清理账目，暂停营业'的字条而紧闭店门。后来，出票人便在票面上注明'凭条兑发外票'等字样。从此，持票人只能以这一家的条票去兑取另一家的条票，再也兑不到现金了。"③

抗战中后期，一些日本占领区域的商户以商会名义，联合发行了辅币券，以免刁难，也是战时自保之法。

1941年8月江苏如皋县被日军侵占，汪伪如皋县政府在马塘镇建立了伪政权，委任吴干奇为马塘特别区区长、高世霖为马塘镇公所镇长、施锡五为区商会会长。马塘沦陷后，市场上的通用货币仍然是法币。但辅币奇缺，交

---

① 万县地区金融志［M］. 成都：四川人民出版社，1992：48.

② 万县地区金融志［M］. 成都：四川人民出版社，1992：48.

③ 刘志贤，茆修文. 阜阳通货面面观［M］. 安徽文史资料选辑（第28辑），合肥：安徽人民出版社，1988：127.

易困难。虽然伪中储券已于年初发行，但至 1942 年 6 月以后始流入如东沦陷区市场流通。为了解决小额交易问题，以稳定市场，马塘特别区区公所及区商会应马塘镇十个主要行业中的大户代表请求，议定由十家大户筹集经费，联合印发"马塘特别区区公所、区商会临时流通券"，供市场流通。参加发起印发临时流通券的有粮食业的卜少臣、京货业的刘亚威、酱酒业的施锡五、中药业的高树臣、杂货业的单金龙、茶食业的李楚良、鲜肉业的张少初，饮食业的吴光阶、八鲜业的季本增等。这十家大户原先以十家商店名义联合发行"兑换券"。但恐伪军及地方不肖之徒假刁难，滋事生非。因此请以特别区区公所、区商会名义印发，防患于未然。临时流通券有一角、二角和五角三种。壹角券背面注明："中华民国三十年十月印行此券以六个月为限，积满此券拾角，即兑付壹圆。"临时流通券的印制、发行和兑换都是由区商会统一办理。票券的印制，是由区商会会长施锡五亲自去上海经办的。十家商店是用等值的法币向商会兑回后在市场使用，平时也负有兑换之责，最后由商会统一兑换收回。临时流通券在市场使用的时间较短，从发行之日起至次年 6 月中储券流入如东沦陷区后即陆续兑换收回，使用时间在 10 个月左右。对恢复市场的正常营业确实起到了一定作用，但其间的物价上涨幅度也很大。①

第二节　其他社会组织对货币的发行

社会组织之中，以商会发行票券最为典型。如前文所述，民国社会组织的构成体系中，大致可分为政治组织、经济组织、文教卫生组织、自卫组织、党团组织、信仰组织、秘密团体组织、社会救济组织等，下面就以政治组织、商会以外的经济组织为重点，探讨各类社会组织对货币的发行情况。

一、政治组织及其货币发行

（一）县政府、财政局及其流通券

民国时期，全国各地的县政府及其所属财政局（所）在不同阶段都曾发

---

①　吴功臣，冷培基．马塘特别区区公所区商会"临时流通券"［J］．江苏钱币，1999（4）：25－26.

行过不同类型的兑换券、流通券等票币。下面仅列举数例，作为其中的代表。

1918—1934 年，湖南省衡阳县政府和所属财政局、教育局及田赋等机关等竞相发行"抵借券""流通券"等市票，种类繁多，但在一定的用途、时间和范围内使用流通，以不出境内行使为原则。1944 年日军侵占衡阳后，衡阳县长王伟能发行"衡阳县金库战时流通券"700 万元，面额有 100 元、200元两种，与法币等值行使，在县内长乐、西渡、演陂、金溪、界牌、台源等11 个乡镇行用。但因纸质低劣、印工粗糙和不兑现，民间拒用，次年 8 月日军投降前夕，该县所发私票陆续以抵缴田赋分区收回，不再流通。① 1934 年，湖南省零陵县财政入不敷出，同时币面又缺乏现金，于是县财政以田赋作抵押发行流通券 5 000 元，团款流通券 2 000 元，合计 7 000 元。这些纸币由零陵县政府作薪金发出，流入市场。1938 年因湖南省政府下令取缔，该流通券全部收回。② 1939 年 6 月，何润章调任江苏省南通县县长和警察局长后，于当年 10 月印发了大量的一角和二角的"江苏省南通县兑换券"，名为弥补市场辅币不足，实际上是通过滥发兑换券，搜刮人民血汗，中饱私囊。1940 年10 月，黄桥决战后，何润章为抵抗新四军，并筹集军费，又加紧印制了"南通县自卫经费委员会"五角券，但还未及发行，其政权就被新四军接管。③

各县政府为筹集经费，往往以财政局名义发行货币更为多见。1932 年 3月，伪满洲国成立时，刘景文就任岫岩伪县长。1932 年 6 月，刘景文被辽宁民众自卫军总司令唐聚五任命为第七方面军团长，兼 56 路军司令，该军后来成为辽南抗日的一支主要力量。刘景文利用伪县长之职，秘密印刷一种流通券，冠以"岫岩金融救济会"并加盖"岫岩财务局"印章。此流通券是通过岫岩县农务会长于瑞亭、商务会长王凤武，联系地方士绅董寅宾等人，建议发行，以解决财政之不足。该流通券自 1932 年 9 月 15 日刘景文举义旗到1933 年 11 月东上坡战役，该券共通行 14 个月，流通地域只有岫岩、东沟、庄河三个县，纸币面值有一角、二角、五角、一元、二元、五元、十元共七

① 衡阳市金融志 [M]. 北京：中国广播电视出版社，1992：77.
② 零陵县金融志 [Z]. 内部发行，1990：62.
③ 吴功臣，冷培基. 南通县自卫经费委员会五角券 [J]. 江苏钱币，1997 (3)：29.

种，发行总金额十七万元。① 1935 年前后四川达县县政府发行一种铜元票，面值有二串、三串等，票面印有"达县县政府财政科"字样，票面有说明，大意是：本票券因国民党军队在四川境内围剿红军，市场缺乏铜元交易，经县联席会议议决，由财政科制发流通券，以资调剂。该券以财政科收入各款作抵，县内可用于完粮纳税等一切交易，并限期 6 个月收回。② 据戴建兵先生的研究资料，河北省在 1925—1934 年由县财政局发行钱票的县有赵县、抚宁、临榆、献县、灵寿、获鹿、邯郸、定兴、巨鹿、高邑、高阳、容城、藁城、永年、临城、任县、任邱 17 个县。③

（二）区（乡、镇、村）公所及其流通券

1938 年，河北省霸永信安镇乡公所发行临时流通券，束鹿辛集镇公所发行角票，晋县锋营乡公所发行 5 角银角券，在市场流通。④

1941 年江苏大丰县长明镇镇公所和商会联合发行兑换券一角，在大丰一带流通。大丰县小海镇商会发行货物流通券一角、二角、五角，其中五角券背面有"本券专为购物找零之用，此券积满十张兑换国币伍元"，流通于小海镇。⑤ 同年 8 月，江苏如皋县被日军侵占，汪伪如皋伪县政府设在马塘镇，委任吴干奇为马塘特别区区长、高世霖为马塘镇公所镇长。此时，市场上货币是法币，但辅币奇缺，交易困难。而伪中储券尚未流入如皋境内。为了解决小额交易问题，以稳定市场，马塘特别区区公所及区商会应马塘镇十个主要行业中的大户代表请求，议定由十家大户筹集经费，联合印发"马塘特别区区公所、区商会临时流通券"，供市场流通。⑥

这枚实物票券，由山东平度六区产销联合社于 1942 年发行，面额壹圆，背面印有文字："一、本票以调剂地方金融，发展农村经济为宗旨。二、本票

① 王伟. 辽宁新发现的抗日义勇军纸币："岫岩县财务局"流通券 [J]. 中国钱币，2007（1）：48.
② 陈先兆，阎登发. 四川达县发现整版民国达县铜元票 [J]. 中国钱币，2000（4）：28.
③ 戴建兵. 近代河北私票研究 [J]. 河北大学学报（哲社版），2001（4）：34-38.
④ 戴建兵. 近代河北私票研究 [J]. 河北大学学报（哲社版），2001（4）：37.
⑤ 王青春. 民国时期盐城地方纸币发行、流通情况综述 [J]. 江苏钱币，2001（3）：23.
⑥ 吴功臣，冷培基. 马塘特别区区公所区商会"临时流通券" [J]. 江苏钱币，1999（4）：25-26.

以各乡镇学校基金为基金，力求充实。三、本票以各乡镇公所负责兑换，但须凑足五十元。"注意若要兑换，"须凑足五十元"！这其实是限制兑现，因为很少有人能凑足这个数（见图 2 - 1）。

图 2 - 1　平度六区产销联合社民国三十一年（1942 年）壹圆券

（三）自治组织发行的货币

小区域货币的存在，离不开民国自治的背景。河南省内乡县北二区"金融流通券"就是别廷芳宛西自治政府发行的纸币。现存实物券有内乡"伍百文"金融流通券。票券正面有"内乡县北二区""伍百文""金融流通券""中华民国十八年印"（1929 年）字样，并印有孙中山半身像。背面边框内印有发行"启示"：

为提议事查，内邑地处豫鄂陕陲界，距汴驾远。本省铜币行使不畅，商人多以铜元为周转，其他物产多以河口为转移。因河口禁与外省币充市，县境以交易不通。各商行业集议发行临时流通券，俟金融活动即如数收回并兑付。今将议拟暂定条件列于左。一、此券定名为内乡县北二区金融通券，以制钱一万为限。二、将发行流通券呈请政府备案，县盖印布告晓谕人民一体行使，拒绝使用从重罚办。三、此券兑换现洋粮食货物随行结算，不准折扣，不汇钱文，收回仍照原面额扣算。四、有伪造假冒等送官从重治罪或十倍文罚金。[1]

该券系别廷芳统治内乡并实施自治政策时发行的货币。"启示"中"以制钱一万为限"应指一万串文制钱。

---

① 王正旭，刘绍明．南阳历史货币［M］．北京：科学出版社，1998：176．

除了自治政府发行纸币外，还有很多地方自治机关也发行过大量纸币，如辽宁抚松县农会于 1932 年发行的一种会费存据。辽宁抚松县农会会费存据伍角券，1932 年发行。横式，正面印"抚松县农会会费存据""法价现洋""伍角""兑换市票，不挂失号""中华民国二十一年发"字样。背面直书文字："此券因本会款绌，二十一年会员会费春季碍难征收，经大众会议决，暂用此券维持现状，由全体会员负责，秋后而以应缴会费收回，特此声明。"

二、经济组织及其货币发行

民国时期的经济组织大致包括农业组织、职业组织和合作社等经济组织。农业组织包括农会、青苗会等组织；职业组织有同业公会、职业公会、集市组织等；合作社包括种类合作社的经济组织。这些组织在不同时期都发行过纸币，满足不同市场的交易需求。以下仅以同业公会和合作社两种组织为例。

（一）同业公会等组织发行的钱票

经济组织之同业公会，包括金融业的钱业公会、当业公会等同业组织。还有一些非金融业的同业组织，如盐业同业公会等，也参与发行纸币。另外，国民政府建立之初成立的商民协会，也发行过钱票。

1909 年 4 月，天津钱商公会成立，并规定《钱商公会章程》十八条，其中第十八条为：

第十八条奉商会谕饬，未规复钱商公会以前，所有开写银条、钱帖、银元票之家，漫无限制。以致针市街瑞曾小钱铺，冒充银号开写银元票，乘隙荒闲，各商吃亏甚巨。自此次规复钱商公会，所有入公会之家，所出银条、钱帖、银元票，准其一体通用。其偏僻之地，开设无根基之小钱铺，不得滥入公会。倘有开写银条、钱帖、银元票，一概不准使用。仍将已在公会之钱号、银号、刊印分布各商号周知，以资信用。①

商民协会不同于商会，鄂城县华容镇商民协会发行的钱票就是一例。1927 年，"鄂城县华容镇商民协会信用券"，面额"计洋壹角"，背面有发行说明："现因铜元缺乏，钞票难以折零，本会招集全体商民一致议决，暂出壹

① 张景月，刘新风. 商史通鉴 [M]. 北京：九洲图书出版社，1996：1419.

角小票，以便周转流通，壹角可兑铜元三十，拾张准换国币壹圆，亦俟铜元充足，照市价收兑。如有私刻伪造，送县究办。特此预白。"① 1903 年，清政府农商部制定《商会简明章程》，据此，汉口商务总会成立（1907 年），武昌商务总会成立（1909 年）。1915 年，北洋政府颁布《商会法》，规定各地方最高行政长官所在地及工商业总汇之大商埠，得设立总商会，其余设立商会。此后，湖北各县设立的商民组织，大多叫作"县商会"。1924 年 11 月，国民党中央执行委员会在广州成立商民部，开始从事商民运动。1926 年 4 月，商民部制定并公布实施《商民协会章程》，要求成立全国、省、县、镇（或某地等）四级商民协会，以商民协会取代北洋政府的商会。1927 年，武汉国民政府成立后，湖北省各级商会逐渐成立或改组为商民协会。鄂城县商会即在此时改组为鄂城县商民协会。因武汉国民政府存在时间短，许多未及时改组商民协会的，仍称商会。1929 年 8 月，南京国民政府公布《商会法》，以使各地商人统一于商会与工商同业公会之下。之后，各地商民协会相继改组成市县商会。因此，"商民协会"的称谓存在时间很短，在 1926 年至 1929 年。

1924 年《银行周报》载文，称汉口钱业公会发行流通券，文章对钱业公会发钞的背景、发行总额、担保品、流通期限以及回收等都作了详细说明。

汉口钱业公会发行流通券，行使市面，活动金融，颇称便利。惟汉口华洋互市，因交易关系，此项券票多流入洋商手中。洋商对此，信用尚弱，特由各国驻汉领事，函询交涉署，究竟有无确实担保品。交涉署以该券之发行，原由官钱局备案，特转询该局。该局当即函复，大致谓：（1）临时流通券定额二百万两，本意以发行愈少愈好。已经发行流通者，为一百零九万两。有两种担保品：其一种担保品，系由湖北官钱局将英租界后城垣天字段起，至硚口沿马路两旁地二万五千余方，按时值四百余万两作担保品，此契于光绪三十三年在东方汇理银行押用金镑十万镑，在法领事署注册有案；其第二种担保品，系由领券钱庄各自交纳股票及殷实借券，由商会会同钱业公会审查合格后方能照领。（2）照现在情形，决不至逾此二百万之数。且是项流通券，

① 张或定，张劲峰，张啃峰．湖北"鄂城县商民协会信用券"为商会票 [J]．江苏钱币，2006（3）：35．

由外国银行签字，认为可以流通，则将来逾额与否，与外国银行并无关系。
（3）流通券当然由钱业公会以现银收回。（4）是时发行该券，江浙战事尚未
发生，本不愿订约长期，转滋流弊，遂以一月最短期间为率。原冀江浙战事
不致成事实，沪汉市面仍可照常流通。现在战祸已开，情形与前不同。现以
外国银行认可流通之日起，以二个月为期，援诸常例，冬季为出口货最盛之
期，现银之收入可操左券，将来货物涌到，汉口各钱庄对于各业之放款均可
收回，届时兑现，定可实行。（5）当日却有一二钱庄偶多现银，另存候用。
但以预备对付存户之提用，并以该流通券既未经汉口全镇通用，援者金融常
例，均愿留现。（6）关税收款银行，本系中国银行办理。该行收交电汇，买
卖银元，均已收用此券。关税须交外银行团，在外银行团未允收受流通券以
前，只须以现银交纳。如果外银行团能收受该券，则收税银行当然收受该券，
在税务司并无成见也。总之该券保证品既极充分，限制收回办法亦甚明了。
并无丝毫牵混，且前项担保物，已由汉口钱业公会送银行公会保存，尤足证
明可靠。云云。闻交涉署已据情分达各该领事矣。[①]

绍兴钱业联合发行角票，解决市场辅币短缺问题。1931年，由于市场银
角缺乏，绍兴钱业怡丰、同吉、储成、开源、乾泰、鲍景泰六庄，联合印发
划洋角票，业经县府核准暂时通用，惟限于同行。现因市上银角已足周转，
函请县商会转呈县府布告，限于三月二十日前，凡持是项角票，即向原发行
各庄兑划收回，逾期作废，业已登报周知矣。[②]这是绍兴钱业发行的角票，仅
在同业内部行使流通，用于汇划转账之用，起因也是角票不敷使用之故。因
此一旦角票充足，该角票就退出流通。

云南思茅地区磨黑井制盐同业公会曾发行过"手票"。

1937年11月，云南磨黑盐场矿区奉令推行法币，白银禁绝，市场铜元、
制钱稀少，法币辅币短缺。各盐灶因辅币缺乏，无法收购一家一户出售的木
柴；各坐商因铜元、制钱缺乏，买卖无法找补，营业处于停顿状态。磨黑盐
场铜元、制钱一向缺乏，自实行法币政策后，市场流通的云南富滇新银行币

---

① 佚名.汉口钱业公会发行流通券 [Z].银行周报，第8卷第40号，1924，10：102-103.
② 绍兴钱业限期收回角票 [J].中央银行旬刊，第4卷，1932（8-9）：37.

均为五元、十元、五十元、一百元券，辅币稀少，而辅币按规定必须用银币方能兑换，因无法兑换辅币，演变成市面百业停顿的僵局。为解决各盐灶收购木柴煎盐和逐日发给工人采矿工资急需辅币问题，磨黑井制盐同业公会应广大工人和灶商的请求，决定使用磨黑宝兴井柜原发行后收回存留的手票代替辅币流通使用，并制定了《磨黑井制盐同业公会手票兑换所简章》。原磨黑宝兴井柜印制发行的纸币，俗称"手票"，面值有当制钱壹佰文、贰佰文、叁佰文3种。磨黑井制盐同业公会决定在原手票上，分别加盖会章和"磨黑制盐同业公会发行，负责收回"及"此票限磨黑井通用"的戳记后使用。①

经云南第二殖边督办公署、宁洱县政府、磨黑区盐务收税局和云南磨黑盐场公署核准，民国二十六年（1937）12月18日，磨黑井制盐同业公会设立手票兑换所，在磨黑镇开始发行总额为当制钱2 700串的手票。手票兑换所经理由制盐同业公会主席李维藩兼任；除兑换所负责手票发行外，兑换所还委托部分殷实商号代理兑换；为使手票做到有准备的发行，兑换所提留900元云南富滇新银行币作为发行准备基金。手票按照面额以每元云南富滇新银行币换制钱3串（3 000文）的比率兑换，持法币、云南富滇新银行币、制钱和铜元，均可与手票相互兑换；手票为找补零数之用，凡一元或一元以上交易，仍应使用法币或云南富滇新银行币；手票不挂失，凭票照兑。手票发行后，曾一度缓解了辅币紧缺的局面。1938年2月28日，财政部云南盐务管理局向磨黑盐务收税局发出训令称：制盐同业公会发行手票，云南富滇新银行认为有违币政，应予禁止。3月15日和19日，磨黑盐务收税局和磨黑盐场公署先后向制盐同业公会发出命令，制盐同业公会必须限期以现款收回手票，不得再行使。从3月22日起，制盐同业公会从磨黑盐务收税局调入法币辅币250元、富滇新银行币400元，开始兑换回收手票。至4月16日已基本收回所发行的手票。②

由典当业同业组织出面发行钱票也是很有特点的一种形式。

1932年，平遥县当商城乡联合会发行一种钱票。其中伍分券面印有地名

---

① 思茅地区金融志［M］．昆明：云南民族出版社，1998：75.
② 思茅地区金融志［M］．昆明：云南民族出版社，1998：76.

"平遥县段村镇",还印有"临时找换证券"和"隆昌当裕记代兑"字样;背面印有发行章程,"一、此券专为当赎价值一元以下临时找换之用,其他买卖交易随意流行并不强制。二、此券信用城乡当商负连带责任,无低折短少之虞。三、此券以一元为限,城乡当商有互相代兑之方便办法。四、此券兑换时间以日出为始日落为止,灯下恕不兑换。五、此券只印一角、五分、二分之三种,其二分以下之数以铜元四枚当作一分合算,出进一律。中华民国壬申年印制"①。山西省典当向来发行钱票,且数量较大。由当商联合会发行统一钱票,目的是为当商之间划拨转账、"互相代兑之方便",也便于适时收销管理。

山西昔阳县有两家私营典当行信誉较好,曾以山西省同业公会会员的身份发行钱票。1930年,晋钞倒塌,市场上新银币短缺,于是昔阳市场上由私人商号发行的纸币东山再起。1932年前后,未受晋钞之祸的"四维当"和"发意当"应运发迹,先后发行各自的纸币。币名以字号为称,面值均为壹角、贰角、伍角三种。"四维当"和"发意当"都加入了山西省同业公会,所以发行的私币均可在全省范围流通。持票者随时可到发行铺兑现。② 山西运城县"广济当"1935年曾发行1元、2角、1角私家钞票,流通量约为25万元。③

(二) 各类合作社发行的钱票

湖北省黄冈县农民协会在1927年发行了信用合作社流通券。1924年初,孙中山提出联俄、联共、扶助农工三大政策,国共第一次合作,国民党农民部制定了《农民协会章程》,并于1924年6月公布。该章程规定,解散旧农会,在国内建立全国、省、县、区、乡各级新的"农民协会"。1927年随着北伐战争的胜利推进,湖北省先后成立县农民协会的有黄冈、黄安、罗田、咸宁、孝感等25个县。1927年4月,"(黄冈)县党部、县农协在团凤(镇)成立'黄冈县农民(协会)信用合作社',并选派陈春林、吕华山为正、副经理,从没收土豪劣绅的财产中,拨银元五万元作资金,后发行'流通券'

---

① 王雪农,刘建民. 中国山西民间票帖 [M]. 北京:中华书局,2001:427.
② 昔阳县金融志 [Z]. 内部发行,2005:33.
③ 运城地区金融志 [M]. 北京:海潮出版社,1999:39.

五万元"。① 面值有一串文、十串文，在十串文票正面印孙中山像，背面印孙
中山的"总理遗嘱"。同时，湖北鄂城、汉川、咸宁等县，在当地农民协会领
导下，也先后成立了信用合作社，并发行过流通券。由于农民协会及合作社
皆在国民党的倡导下成立，其发行的流通券也一定得到国民党黄冈县政府和
国民党县党部的认可和授权。根据张或定的观点，此种流通券，应归属"国
民革命时期民间金融钱票"的范畴，而不应该归属于"红色政权货币"。② 江
西修水县救济金融合作社在 1926 年亦发行了一种铜元票（花票）。吴自权认
为，修水县救济金融合作社铜元票，是一种民间花票，而不是红色政权农协
货币。③ 基本观点和依据同张或定等的观点是一致的。

　　以上两种同一时期的货币，无论是"农民协会信用合作社"，还是"救济
金融合作社"，都是一种由政府倡导成立的社会组织，都是在大革命时期成立
的农民自治组织，发行地方流通券，满足当地市场的需要。

　　湖北麻城县信用合作社在 1925 年发行了一种救济流通券。麻城信用合作
社救济流通券五串，票券正面印"麻城救济流通券""照兑铜元伍串""民国
十四年印行""凭票即付铜元执此为照"。票芯四角书有"照兑铜元"字样。
背面花框内直书文字："启者本券因灾区扩大，市面萧条而设定，名曰流通救
济券，由各殷实商户积资开办。凡持券即时兑换铜元，藉以流通市面，一俟
原状恢复，即行撤销。信用合作社谨白。"并加盖"麻城信用合作社图章"。

　　另见实物票券有"文登信用流通券"，面值为"国币壹圆"，民国二十八
年印（1939 年），正面加盖紫色篆字方章"文登县农民信用产销合作社"。背
面印有发行章程："一本券系依据二十八年第二次区乡镇长全体大会决案发行
之。二本券俟时局恢复常态后即收回之。三本券完粮纳税一律通用。四本券
基金由经理机关专案存储不得挪用。五伪造或涂改本券及损害信用者依律治
罪。"并加盖圆形印章"文登县农民信用理事会产销合作社"。详见图 2 - 2。

---

　　① 黄冈县志 [M]. 武汉：武汉大学出版社，1990：8.
　　② 张或定，张劲峰，张哨峰. 湖北黄冈县农民协会信用合作社流通券并非"红色政权货币"
[J]. 江苏钱币，2008（3）：34.
　　③ 吴自权. 对修水县救济金融合作社铜元票性质的辨析 [J]. 中国钱币，2004（2）：57.

图 2-2　文登信用流通券壹圆券

三、其他组织发行的钱票

国民政府建立之初，军阀混战依旧，百姓生活困苦，不仅受到官府压榨，还常遭兵匪洗劫之祸。一些地方民众为寻求自保，成立了自卫团等武装团体。有些地方的自卫团还兼有维持地方经济的作用，如发行地方纸币，解决市场货币缺乏的困难。1929年章丘农民自卫团发行的流通券便是一例。

1928年5月3日日寇阻挠北伐，借口保护侨民，出兵山东侵占济南，制造了"五三惨案"。山东省政府南迁泰安。一时山东无主，政权空虚，一片混乱。各地土匪蜂起，散兵、游勇聚伙打劫。1928年9月，土匪张鸣九攻占章丘城，大肆烧杀抢掠，很多商店被洗劫一空。章丘城北旧军镇著名绸布店"瑞蚨祥"东家孟洛川等人，见势不妙，举家出走天津。孟氏家族请"东陵盗宝"的孙殿英前去章丘剿匪，不料"引狼入室"，孙军到达旧军镇，在旧军镇抢劫奸淫达二十余日，并放火烧了孟氏几个大堂号的住宅。章丘在近半年的大浩劫里，昔日的商贾云集之地，顿成一片废墟。据悉，章丘县城原登记办矿38家，浩劫后到1932年仅存9家；酿酒业由100家降至38家；织布业原有80家，仅剩50家；毡业10家降为5家；最惨的金融业，100家钱庄全部倒闭。章丘的豪门望族（如旧军孟氏、西关高氏等）迁往外地者数以千计，从此章丘一蹶不振。在此特殊情况下，由临时机构发行钱票，救济市面。章丘农民自卫团应该是劫难后民众的自发组织，以图自保。自卫团发行的流通券，背面有说明："临时流通券规约：一宗旨：救济金融便利商民；一数目：计叁万张合铜元六拾万枚；一效用：按票面数目与现铜元一律行使；一兑现：

时局平靖即刻兑现；一担保：由农民自卫团担保兑现责任。"这反映了章丘在灾后政权真空背景下，又加上钱庄等大批倒闭后市场交易无法开展时，有识之士才组织了"农民自卫团"，保护自己，重建家园。[①]

同一时期，湖北远安县地方财产经理处，在远安县长发起下，以庙产为基金发行"公益券"。1928 年，湖北远安县长张继华将全县清溪寺、泸溪寺、鹿苑寺、福河寺、寿隆寺、庆寿寺、地藏寺、定林寺、真金寺、宝华寺、太平寺、鸣凤山、回龙观、观音庵二十余处庙田两千余亩，收归县有，组织远安县地方财产经理处，朱晴峰为主任、朱晓初为会计，穆辉为收租员。以庙产为基金发行公益券四万串，面额为一串文，在本县流通，对外县商人来本县交易，所得公益券，不能带出县境，持券向经理处兑换银元和铜元，凭券一串文兑铜元一千文，八串五百文兑换银元一枚。

远安县还以公益券为基金办公益事业。远安县鸣凤镇西门河至南门河护岸堤防，建于清乾隆三十四年（1769 年），全长 670 米，历年遭洪水冲毁，1935 年的特大洪水破坏更严重，威胁全城人民生命财产安全。远安县长汪龙蟠决定以公益券为基金并向富裕商号募捐一部分款，组成远安县护城河堤修复委员会，由熊兰省负责施工修复。1932 年，远安县财产经理处撤销，公益券陆续收兑，至 1940 年公益券全部收回。[②]

一些行业内部为了转账结算业务的方便，也发行一种行业内的票券，如茶行发行的茶票便是此种性质。1932 年安徽祁门县西郊的高塘镇怡和祥茶号发行二元面值的纸币，票券正面印"凭票如期，即兑大洋贰元"，背面印"注意说明"："此票期定六月底兑现，如过期一月，向本号兑取，每元补水铜元两枚，多则照按规定，本年八月底一律兑清，如再延期，补水作罢，特此声明。"茶号印发茶票，是借此来调节资金，扩大资本。[③] 茶行还私发流通券和定期茶票流通市场。"茶行收购茶叶多半是没有现金的，而是由他们私自发行的流通券或定期票来代替现钱。茶农手持流通券或茶票，总是在春节左右，等待茶行老板已经获得厚利，腰缠累累地回来的时候，才能兑得现金。有的

---

① 张小杰. 劫后余生的钱票 [J]. 中国收藏，2011 (9)：105.
② 远安县金融志 [Z]. 内部发行，1990：15.
③ 白菲. 安徽祁门"怡和祥茶号"钱票考述 [J]. 安徽钱币，2008 (2)：47.

甚至迟到农历正月过后才兑现。这种无本生息的买卖，使投机商人大发其财，而贫苦的茶农却是忍饥受寒！"①

还有某些偏远地区，因为交通不便，商业欠发达，一些较大的商号便可能垄断当地的贸易，因此其发行的货币也有较大的流通市场。甘肃秦州商号"公盛通"药行就曾发行过纸币，在当地流通盛广。

甘肃秦州商号公盛通，经营药材。药材的货源大部分派人出外收购，甚至下乡窜村向农民批发收购，如到云平收购党参，往岷县收当归，在礼县、西和收购大黄、冬花等，同时还在本地农村收购蜂蜜、黄蜡、桃仁及草药等。这样不但解决了货源，而且对发展农村经济，加速农村货币流通，增加农民收入，促进城乡交流，都起到一定作用。在商品经销方面，对本地近20家药铺供应多种药材，款项结算采取标期，即每年分为3月、6月、9月、12月4标，每季末23日为过标日期。在当时，除一般小商零星购货者付现银外，一般对大商行店、外地交易都采取到标期结算过银。该号在每期过标时，交进多，付出少，偶尔付出多时也是如数结算，必须顾及信誉。即在收少付多时，要净付出现银，为此该号及时向来往处付息借银，按期均分别由钱铺兑付，决不拖欠。②"公盛通"药行由于经营规模较大，在甘肃秦州形成较大的势力，其货币流通也在当地商业贸易中起到中枢的作用。

有些地方还以集市组织为单位，发行在该集市流通的货币。

初时农业社会为自给自足，后来渐有交易，以其所有，易其所无，规定日中为市。中国各地集市由来已久。不过，集市作为社会组织，并无一定之标准，亦无成文之规定，只依靠惯例或习俗，而且是因地而异的。集市在北方叫"赶集"，在四川叫"赶场"，在云南叫"赶街"。名虽异而实同。有的三日一场，有的五日一集，各地有所不同。如云南璧山县来凤镇则以三、六、九"当场"，即农历每月初三、十三、廿三、初六、十六、廿六、初九、十九、廿九等日为集日。其余日子则无人交易，呼为"冷场"。每逢当场之日，各家都背着或挑着家中多余的或用不着的东西到场上去求售，以有易无，但

① 刘月舫. 茶行剥削茶农的种种手段 [Z]. 安徽文史资料选辑：第14辑，内部发行，1983：126.

② 张煜. 秦州商号公盛通 [Z]. 甘肃文史资料选辑：第42辑，214.

不是以物易物，而是以货币为媒介物。卖物得钱，又以钱购物或以钱携回作其他之用。[①] 1924 年，贵州省毕节、松桃、赤水等县商业较为活跃的中等城镇，都发行过制钱票或铜元票，并在各县流通。1934 年前后，铜钱与银元的比价，每元约合铜钱一万文，赤水县义成、义太、大义祥、荣盛昌四家钱庄所发钱票，大洋一元约兑铜钱 11 400 文。在正常情况下，发行钱票有利于农村集市贸易的顺利进行，便于城镇居民支付各项零星费用，对积累商业资本，促进商品交换，发展社会经济还是有益的。[②] 许多较大集镇本是当地商品集散地，交易集中且量大，没有充分的货币流通是无法想象的，因此集市的制钱票、铜元票需求量也较大，只能由当地钱庄及殷实商号提供。交易量愈大发行愈多，且往往随季节发生周期性变化。其中，我们也能看到一些规律：集市中流通的辅币券，无论是官家发行的，还是商家私制的，其流通性强，储蓄性弱，这与集市贸易的特点相关，农民以其有易其无，其间易得钱票，转瞬即易手。贫困之家本无多少余钱剩米，所以作为辅币券的钱票大都不会在农民家中保持太久，因此在非极端情况下，不会有贬值之虑。

　　农村集市贸易繁盛之地，有时小额货币仅在内部使用周转，且在国币、省钞小票不足时，往往由市场管理者发行在本市场内使用的票券。四川江津县发现两种在集市（"场"）流通的辅币券。一个是"江津九龙场钱票"，票面注明"代制钱拾文"，并有"民国十四年发行二百兑现"，此券 1925 年发行。背面中间印文字："江津九龙场小钱票兑换办法：一现因市面缺乏制钱，进出找补诸多困难，特用此票暂代制钱，以资调剂。一此项钱票设兑换处于本场聚乐春，凡小票满贰拾张，即可向该处兑制钱二百文。一此项钱票共肆万张，每张代制钱拾文，共合制钱肆百千文，由聚乐春如数准备铜元以资兑换。"另一张票券是江津县吴市场管理者印制的一种辅币券，仅在该市场内部流通。票面未注发行时间，但应与上票发行时间相近。"江津吴市场发行铜圆小票条例：一、本场为便利找补起见，特发行辅助铜圆小票第三期伍万张，以资信用。二、此种纸票一律当拾文，以本场办公处为兑现地点。三、此种

---

　　① 李文海等编. 民国时期社会调查丛编：社会组织卷 [M]. 厦门：福建教育出版社，2005：131.

　　② 贵州金融货币史论丛 [Z]. 1989：300.

纸票以贰百文兑现,如有涂改,作为无效,伪造送究。"① 以上是四川江津县吴市场管理机关发行的,用于本市场内部找零的小额辅币券。由市场管理机关出面发行的小票,票面注明"公议发行",说明非个人行为,有一定的公信力。

在众多的社会组织中,慈善组织参与发行纸币应是比较特殊的一类。如南昌慈善总会发行的兑换券。1925 年,南昌慈善总会开办公典,发行兑换券20 万元,超过原有基金的 2 倍。②

---

① 高文,袁愈高. 四川近现代纸币图录 [M]. 成都:四川大学出版社,1994:43 - 44.
② 陆国香. 中国典当业资本之分析 [J]. 农行月刊:第 3 卷,1936,5 (5).

第三章 社会组织
对区域货币发行的管理

民国政府币制不统一，各大商业银行在法币改革前皆可发钞，各地方政府也发行省钞，钱庄、银号也自行开发银钱票券。一时间，市面纸币五花八门、鱼龙混杂。20世纪20年代后，由于铜元缺乏，银行券面额较大，市场找零不便，各地商号更大量印发钱票，因利益驱使，私发纸币愈演愈烈，以致不可收拾。早在清末民初，国家就出台相关法令禁止银钱业发行纸币。但屡禁不止，本着"堵不如疏"的考虑，各地政府遂请商会协助整理地方币制，尤其是辅币券问题。于是市场自发选择了商会充当了临时管理者的角色，行使对商号发行钱票的监管之责。

第一节 商会对小区域货币的管理与统一

商会除了直接参与发行本区域流通的货币外，更多的是充当地方货币的管理者和监督者。但商会的管理者角色并非完全由官方授予，而是由市场自发选择的结果，或者说是官方被迫接受由商会来充当区域货币的管理者和监督者。在民国不同时期，商会的监督职能表现阶段性特点，而且全国各地的商会监管职能也有较大的区域性差异。另外，商会管理地方货币的方式也多种多样。

一、商会管理的阶段性和区域性

（一）商会管理的阶段性

民国初期，钱庄业的开设，政府一如既往并不干预，一般只须由殷实的同业或其他工商业作保，通知地方商会即可。也有的地方钱铺开业时需要交纳一定的开业费，但数目不等。钱铺开业通知商会，虽然不是绝对必须履行的条件手续，但不经过这一环节，往往会给将来的营业过程带来一些不必要的麻烦。① 这说明，银钱业（钱铺、银号等）受商会的直接管理与控制。但对发行钱票一事，政府的态度在清朝晚期发生了较大变化，由"听其便"到限制发行。商会对钱票的管理自清末便开始了。

山东芝罘县商会对钱票的发行规定了详细的制度。光绪初年，山东各县钱票以吊文为单位，按各地用钱习惯，有"九八钱帖""九八八钱帖""九九二钱帖"等名称。1876 年，芝罘谦益丰发行的钱票，面值自 1 吊文至 50 吊文。济南等地通行的"九八钱帖"，按例每吊只换 490 文。其后，出钱票者已不限于钱业，一般商家店铺也有印发。1896 年，芝罘商会议定，发行钱票须预交 30% 至 70% 的准备金。而资本雄厚的大户，发行钱票多达 10 万吊，仅备三成准备金；资力有限的小户，发行一二千吊，要交七成准备金。当时全市 50 余户钱业，发行钱票 78.6 万吊，加上各商家发行的钱票，总数多达 200 万吊。以顺泰号所发钱票信誉最佳，不仅在市区流通，而且延伸到福山、牟平、蓬莱、栖霞、莱阳、文登等县。

清代以来尤其是民国之后，政府屡禁私票，纸票发行受到一定影响，但并未禁绝。"奉省于数十年前无所谓银行事业也。祇须开一商铺，即有发行东钱几吊、几十吊钱帖之权。商场一律流通，官家并不过问。自东三省官银号开设，始行取缔收回。然尚限于省垣市场，各外县则行使私帖如故。虽经当道一再严禁，仍未能一律肃清。"②

山西沁州（沁县）商会设在沁州城南街财神庙内，商会除日常工作外，还负责监督钱票的发行。1917 年前后，因该地现钱严重短缺，市面上流通的只有铜元。因而批准信用卓著的商户根据资本的大小发行钱票，由商会负责监督，并按规定收取手续费。③ 1924 年浙江湖州典业因市上制钱突然告急，

---

① 王雪农，刘建民，达津. 中国山西民间票帖（三）[J]. 中国钱币，1999（3）：61.

② 奉省整理金融记 [N]. 天津：大公报，1918 - 08 - 20.

③ 日本同文会编. 中国分省全志·第十七卷·山西省志 [Z]. 孙耀，孙蕾，仁平译. 山西省地方志编纂委员会办公室，1992：447.

零找极感不便，就采用竹筹替代，俾资流通。竹筹上烙有数字，并有特别标识。此举由商会核准，各业一律收受通用。①

山西省文水县商务会的组织发展及其对商号钱票的管理，就是一个典型的例子，从中可知商会的经济管理职责及货币监管职能。

清末民初，山西省文水县私营商业开始兴盛起来。1918 年，该县商界为维护其共同利益，经文水县公署批准在县城南街成立了文水县商务会（后称商会）。文水县商会是全县商界的一个群众性组织。官府向商界分配的一切摊派、捐款以及派公差等事宜，均通过商会办理；商号有需要官府帮助解决的事，由商会出面反映，商号之间发生纠纷，由商会出面调解。②

商会内设有秘书、会计、勤杂人员。1924 年前后，文水县商会成立商团，招雇有武功的青壮年 10 余人为团员，由县衙发给商团步枪 10 支，以便夜间上街巡查，防止各银号、商号被盗。商会会长外出时，由商团派人保镖。商团负责人为牛力胜，是本县武术界颇有名气的人。"七·七"事变时，商团解散。商会的决策机构是商会委员会。委员由 7 ~ 9 人组成。其中，有监察委员 2 人。委员由商界选举产生。商会正、副会长则由委员中推选。所选的会长，都是在商界中较有威望的实权人物。商会会长有权批准银号、商号的开业和歇业；有权批准商号发行商号辅币；有权决定摊派捐款及派公差等事宜。民国年间，商会是最有权威的群众组织。日伪统治时期，私营商业生意萧条，银行倒闭，商会权威下降，徒有虚名而已。解放战争年代，县城私营商业更加衰败，商会成名义机构。③

文水县商会的兴衰，也是全国各地县商会演变发展的真实写照。"有权批准商号发行商号辅币"就是商会监管区域货币中重要的一环。但此种职能表现最显著的阶段是在民国初到抗战爆发前，北洋政府时期商会的作用尤为突出，之后便呈下降的趋势。

（二）商会管理的区域性

民国时期，各省市有（商务总会）总商会，（各县有商务分会）县商会，

---

① 李金铮．民国乡村借贷关系研究［M］．北京：人民出版社，2003：220.

② 文水县商业志［Z］．内部发行，1994：35.

③ 文水县商业志［Z］．内部发行，1994：36.

县下设镇商会。总商会与县商会、县商会与镇商会之间虽有隶属关系，但较为松散。尤其是各地商会之间更是鲜有联系，彼此相互独立。关于商会内部的管理规则，并无统一规定。对区域货币的监管，往往由商会因地制宜地采取对策，互相之间并无太大的可比性和可参照性。因此，区域性的特色就非常明显。下面以山西沁县和湖南长沙为例，分别说明。

1. 山西沁县商会的管理模式

山西沁县商会在 1914 年颁布的钱票发行章程，十分细致且地方色彩浓厚。山西私商发行的纸币称为"票帖"。清末和民国之初，随着商人对金融业与商业之间关系的认识之增强，山西的许多地方，商会对民间票帖的发行采取了管理措施，借以调控当地的货币流通和金融市场，有的甚至直接控制票帖的发行权。如沁县商务会曾针对当地存在的将大量铜元运往境外谋取私利造成当地铜元紧张的情况发布公告，规定了票帖发行的开设条件及经营准则。① 民初，沁县没有钱铺等金融机构，但很多商店发行钱票。沁县主要通货有制钱、银元、票子（钱票）等。现将 1914 年"沁县商务会通告"（沁县商会管理商铺发行章程）摘录如下：

众所周知，本县因金融紧迫，致使商业交易及租税交纳均发生滞障，人人深感不便。本商会有鉴于此，乃召集会员开会，商讨补救办法。现决定县城和乡村商铺互相联保，按照资本力量发行铜元票，均在市面流通。该铜元票面加盖商务联合票戳记以维信用。为此目的特通过十二条规定，业已报请知事批准认可，仰各协助遵行，以便商利民。现将认定各款列记如下，望各凛遵勿违，特此通告。

第一条　为使联合发行票子流通市面，凡盖有商会戳记的票子，不论纳税及一切买卖交易，房产典当出售等均一律通用，不得随意拒绝接受。

第二条　发行票子之本意在于弥补铜元之不足，因而凭票子请求兑换时，其数额不得超过两千文，亦不得分数次兑换二千文以上额数。若持有大量票子，可按时价兑换银元或银两，决不许请求兑换铜元，故意引起骚扰。

第三条　发行票子的商铺由商会选定。资本雄厚者而具有发行票子资格

---

① 王雪农，刘建民. 中国山西民间票帖［M］. 北京：中华书局，2001：53.

的店铺不得借故推诿；而资本薄弱，无力发行票子的商铺亦不得随意私制票子行使。事关公益，决不许推诿、私造，应同心协力，防止滥发。

第四条　会员不得相互请求兑换票子。如发现奸商委托他人要求兑换铜元者，经本会查获即共同议罚。

第五条　若外来客商持票来发行商店请兑铜元，其数额亦不得超过二千文。二千文以上可按时价兑换白银。该号不得拒兑使客商蒙受损失，以昭信用。

第六条　各商铺发行票子时，须先由本会检查额面，加盖印章。对发行票子每年检查一次，如有破烂，应即作废，并补发同一额面的票子使用。此外，一俟铜元充足，上述票子应一律收回。

第七条　发行票子的商铺中，若有破产倒闭者，本会即令其保证人赔偿，不使商民遭受损失。

第八条　倘有无赖狡诈之徒私造票子使用，立即查获送官依法从严处罚。

第九条　印刷纸张及原版由本会收藏，除每张工本费五十五文外，另征各商铺发行额百分之一作为本会经费。

第十条　（略）

第十一条　将大量铜元运往县外谋取私利者，经本会查证属实，即以逮捕，对于举报者则格外予以奖赏，并对于有违法行为的商店，由公会议处，以维持公共利益。

第十二条　本规则如有应行修改之处，可经本会通过予以增删修改。本办法自通告之日起施行。民国三年八月十八日。挂牌本会门首。①

以上沁县商会发布的"通告"说明如下事实：一是铜元大量外运造成市面辅币量不足，为此由商会选定资本雄厚的商会发行票帖（钱票），满足市场流通之需；二是铜元及制钱的兑换券由各商户发行，但兑换券的发行有严格的规定。而且更重要的是，"这些规定似能得到较好的遵守，这可能是衙门及

---

① 日本同文会．中国分省全志·第十七卷·山西省志［Z］．山西省地方志编纂委员会，1992：515.

商会监督管理得当的结果"①。

此外，沁县商会有票帖（钱票）发行底册，每次发行均一一填记。现将发行票帖的商号及发行限额列下（见表 3 - 1）：

表 3 - 1　　　　1914 年 8 月沁县商会注册登记各商号发行限额　　　单位：串文

商号	限额	商号	限额	商号	限额
复生当	3 000	瑞生昌	200	丰泰当	3 000
广生和	500	酒如泉	500	天德庆	500
和顺楼	500	中和育	100	广济生	500
义和德	300	广泰成	200	德合当	3 000
万顺久	500	逢源永	500	隆兴厚	500
万亿昌	500	元吉长	500	锦生春	300
春和昌	300	同心恒	300	丰益昌	500
同生裕	300	和合聚	200	万盛厚	100
通聚源	300	信成义	200	义生昌	100
德逢厚	100	义和泰	1 000	长盛久	100
王运亨	100	广茂源	500	中兴德	500
太谷馆	200	义和长	500	万庆永	500
利用亨	200	铜兴隆	500	永源长	500
德生泰	500	益盛源	500	万和楼	100
休休永	500	万沁魁	800	逢源久	300
天义永	300	同心茂	300	长盛永	500
万顺德	300	天盛魁	500	复生兴	2 000
复合当	3 000	集义诚	不详		

资料来源：日本同文会. 中国分省全志·第十七卷·山西省志 [Z]. 1992：516.

民国时期山西部分票帖表面，常见有地方商会加盖的齿边椭形章，表明山西民间票帖的发行，一般要由地方商会核准登记。② 这也印证了山西部分地区商号发行票帖需要得到当地商会的批准。

---

① 日本同文会. 中国分省全志·第十七卷·山西省志 [Z]. 山西省地方志编纂委员会，1992：514.

② 王雪农，刘建民，达津. 中国山西民间票帖（六）[J]. 中国钱币，2000（3）：65.

作为与山西沁县商会管理有别的对比，有大量的例证可以说明商会管理地域性差别的存在。以票券的如何"担保"问题，各地商会在联保方面的要求差别较大。如沁县商会规定发钞的城乡商铺"互相联保"。河北万全县商会规定由殷实商号"十家互为担保"。河北曲阳县商会则规定"铺保两三家"即可。湖南沅陵商会规定发钞商户需"五家联保"。此外，在商会注册、准备金、商会备案等诸多方面，各地商会的规定都各不相同。下文将从商会管理钱票的方式上作详细论述。

2. 长沙市总商会与银钱票的管理

清光绪初年，长沙工商业有了很大的发展，市场对货币需求量大增。当时就有许多商店、商会、工矿企业发行钱票，有私票、花票、街票等称谓，因为其不能纳税，只能在市面兑换，故统称"市票"。1903 年，湖南官钱局成立后，长沙、善化两县对省城内外发行私票的进行清查，责令铺户连环取保，经过清查取保的，加挂商务局注册招牌。1905 年，长沙、善化两县规定：凡商家、铺户发行私票，需先经商务局注册登记，经批准方可发出。否则处罚，并责令收回已发市票。[①]

1912 年以后，都督谭延闿，督军汤芗铭直至张敬尧，赵恒惕、唐生智等湖南当局，为推行官方票币，都曾发布"查禁""取缔"市票的命令，但因市票方便，又能牟利，所以时禁时发，终无成效。1918 年，湖南银行倒闭，市面市票流行。长沙总商会呈请督军批准，由钱商发行铜元票 20 万串。1920 年 6 月，裕湘银行倒闭后，长沙总商会为解决钞荒发行临时兑换券 20 万元。1921 年 12 月，长沙总商会又申请发行银元票、铜元票，并订立《市票发行简章》呈报省署。各商号将在长沙的不动产契据送交商会作保，共发行银元票 50 万元；当二十文、三十文、五十文、一百文的铜元票 1 100 万串。从 1923—1933 年，长沙还有许多公司和慈善机构亦发行市票，如长沙觉化慈善堂的小洋票、湖南电灯公司的工资券、长沙和丰火柴公司的银角票等。[②] 长沙农村小本工商业和摊贩发行乡票的达 1 280 多户。如果梨谦禄斋、仁和斋两家

---

① 长沙市金融志 [Z]. 内部发行，1997：113.
② 长沙市金融志 [Z]. 内部发行，1997：114.

发行乡票均在 4 000 元以上。就连屠宰、油鞋、伞铺、秤店、布贩等也竞相发行乡票。政府曾多次查禁，但全无成效。① 可见，市商会虽有统一举措，但实际上很难统一，反而促使商号效仿，商会并非政府权力机关，不可能对商号有强制力和约束力。

1931 年 4 月，湖南省银行开始发行银元辅币券。省政府通令取缔市票。1933 年 3 月，省政府制定、公布《湖南省禁发票币暂行办法》12 条，违者惩处，但仍未能做到令行禁止。1935 年，实行法币政策后，省政府又反复重申取缔市票禁令。省财政、建设二厅及长沙市政府、市商会联合对省城市票进行清查。长沙和丰火柴公司遵令设立清理处，分期收回所发 60 余万元角票，并确定在资本金不足清偿时，采取以货易票。按面额兑换火柴，逾期作废。故被时人称为"洋火票"。长沙宝华玻璃公司亦实行持票兑货，回收所发十万余元的银洋角票。长沙城内市票至 1937 年基本收清。②

由上观之，长沙市总商会对当地银钱票的管理始终处于政府的辅助地位，对"市票"管理的效果也不甚理想。因此，长沙市及其周边地区曾一度出现市票泛滥的景象。

二、商会管理钱票的方式

商会管理钱票的方式主要表现为如下几类：一是由商会注册；二是规定铺保和联保的方式；三是对准备金的规定；四是由商会备案并承保盖章等。但商会所管辖的范围是入会庄号，对非入会会员则无管辖权。

（一）商会注册

山东省桓台县商号发钞，须经商会注册。清末民初，新城城里较大的商号如泰昌和、裕兴、祥和等 76 家，经商会注册发行本票和庄票（俗称吊票子）。继而漫延至农村。如田庄的恒丰、益恒诚银号，夏家庄的瑞兴银号，均发行土杂钞，限期收回。实则禁而不止，更加泛滥。不经注册即粗制滥造，且数额无限。这些商号倒闭后，其发行的纸币便同时报废，遗害于民。③

① 长沙县志 [M]. 上海：生活・读书・新知三联书店，1995：515.
② 长沙市金融志 [Z]. 内部发行，1997：114.
③ 桓台县志 [M]. 济南：齐鲁书社，1992：415.

山东省郯城县各镇"门头票",由当地商会注册验讫。商业"门头票":清末民初,县较大商号有 200 余家,尤以马头镇最为繁盛集中,其经商足迹几遍全国。为其发展,1918 年,该镇"长发"杂货百货店经理皇甫辰首出"门头票"用于充实资本扩大营业。各商号见其有利可图,纷纷仿效。据不完全统计,至 1933 年,出"门头票"商号,马头镇有 43 家,郯城镇 21 家,重坊、涝沟、红花埠也有 10~20 家,甚至一些小商贩效法印刷。商号出"门头票",须向当地商会注册登记,验讫发行。县城商号所出面额多为 2 000 文,马头则大多为 1 000 文。所发之票,用于收购农副产品,或以货币形式在市场兑换流通。一些资本雄厚、信誉较好者已流通省外,农民也当货币储存。繁盛间县内"门头票"多至百余种,几有取代通币之势。但亦有商号为骗取资本,向商会谎报资金,超额数倍甚至几十倍发行,以致无力收兑,信誉日落。加之商号间相互倾轧,以致"门头票"经营险象环生。1935 年,县城南关莱市街杨茂德杂货店,因生意萧条,无力收兑其票,全家弃店逃亡;同年县府门前"瑞丰永金"杂货店,也因信誉低落,持票人蜂拥挤兑,店主吴绍瑞雇 4 名警察维持秩序,仍未免人群蜂拥而入,将店内货物哄抢一空,吴亦只好逃之夭夭。直至日军侵占,工商萧条,各店所出之票均成废纸弃市。[①]

(二) 铺保和联保等担保方式

湖南省怀化地区(沅陵、洪江)商会不仅发行,还管理当地市票。民国初期,沅陵商会发行商票,有 50 文、100 文、500 文等面值。1917 年,沅陵县政府禁发市票,城内冉德茂等 22 家商店所发市票 11 100 张,每张 1 000 文,仅仅收回 6 487 张,只留商会发行的 50 文小票作为找零继续流通。后因现金缺乏,商店再次印发市票,1924 年,沅陵商店无论大小均出有市票。往来交易只见市票,不见实货,无法兑现。梁恒太、秦大经等数十家大商号纷纷倒闭,市民持市票兑现者络绎不绝,无不望门唾骂。商会乃约集各业统筹整顿,议决有 1 000 元家产者方可出 1 000 串票,并需五家一联,重印 8 万串联票,旧票概行作废。百姓受害不浅。复经各公法团议决三条:(1)凡出票商店,以资本多寡分甲、乙、丙三等,甲等不得超过 1 000 串,乙等 500 串,全无资

---

① 郯城县志 [M]. 深圳:深圳特区出版社,2001:457.

本出票者，勒令收回。（2）由商会指定 5 家联保，一家倒闭，四家负照兑责任。（3）市票式样，一律换新票，背面印有商会布告，并五家联保牌名。①

洪江县的市票有洋票及钱票两种，洋票以元为单位，钱票以串及百为单位，有 5 串、2 串、1 串及 500 文 4 种。1924 年，洪江商会发行流通券，先后发行 5 次，共 190 万串。该商会会长借口市面辅币短缺，发行铜元流通券，于四乡各埠收买油木土货，初发行时公议十足通用，银元 1 元折流通券 2 400文，后私发滥印，派人于市面加价收买现金：每银元 1 元折券渐次涨为 2 600文、2 800 文、3 000 文、5 000 文、2 万文，直至流通券贬值只当券面值的2% ，人民深受其害。②

很多地方商会还规定了辅保、担保的内容，或要求由多家殷实商号联保，方可发行钱票。民国初年，柏乡钱帖以前商家发行的二千文、三千文钱帖早已废除，现在殷实商号经商会查明，取具连环妥保，备有押金，发行的一角、二角二种角票流通市面。③ 万全商会约殷实商号十家互为担保，各出铜元票，分为十枚、二十枚、百枚三种，发行后人皆乐用。④ 藁城毛票分为两种，一种是经商会保证后发行的，其信用尚好，另一种为私人滥发，信用薄弱。⑤ 1924年曲阳县长与商会决定该县出钱票的商号要取得铺保两三家，纸币盖上商会图章即可发行，钱票由铺保和商会共同负责。1932 年蓟县私票俗名凭帖，有2 吊、4 吊、10 吊、20 吊数种土票，每吊当铜元 13 枚或 14 枚，城乡商号发行，商会完全担保，市面发行 26 万余吊。⑥

贵州省的商钞，是由商会管理的，规定由五家联保。早在清咸丰年间，贵州铜仁、镇远、玉屏等地在与川、滇、桂等省的贸易中，就开始使用商钞这种商号自发的信用货币，面值一般为一百文、二百文和五百文，也有一千文以上的大面额商钞。1884 年至 1924 年，黔东商钞盛行。铜仁发行商钞的有60 多家，松桃 39 家，思南有 13 家，连同江口、沿河、省溪等县，共约 150

① 怀化地区金融志 [M]. 北京：北京出版社，1993：61 - 62.
② 怀化地区金融志 [M]. 北京：北京出版社，1993：62.
③ 魏永弼纂. 柏乡县志 [Z]. 卷四金融，民国二十一年铅印本.
④ 任守恭纂. 万全县志 [Z]. 卷三生计，民国二十二年铅印本.
⑤ 林翰儒编. 藁城乡土地理 [Z]. 上册货币，民国十二年石印本.
⑥ 戴建兵. 近代河北私票研究 [J]. 河北大学学报（哲学社会科学版），2001 (4)：34.

家。1889 年，铜仁"张恒记"等 10 多家商号，发行商票达 10 多万吊（串），一度成为主币在市流通。但因发行量过多，又无足够的现金与实物准备，往往因挤兑而破产倒闭。如铜仁吴文茂号发行商钞总额多达 1 200 吊，即因挤兑破产；思南德顺和号资产不过白银数百两，竟滥发商钞五千两，因无法兑现而成废纸。这种情况，省内其他地区也有。1913 年，铜仁县商会采取措施，进行管理。规定发行商钞的商号必须提供足够的资产作保证准备，发行数量视其资产多少制定限额；并采取"五家联保"办法，即一家发生挤兑，其余四家共同承担兑现；还规定，所发商钞须经县商会加盖"商会验讫"印章，方可使用。思南县于 1924 年也作出管理商钞的规定，除商钞须以财产作抵，发行额不得超过财产总值的 50%。从而提高了商钞的信誉，有的商钞还可跨县行使。[①]

河北省内邱县商号发"毛票"，向该县商会申请，并由权威人士作保。1931 年后，县内随着铜元的盛行，出现一种"角票"，本地也叫"毛票"，即以纸币代钱使用。毛票是私人商号为扩大资金额而印制的。凡欲出"毛票"者，必以银元作后盾，并事先向县商会申请，另以权威人士作保，经商会批准后，即可出票，其流通仅限于本地，出县则失效用。"毛票"之面额，为一角、二角、五角，此票流行，仅二三年即废止。[②]

湖南临湘聂市商会于 1928 年发行临时救济券壹角券。因市场铜元不足，茶叶贸易需款集中，当地商会应商界要求，特组织发行的救济券，以应市场之需。兑换准备则由"商会保全""责负完全"。其背面告示对其发行背景有清楚的说明（见图 3 - 1）。

临湘聂市商会临时救济券背面说明："顾保和代兑：地方连年荒欠，民众苦不聊生。出产惟茶一种，外客裹足不前。组织自采自售，总周转不能。一因铜元缺乏，间或整块洋钱。地方公同会议，责成商会保全。另制大小票币，给各商号印联。出入找数得法，彼此何乐自然。一俟铜元充足，随时取销不延。倘有倒塌情事，敝会责负完全。特此背面布告，务祈各界情原。"

---

① 贵州金融志编纂委员会. 贵州金融志资料：第 12 辑 [Z]. 内部发行，1990 - 02 - 05.
② 内邱县志 [M]. 北京：中华书局，1996：705.

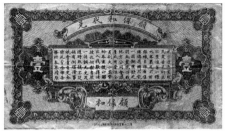

图 3 - 1　湖南临湘聂市商会临时救济券民国十七年壹串文券

法币改革后，市场辅币不足。多地商会约定，由大户出票，并连环担保。

1935 年 11 月，国民政府推行法币改革期间，因辅币暂时不敷使用，致使偏远地区市场筹码不足。为了不影响市场繁荣和商贸交易，张家口商会约定，由资本雄厚的 10 家钱商连环担保，各自发行铜元票。票面为 10 枚、20 枚、100 枚 3 种。发行以来，信用可靠，流通于张家口一带。万全县距张家口较近，也曾使用这种铜元票，但只能买物使用，不能汇兑。①

（三）准备金的规定

民初，汉中油布票由当地商会批准，核验后须有 100% 准备金。

油布票，又有油布帖子、油布票子、布票等称谓。据《南郑重修县志材料集·商业志》记载，清朝末年，汉中商号便发行有 500 枚和 1 000 枚两种油布票。印制发行油布票通常要经过商会批准，汉中商会成立于 1908 年。发行者首先要向商会申报印制油布票的面值和总额，其后由商会派员核验同等价值的准备金。准备金包括金、银、制钱、货物、土地和房屋等资产。经验资批准后才能印制同等价值的油布票。因油布票印刷精美，色彩协调，图案布局合理，而质地柔韧，易折耐磨。较之金属货币更有重量轻，便于携带、流通、储存等优点。因此，油布票一经问世便受到普遍欢迎，加之商号有充足的准备金作抵押，信誉至上，很快在市面流通。②

在贪婪的汉中驻军和官商眼里，油布票无疑是一个点石成金的宝贝，他

---

① 孙学慧. 万全流通的货币 ［M］. 河北近代经济史料：交通金融邮电，石家庄：河北人民出版社，2002：113.

② 陈福寿. 汉中奇钞油布票 ［J］. 陕西金融，1999（4）：64.

们不会放过这个发财的良机。于是，他们无视中央政府不准官商银号擅自印制发行各种钞票的禁令，依仗权势，狼狈为奸，利用油布票在市面上的信誉，肆无忌惮地大量发行。驻军则以筹军费为名捞取钱财，扩充实力。从民国元年（1912 年）起，各路驻汉军队相继在汉中开设金融机构。民国元年，秦军第一师张宝麟部设保安钱局，民国八年（1919 年），川军刘存厚部设济汉钱庄，皖系陈树藩设汉兴银号。民国十年（1921 年），直系吴新田部驻汉，充任陕南边防总司令，更是超过前者，除开设兴元银号外，还勾结汉中大商人、商会会长杨子麟开办瑞昌银号，发行兴元和瑞昌两种油布票。仅兴元银号发行的油布票就价值 10 万元之多。按当时汇率计算，每元兑换油布票 37 串，该银号约印制了一串枚油布票 370 万张。货币的投放量，要以实物为基础。据史料记载，民国十四年后，汉中油布票发行失控、泛滥成灾。不仅驻军和官商发行，连油条铺、屠宰商也不甘落伍，竞相印制一百枚、二百枚、五百枚油布票。汉中城内大中商户发行者达三四十户。油布票充斥市面，曾发生多起挤兑现象，许多中小商户被挤垮倒闭，百姓更是深受其害。民国 17 年（1928 年），当吴新田利用油布票残酷地搜刮到汉中人民 10 万元黄金、白银移放他处，逃离汉中古城之时，尚有 8 万多元油布票在百姓手里。他略施小计，责令商会发行油布票收兑。商会乘机发行总额高达 360 多万串的油布票，这些油布票在市场流通，形成通货膨胀，物价直线上升，百姓怨声载道。①

（四）商会备案，承保盖印

清末到民国十年，博山商会统一管理当地钱票发行。当时，博山复诚信、同聚祥、益恒、汇通、恒丰、义兴隆、义合生、会金等钱庄发行铜元票，票面印有"凭票即付铜元贰千文"，或"凭票即付铜元壹吊文"。所谓，即壹吊票子兑换铜元 49 枚（当十小铜元），少付一枚铜元叫"底子钱"，市面交易中够"六百钱"即 30 枚铜元可以少付一枚，叫作"使底子"。这个时期钱庄发行钱票由商会统一管理，规定发行者要具备两家铺保，发行量不得超过资本的半数，经向商会申请，钱票上印有"商会备案，承保盖章"八个字，始得发行。后来发行钱票的钱庄逐渐增多。1925 年后，周村、博山各有 20 余家钱

① 陈福寿. 汉中奇钞油布票 [J]. 陕西金融, 1999 (4)：64.

庄发行角票、钱票。同时出现了各行各业滥发纸币的混乱局面。1926 年，山东省银行下令整理铜元票，并颁布"稽核铜元票章程"，1929 年 1 月 3 日，国民政府财政部函令各省取缔地方银行、钱庄、商号私发纸币，市场货币紊乱状态稍有改变。1933 年，山东民生银行、山东平市官钱局发行角票，取代"私票"在市面流通，加之省当局严厉取缔"私票"，当地钱庄及工商业者发的钱票即逐渐收回。①

陕西洵阳县蜀河镇商会对钱票发行的管理与当地的地理环境密切相关。洵阳县地处交通发达、商业繁盛之所，也是钱票发行较多之地。1929 年陕西大旱，洵阳灾情尤重。洵阳境内无银行、钱庄等机构，蜀河商会及一些商号，乘机牟利，纷纷印发纸币。因蜀河地处洵阳县城东汉江北岸，发源于秦岭的蜀河在此与汉江交汇。清中叶以来，蜀河镇因交通发达而商贾云集，船桅林立，东下荆襄，北通西安，西达汉中，南去四川，经济活动一度超过洵阳县城，为陕南东部首屈一指的商业重镇，素有"小汉口"之称。民初，因商业发达和市场需要，蜀河镇大小商号，开始自制纸币"票子"，流通于集市。开始时，商号出"票子"，要向商会申请，报县批准，按资金一定比例发行，后来许多商号不再申请报批，想印就印，无人过问了。蜀河商会印发的钱票是其中之一种。1929 年陕西洵县蜀河镇商会发行的钱票，面值有壹串文、贰串文两种。票面有朱色"陕西洵阳县商会之钤记"篆书印鉴，背面纵向印有"蜀河商会发行纸币条例"，文曰："1. 本会为救济钱荒、维持纸币信用起见，发行此种纸币四万串。2. 本票按市价足一圆者，兑现洋一圆；不足一圆，暂不兑换。3. 本票以本会指定之商号盖印兑换，以昭信用。4. 本票已呈请县政府备案，完粮、纳税、公私交易，一律通用。俟国家银行发行辅币、足资流通时，即行收回。5. 如有伪造此币者，送县政府以伪造货币论罪。"②

根据 1929 年河北工商月刊记载，该年河北省有永清、遵化、蓟县、平山、栾城等 56 个县的商号发行过钱票，多则一县百余家，少则二三家。发行商号一般为钱粮店、杂货店、布店、米店等，其中由县商会直接管控或商号

① 淄博市志 [M]．北京：中华书局，1995：1891.
② 张沛．民国十八年陕西洵阳县蜀河镇发行的几种纸币 [J]．陕西金融增刊（钱币专辑11），21－25.

发行并"报商会"备案的有 29 个县，占 56 个县半数以上。有的则通过连环互保方式加固信用，自由发行的或由县府直接控制的极少。由此可见，河北省各县直接或间接利用商会管理钱票已成为普遍的方式。

（五）大量商铺游离于商会管辖之外

商会一般只管理在册之商户，但市场还存在更多小商户，因资产规模未达到要求而无法注册成为商会成员。因此，商会对这些小商户无法直接加以监管。下面就以天津和湖南平江两地为例来细述之。

第一，天津商会管理"红帖"，但大量商铺出帖未登记，商会无法控制。

红帖，清末民初天津商业流通的一种纸券，是春节期间私帖的一种。辛亥革命以后，全国商业流通异常窘滞，大部分商家因为货运阻滞的关系相继倒闭。一般商人借着人们逢年过节送礼、馈赠和赏赐的机会而刷印红帖以供其使用，并以此获得一点蝇头之利，以作年关周转之资。

根据王静的研究，开始时，出帖钱铺及商号因为有信誉而受到市场欢迎，但后来铺号无限制地滥发红帖，信用逐步丧失。一是由于出帖铺号良莠不齐，除了登记在册的商铺之外，还有大量的不法之徒大宗刷印，这些铺号都未在商会注册，不受商会控制。二是市场出现大量假票。天津商会对此态度鲜明，应该立即禁止。天津商会在致警察厅的函件中表明了其立场，"自民国成立，体制变更，已无贺岁之必要，出使红帖，实行抵触。且此项红帖流弊滋多，亦与商民莫大妨害。自应一律禁止，以符国体而保治安。函致警察厅查照布告禁止，并转至各分署一体查禁为荷"①。商会指出发行红帖的弊端有三：其一，出使目的不合国体，贺岁拜年是清朝旧习，进入民主共和国后就应该革除这种陋习。其二，出帖商家除了登记在册的商铺之外，还有大量的未登记的小商小贩，这些人是商会无法控制的。正是由于他们大肆散发红帖，一旦出现了银根紧张，就会发生挤兑现象，对当地治安构成威胁。其三，严重扰乱本地经济。清末各地币制不统一，商人利用地区比价差异来牟取暴利。在商会和民众的呼吁下，铺号滥发红帖的现象得到有效遏制。②

---

①　天津商会档案汇编：1903—1911（上）[M]．天津：天津人民出版社，1987：692．

②　王静．清末民初天津市场上的"红帖"[J]．历史教学，2006（7）：80．

第二，平江商会虽批准700余家商号发钞，但仍有大量商号无法限制。

先看一下官票的发行背景。民国元年，谭延闿任湖南省都督，湖南省银行发行银元票和铜元票。到1918年，票币急剧贬值，银元票100元，在本县流通，只能兑换银元26.63元，铜元票1串文仅能兑换双铜元13枚。3月，该行倒闭，票币即成废纸。同年，张敬尧督湘，先后建立裕湘银行和日新银行，滥发不兑现纸币，至1920年两银行倒闭，县内持票人深受其害。[①] 基于以上背景，平江市场才有后来的市票盛行。

1919年10月，《湖南实业杂志》记载："平江县城商店不下千余家，近因官票大失信用，不能流通，遂发行无数市票……，该票发行过多，价格逐渐跌落，每串跌至400文、200文，至今每串只可值铜元6枚。"1937年3月6日，长沙《大公报》载："平江全县各地，经县商会批准的公版票有700余家，数额达20余万元以上；私版票更无法限制。"县境金融市场，极为混乱。平江县私商市票有以下几种：其一，县纸洋，一般由富商大户发行，资本雄厚，信用较高。多以"元"为单位，票面印有"光洋兑换"或"国币兑换"。流通城乡及周边县市。如县城"义源贞"票，在长沙、武汉等城市均可通用。其二，铜元票，由一般商户发行的串票，票面印有"双铜元兑换"。多数信用较高，可城乡流通。其三，油纸票，一般是小商小贩发行的一种小额辅币，以"文"为单位，票币系牛皮纸印刷。信誉不高，仅流通本集镇，持票人随进随出。[②]

第二节　其他组织对小区域货币的监管

除了商会参与组织管理地方货币外，在许多地区还有一些民间团体自发组织起来，发行当地流通的货币，并为维持货币信誉做了大量工作。这些民间团体，不仅有经济性组织，也有政治团体、宗教团体，还有地方自治团体和组织等。

---

① 平江县金融志 [Z]. 内部发行，1994：64.
② 平江县金融志 [Z]. 内部发行，1994：66.

一、自发组织下的区域货币

有些地方由于没有商会组织的存在，不得不由当地的绅士出面发行流通券，以维持地方政治经济秩序，如 1930 年福建省沙县夏茂镇由八位绅士发行的"八印章钞票"就是如此。

国民党军队杨、赵二团长内部哗变，部队几千人驻扎在福建沙县夏茂镇桥头山，强迫夏茂筹饷银元二千元。如果不缴，要抢劫夏茂。地方士绅为了保护地方安定，凑足银元先行交纳，渡过灾难。可是这笔钱没有款项可以归还，就以邓殿波、吴世和、洪颂奇、张锦堂、洪绍型、罗永芹、罗子良、邓华兴八人的名义发行流通钞票。票面盖上八人印章，故称"八印章钞票"。票面额壹元。开始时用太子连纸手写，后来改油印。通用三年之久，总额不详。士绅发行此票，是把军阀摊派的损失转嫁给百姓了。1931 年，大刀会打鼓堂杀死卢兴邦士兵，卢部要夏茂赔埋葬费、枪支款。这时夏茂绅士洪某为首，成立"维持会"，以维持会为主办，印发钞票，称"善后票"。当时其发行目的，是把发行票张收入的款作为上交卢部派款之用。究竟发行多少，不得而知。此种"善后票"发行后，同时将"八印章票"相继回收。其票面额为壹元，用石印印刷。通用约两年就倒闭了，并未回收。这是当地绅士通过"善后票"的再次转嫁，自己得利，乡民遭殃。①

民国初年，西南各省军阀连年混战，贵州尤盛，军队强制地方供应军饷，商钞信用难以维持，被迫停发。于是，银、钱票多由县商会、钱庄或官方操纵的金融机构发行。如贵阳裕黔公司、遵义义安公司发行的"千制票"（面额一千文的制钱票），均为黔中道道尹王伯群主持。遵义、毕节、铜仁及贵阳等地商会和松桃饷捐局发行的钱票，基本上都是由官方控制、富商操纵的金融组织。民国十三年，铜仁驻军汤子模部勒索地方 20 万元，迫令商会筹措，商会便增发钱票 8 万元，把摊派给富商的款项，转嫁给群众负担。②

有些是由市场自发组织发行狭小区域内流通的钱票，并对钱票的流通范

---

① 郑学长. 夏茂发行钞票概况［A］. 沙县文史资料：第五辑，内部发行，1986：41.
② 贵州金融志编纂委员会. 贵州金融志资料：第 12 辑［Z］. 内部发行，1990 - 02 - 05：2.

围及兑现等作了具体的规定。1925 年，四川江津县九龙场发行一种"代制钱拾文"钱票，名曰"江津九龙场钱票"。钱票背面印有文字："江津九龙场小钱票兑换办法：一、现因市面缺乏制钱，进出找补诸多困难，特用此票暂代制钱，以资调剂。二、此项钱票设兑换处于本场聚乐春，凡小票满贰拾张，即可向该处兑制钱二百文。三、此项钱票共肆万张，每张代制钱拾文，共合制钱肆百千文，由聚乐春如数准备铜元以资兑换。""二百兑现"就是凑满 20 张"拾文"钱票，即可兑现制钱二百文，但根据后面的所说由"聚乐春如数准备铜元以资兑换"，说明实际兑换的铜元，很可能是面值"二十文"的铜元，即以 20 张该钱票兑换 10 枚"二十文"铜元。

与此票相似的还有"江津县吴市场通用钱票"拾文券。该券正面印"公议发行"。背面印发行章程："江津吴市场发行铜元小票条例：一、本场为便利找补起见特发行辅助铜元小票第三期伍万张，以资信用。二、此种纸票一律当拾文，以本场办公处为兑现地点。三、此种纸票以贰百文兑现，如有涂改，作为无效，伪造送究。"① 此钱票虽未注明发行时间，但与上票为同一县，所述内容相似，应属于同一时期发行的，都是由市场自发钱制的满足当地流通需要的钱票。

为了加强地方货币的信誉，一些商户还联合起来，共同为地方货币担保，形成了商号互相联保的模式。这也是一种民间自发的组织形式。江西宜春商号的互相联保就是如此。

清末民初，在宜春曾有一部分商店发行过一种地方性的货币，票面从一百文、二百文、五百文至一吊文（九百文）。商号出钱票虽无本生利，但要冒很大风险，如流动资金不足，很容易引发挤兑风潮，甚至破产，店主还要坐牢。所以一般商号不敢涉足；但一些资本雄厚的商号，如合丰永、复盛昌、惠孚、德吉等，凭着其社会信誉，反而大出票子，人们还竞相珍藏他们的纸币，以致富者愈富；小商小贩，近乎破产。只有极少的小商人能借机登上富商的宝座，如城内黄泥塘卢氏兄弟恩崇、德崇、钦崇、范九等，他们大都经营醋坊豆腐酒店、六尘山货店或绸纺布匹店；牌号是同春泉、生春泉、永春

①　高文，袁愈高. 四川近现代纸币图录［M］. 成都：四川大学出版社，1994：43.

泉等，每家都发行相当数量的纸币，只要一家有急难，其他各家立即动员将所有现款用钱板箩筐大量运往出事的商店铺面应急。群众一见银圆、铜板、铜钱海水般涌来，原来担心商店落空的顾虑完全烟消云散了。兑现的风潮也就自动消失了。他们就是靠这个互助合作的法宝，闯过道道难关。①

关于民国时期各地兴起的"银市"或"钱市"，是一个值得重视的地方金融现象。虽然银市或钱市并非与小区域货币直接相关，但银市或钱市的存在，由当地银钱业组织发起，为大宗商品交易定价，还决定当地借贷市场的利率高低，同时也促进了当地商品经济的发展和货币周转。可以说银市或钱市就是民国地方有形金融市场的微缩版。全国有很多地方都有一些代表性的银市和钱市。如山东省平阴县栾湾钱市。

1942年，栾湾集上有钱市，逢到集日，四外八乡银号主人，先是用毛驴驮着，后是用脚踏车带着，把各色各样的钱票摆开营业。其中有抗钞、中央票、日伪票、银钱票、字号票、四乡票等，当时到钱市兑换者人来人往。一是当地百姓在买卖粮棉、牲畜、猪羊时用到外地钱票当地花不出去。二是商家铺户需到县城或济南买卖货物，必须以抗钞或乡票兑换日伪币。到大峰山抗日根据地买原料必须兑换抗钞。本地到外地去交易，又必须以本地票兑换外地票等，大多通过协商，贴给一定数量的钱币。如当地小本经营张传德在经营中用到东阿窑头油坊乡票二十吊，当地花不出去，到出票地点去花，路途又远，只好到钱市去兑换。经与东阿来赶集的银号协商，用一吊加五兑换本地字号票。裕盛源酒店主人安兆新，到大峰山买粮食，又以日伪币兑换鲁西票，用十二元兑换十元。抗日根据地交易员朱品三、马文奎等人到县城买煤炭、医药，又以抗钞兑换日伪币，贴色则反之，交易十分兴隆。在兑换过程中，多数是加色一成至二成，有的加到三成至四成。主要是根据路途远近和字号信誉而定。银号营业者（银鬼子）按照集日，东阿、孝直、孔村、复沟，轮番赶集兑换，从中取得利润。同时还办理买卖牲畜中的交易往来，汇兑中的代收代付等。②

① 汤光璐. 建国前货币流通在宜春［A］. 宜春市文史资料：第5辑，1992：67.
② 平阴县金融志［Z］. 内部发行，1987：72.

由此可知，民间自发形成的在集市上的钱市，以银号、钱庄等为主体，进行各种货币兑换业务，满足了市场的需要。因为钱票的流通范围仅限一地，外地不流通，这就为跨地区经营者带来交易的不便，为沟通交易，这种异地钱票的兑换是市场迫切需要的，在没有国家出面解决币制统一的背景下，钱市的存在是商品经济发展的必然结果。与商会等有形的社会组织相比，钱市是一种更加自由、松散的金融市场的组织形式。

二、地方自治下的区域货币

在日本投降的 1945 年 8 月之后，不少地方一时成为权力真空，于是地方实力派便临时成立"自治委员会"，充当临时地方行政管理机关，特别是对维护地方政治、经济秩序，维持市场的交易秩序起到过渡性的关键作用。

黑龙江林口县地方流通券（1946 年）的发行，就是在此种背景下形成的。1946 年 1 月初，新成立的"林口地方自治委员会"由孙立刚任委员长。由于林口金融混乱，林口地方自治委员会成立林口县地方流通券发行委员会，由县财粮科科长盛器汝负责，在古城镇发行林口县地方流通券。至 3 月末，人民政府建立时，林口券停止流通，仅存在 3 个月。现有拾元、壹百元券实物存留。该流通券壹百元券，正面上印"林口地方流通券发行委员会"，下为面额"壹百元"，券面大部分为发行章程：（1）本券款额为一切支付临时通用以林口古城二制材工场之机械建筑物等为担保品；（2）本券为有价证券待政府接收后以适当方法处理之；（3）本流通券票面印鉴等如有涂抹分辨不清时作为无效；（4）本流通券如有伪造等情以扰乱金融罪严重处罚之。林口县地方流通券发行委员会委员长：盛器汝（签字，名章），监理委员及监理之印，中华民国三十五年一月一日发行。正中盖"林口地方流通券发行委员会之印"。①

前文已述一些地方自治政府曾发行过地方钞票，如别廷芳发行的宛西纸币等。这里仍以自治地方的纸币为例，进一步探讨自治地方的纸币管理及其有效性问题。

①　许元庆. 黑龙江省发现"林口县地方流通券"［J］. 内蒙古金融研究钱币增刊，1997（3、4）：60.

河南省淅川县"白票"和"土票",就是一种典型的自治纸币的代表。1921 年,河南淅川县市场上货币以银元为主、铜元辅之。但由于铜材紧缺,铜价高于铜币价值,铜元大量被熔炼,造成辅币缺少,贸易找零困难。于是商人采用变通办法,以自己信誉和财力印制纸票充当辅币,时称"白票"。白票流通以本地为限,各商号间相互兑付。票面额一般有五百文和一串文两种,也有以"分"为单位的。八串文可兑换一块银元。白票的印制,一种是从湖北老河口大通百印馆印制。回来签上字号,加盖掌柜手章即生效;另一种是在本地石印馆印制。

当时白票发行的批准权掌握在当地商务会会长手中。一般家有万元可出票 5 000 元,实际上白票越发越多。发行票子时还要有经济担保,互保或联保。当时,全县大部分商号、店铺不论坐商或行商都发行白票。到 1935 年,淅川白票的发行达到高潮。白票泛滥,引起了信用危机。除一些资力雄厚信誉较高的大商号票子仍通行外,其他全被拒用。

1935 年,淅川县地方自治协会为了巩固其在经济上的统治地位,下令禁止白票,以自治协会的农民借贷所发行的货币为淅川县合法货币,即"土票"。淅川土票有串票和铜元券两种。土票上印"淅川县农民借贷所",串票为枣红色;铜元券为深绿色。面额有一串文、二串文、三串文、一元、五元等多种。票面加盖地方自治派首领陈重华及财委主任邹俊岑印,编号后投入市场即可使用,发行量无限制。淅川土票除本县外,还及于内乡、镇平。法币政策实施后,国民政府虽一再明令取缔地方土票,但由于地方自治势力强硬,土票信誉较佳,人民视若法币。不仅原有的土票继续流通,且发行量比过去更多,范围更广。1942 年底,国民政府恐土票发行日盛,影响法币的统一,勒令即期收回地方土票。因地方组织良好,此次兑换均能以法币等值收回,虽有大量兑换,仍有一部分流通使用。[①]

民初,商会主导钱票的管理权。到 20 世纪 20 年代自治运动推行后,在很多地区,商会的作用就让位于地方自治的"精英人士"。一些学者从自卫、自治、自养的"三自思想"出发,对河南宛西的地方精英在乡村建设中的成

---

① 淅川金融志 [M]. 郑州:河南人民出版社,1988:38.

效进行了分析。其中，地方精英对地方货币的管理也是卓有成效的。

宛，河南南阳简称，宛西地区包括现河南省内乡、镇平、淅川、邓州、西峡等地。20世纪20～30年代的宛西精英，包括自治领袖、民团首领、基层区镇保长、中小学校长，以及部分追随自治领袖的知识分子群体。一般来讲，一个行政机构面临着四大任务，即社会控制的任务、经济发展的任务、开展文化教育的任务以及社会保障的任务。地方精英在宛西乡村建设活动是通过精英组织（包括自治组织、民团组织等）来实现的。柴生高认为，在20世纪30年代，宛西精英组织自治机关，创建民团组织，凭借其强大力量，取代了地方政府，他们依照建成的一套政治机制，使混乱的宛西社会恢复运转，承担了宛西社会控制、经济发展、教育文化、社会保障等任务，使当时宛西地区社会控制、经济建设、文化教育、社会保障等有所发展，且明显好于周边地区。具体表现为以下四个方面：

第一，地方精英承担社会控制的任务，包括坚持自卫和剿匪，维护地方社会秩序稳定，编制保甲，加强对地方的控制。

第二，地方精英承担发展经济的任务，包括整顿契税，增加收入；设立金融机构，印发货币；引进发展近代工业；改良农业，提倡家庭副业；提倡植树造林，改善生活环境；整修水陆交通，发展通信事业；治河改地造田，促进农业发展，等等。

第三，地方精英承担文化教育的任务，包括建宛西乡村师范学校；大力发展中小学教育；开展社会教育活动（如创建民众图书馆）；改良社会风俗；创办地方新闻事业等。①

第四，地方精英承担社会保障的任务，包括设立救济所，救助弱势群体；制定措施，救助灾民；设立义仓，应对突发事件；发展卫生事业（设立医院，开办医学训练班），等等。

1927年，内乡成立金融流通合作社和借贷所，一面吸收存款，一面贷款扶持农工商业。1931年，镇平自治委员会建立农民借贷所和信用合作社，向

① 柴生高. 地方精英在乡村建设中的成效分析：以20世纪30年代宛西为例 [J]. 安徽农业科学，第40卷，2012 (6)：3747－3750.

农民贷款，同时开展储蓄、汇兑业务。到 1936 年，淅川成立的信用合作社已经发展了 10 100 人，拥有股金 1 453 200 元。邓县曾于 20 世纪 30 年代建立过农民信贷所。1932 年，内乡县民团司令部还印制"内乡金融流通券"在内部流通，全盛时期曾流通整个南阳地区及相邻的陕东南、鄂西北地区。宛西各县设立的金融机构，为地方精英筹集到了大笔建设资金，对发展地方经济起到了一定的积极作用。[①]

1927 年，别廷芳任司令统治内乡后，推行地方自治政策。1927 年，内乡西峡口成立金融流通合作社和借贷所，统归别廷芳的司令部财务处领导。这两个机构成为内乡县的金融中心。1928 年，别在当地印制铜元流通券，分十文、二十文、五十文、一串文四种作为辅币，又印制以银元一元为单位的"公鸡票"作为主币，在内乡县广为流通。流通券信誉很好。[②]

宛西自治的成效是民国地方自治的一面旗帜。以别廷芳为代表的地方精英对地方货币的管理也是独到的一面，构成了民国地方管理小区域货币的一个范例。

第三节 汇划制度和内汇市场

马克斯·韦伯认为，工商业者一旦要长期经营，信用保证的问题即将出现。为了提供保证，有下述两种方法：一是建立并维持家族共同体，以确保全家族的财产；二是同业者负担连带责任，家族共同体成员皆对其他成员的债务负责。[③] 下面将讨论在社会组织参与下一些区域货币支付体系的形成及其运行概况，代表性的模式有两种：一是下层市场自发形成的汇划制度，如宝丰社会模式、新保安镇模式、洗马林镇模式等；二是宁波、上海、汉口等以城市为核心的跨区域汇划制度。

---

① 柴生高. 地方精英在乡村建设中的成效分析：以 20 世纪 30 年代宛西为例 [J]. 安徽农业科学，第 40 卷，2012 (6)：3748.

② 相山，孙峰. 河南西峡发现别廷芳叁百文金融流通券 [J]. 中国钱币，1997 (3)：41.

③ 马克斯·韦伯. 经济与历史：支配的类型 [M]. 康乐等译，桂林：广西师范大学出版社，2010：131.

一、票号与央行体制的雏形——宝丰社模式

山西票号及山西钱庄、账局等货币商人与意大利伦巴第商人创造伦巴第银行业务一样，在中国金融史上曾有过重要的创新。这种创新对现代金融不仅具有前驱意义，而且对现代金融创新的启示作用是不可低估的。晋商主要的创新有：第一，两权分离，即晋商资本所有权与经营权的分离，现在企业制度的雏形；第二，劳力资本作股，就是顶身人力股，极大地调动了员工的积极性。第三，首创银行密押制度，为防止假票冒领款项而设立的一套暗号编码制，保证了票号的信誉。与货币转账结算相关的创新，一是谱拨银转账结算；二是宝丰社模式。

（一）谱拨银转账结算

中国的银行转结算起于何时？据《上海钱庄史料》，上海钱业转账起于1890年。其实在此之前，内地已有转账结算方法，与英国伦巴第银行一样，已经比较广泛地流行。据《绥远通志稿》记载，内蒙古呼和浩特的"宝丰社"被称为"百业周转之枢纽"。该书记载"运用不穷者，在现款凭帖而外，大宗过付，在拨兑一法。……拨兑之设，殆在商务繁盛之初，兼以地居边塞之故，交易虽大，而现银缺少，为事实之救济及便利计，乃由各商转账，借资周转。历年既久，遂成金融不易之规，且代货币而居重要地位"。

拨兑之外，还有谱银，"商市周行谱银，由来已久，盖与拨兑之源流同。其初以汉人来此经商至清中叶渐臻繁盛，初仅以货易货，继则加用银两，代替货币，但以边地银少用巨，乃因利乘便，规定谱银，各商经钱行往来拨账，借资周转，此谱银之所勃兴也。虽其作用类似货币，而无实质，然各商使无相当价值之货物，以为抵备，则钱行自不予互相转账，其交易即不能成立。……拨兑行使情状，亦与谱银相类，所不同者，仅为代表制钱而已"。所以当时银两转账为谱拨银，铜制钱转账为拨兑钱。但不要忘记，内蒙古呼和浩特银钱商人，基本由晋商垄断，其转账结算办法，《绥远通志稿》讲"悉照内地习惯"，可见内地转账办法要早于呼和浩特市场。①

---

① 孔祥毅. 金融贸易史论 ［M］. 北京：中国金融出版社，1998：239.

为保证转账结算的顺利进行，票号还要进行如下的改革：如货币交易市场、票据贴现、设立旅行支票、将汇兑与存贷款结合、总分号内部的轧差清算制，等等。

票号总分号之间轧差清算，以"月清年结"为两种主要方式，账由分号向总号报账，月账年账均以"收汇"和"交汇"两项分列，既有细数，又有合计，均按与各分号和总号业务清列，总号收到报产的清账，核对无误后，将月清收汇和交汇差额分别记入各分号与总号的往来账，收大于交，差额为分号收存总号款项数；交大于收，差额为总号短欠分号款项数，互不计息，因全号实行统一核算。这种票号内部的轧账制度扩大至票号、钱业之间的清算，就发展成现代的票据交换制，所以这种办法是现代银行清算相互轧差办法之源。

（二）宝丰社模式

晋商最重要的创新之一是创立了现在央行清算制度的雏形，即宝丰社。

明清时代山西货币经营业的发展，不仅出现了多种金融机构，还出现了一大批在全国各地以及国外从事金融业务的货币商人，为了行业协调和管理，他自发地创造了很多同业行会，或地域、乡谊性的会馆，而且发展到能够管理、监督、约束以及仲裁同行纠纷的组织，如包头有裕丰社，归化城（呼和浩特）有宝丰社。《绥远通志稿》记载："清代归化城商贾有十二行，相传由都统丹津从山西北京招致而来，成立市面商业。……其时市面现银现钱充实流通，不穷于用，银钱两业遂占全市之重心，而操其计盈，总握其权，为百业周转之枢纽者，厥为宝丰宝。社之组设起于何时，今无可考，在有清一代始终为商业金融之总汇。""社内执事，统称总领，各钱商轮流担任。"由于钱市活跃，转账结算通行，宝丰社作为钱业之行会，"大有辅佐各商之力。""行商坐贾皆与之有密切关系，而不可须臾离者也。平日行市松紧，各商号毫无把握，遇有银钱涨落，宝丰社具有独霸行市之权。"宝丰社可以组织钱商，商定市场规程，监督执行，如收缴沙钱，销毁不足价货币铸成铜碑，昭示商民不得以不足价货币行使市面，确保商民利益等，尽管不懂得垄断货币发行，代理财政款项收解，但它有类似"银行的银行"和管理金融行政权的能力，可以说是中国早期中央银行制度的雏形。①

光绪十七年，绥远将军克蒙额按光绪六年规定，以五十五文顶百，贴画告示说："归化城买卖之患，在于钱行窃利，而钱商之窃利在于钱法之无定章。自光绪六年，山西巡抚曾批定五五抵百，历任道厅皆借因时制宜为词，不肯实力奉行，以塞私径，因而钱商逞诈取巧，以罔市制，各行受制，莫可如何，去年冬令，钱底愈乱，银价有名无实，钱数则需多济寡，街市不通，兵民交困。"……②

据史料记载，归化城的钱、银交易市场也很活跃，向例在市口进行。每日清晨钱行商贩，集合于指定地区，不论以钱易钱，以钱易银，均系现实行市，逐日报告官厅备查，谓之钱市。其银钱商人，以山西祁（县）、太（谷）帮为最，忻（州）帮次之，代（县）帮、（大）同帮又次之。故其一切组织，亦仿内地习惯办理，由各钱商组合行社，名为"宝丰社"。

有以下几点值得注意：

第一，地区货币特点。在内地由于制钱不足，行使铁钱，当十大钱（重钱），而在归化城行使短佰钱。这是为什么？是否与该地民族交易特点有关？自古西北少数民族地区的银作货币，用铜较少，重钱难在当地行使。归化城当时商品交易使用的货币有三种：一是现款——银两和铜钱，二是信用货币——凭帖，三是拨兑和谱银。铜钱使用又分满钱（是佰钱）和城钱（短陌钱）两种。这种城钱在一定意义上具有信用货币某些性质。

第二，宝丰社的功过。作为货币商人行会组织的宝丰社，是代表钱庄利益的，但同时又具有当代中央银行的某些职能，行使一定管理金融市场的权力。它与钱庄的关系犹如中央银行与商业银行的关系，这是山西商人的一个创造。它在业务技术上的贡献是创造了拨兑和谱银。拨兑即在商品交易中，交易量在一吊钱以下者，使用制钱或凭帖，即现在现金交易；一吊以上者，一律采用拨兑，如商号甲为了从商号乙进货，经与其往来的钱庄丙协商可以贷款，丙即通知商号乙的关系户钱庄丁，言明甲有钱可付，乙即向甲发货，

---

① 孔祥毅. 金融贸易史论［M］. 北京：中国金融出版社，1998：243.

② 孔祥毅. 金融贸易史论［M］. 北京：中国金融出版社，1998：369.

甲乙间的资金清单，由丙、丁两家钱庄办理转账。即现在的转账结算。此项工作由宝丰社组织，但这笔资金只能辗转相拨，不能提现。谱银，与兑拨相同，是指以银两进行的支付，但是有可能提现（叫点个银）和不可以提现（叫客兑银）之分。此办法节约了现金使用，有利于商品交换，开创了中国转账结算和票据交换的先河，使归化城这一汉蒙、中俄交易市场每年数千万两白银的商品交易得以实现。但宝丰社也有横行霸市、鱼肉各商的问题，"利害盖参其半"。

第三，钱币流通与政府管理。重钱大钱的铸造和流通是由政府引起的，不论是出于敛财还是解决财政困难，都造成了市场劣币充斥，钱币混乱，给农民、军人、商人造成危害，从而造成政治上的不安定，政府不得不进行干预。但是政府的干预旨在解决钱币兑换比率，未从财政上杜绝赤字，是无法从根本上解决货币混乱问题的。[①]

综上所述，近代中国有两个货币体系，互相独立，虽有种种联系，但也矛盾重重，甚至于有时水火不容。宝丰社其实是市场体系下商人自创的中央银行清算体制的雏形。

二、河北新保安镇商务会管理模式

1937年以前，河北怀来县新保安镇在商务会管理下形成的一种市场运行模式，尤其是"铺票"的管理制度，特色鲜明，效果甚佳。

新保安镇位于怀来、涿鹿盆地之间，是城乡物资交流的集合点，这里外商云集，每五日一集，农历逢二逢七为集日。每逢集日，四面八方的人群，"肩挑人背、车拉驴驮拥入城内，按照规定划行分行进入市场进行交易。各条大街人来人往摩肩接踵"。新保安集日市场繁华，除了地处交通要冲外，还有三个原因：一是物价稳定；二是品种繁多，应有尽有；三是成交秩序井然，如南街卖粮食，东街卖土产杂货，西街为蔬菜市场，北街是畜禽交易市场。当地群众历来用"饱山饿城"形容这里集市吞吐量之大。[②]

① 孔祥毅. 金融贸易史论 [M]. 北京：中国金融出版社，1998：372.
② 许子臣、王彦儒. "七·七"事变前的新保安镇 [M]. 河北文史集粹·工商卷，石家庄：河北人民出版社，1991：267.

活跃在集市贸易中的还有各种牙纪，他们是买卖双方的中介，为双方牵线搭桥，并收取一定的佣金，这是旧式经纪人，他们往往居间中介，"从买卖双方中任意抬价、压价，索取佣金，不仅直接损害了小生产者的利益，而且加重了商人的负担，扰乱了正常的市场秩序"①。

新保安镇工商业繁荣，发挥主导作用的当地的商务会，有商务会的统一管理，才使市场秩序有条不紊地进行。镇商务会是县商会的分支，一定程度上代替官方管理工商业，属于民间自治组织。新保安镇商务会，经该镇工商业户共同协商，报请省商务会批准，经县政府备案而正式成立的民间组织。它统管着各大小坐商、商贩，还行使一定的行政权力，处理一些行政事务。商务会为委员制，会长由各工商业户推选出工商界有名望有财势的人担任。商务会会长没有固定工资，到年终以厘股大小摊派，发一笔"茶资费"，最低不下200银元。还设常委（商定商界的重大问题）、执委（筹划设施办法）、监委（行使检查监督）等委员，这些都是义务职。各委员需要磋商事项，随通知随到，会后仍回原单位经商。商务会雇佣4个人分别管理文牍、财务、事务和勤杂等事项，办理会内日常事务。商务会的工作事项有：（1）对公款摊派，按官方规定商四民六的比例，商务会负责向商户摊派公款；（2）每年商务会的开支由商务会常委邀请各大商号，按厘股向商户摊派；（3）向商户传递行情；（4）决定商户的铺票分配和银额；（5）协商处理商户之间的纠纷。商务会还设行业公会，主要按行业协商本行业在经营管理上需统一遵守的事项和物价涨落等有关事宜。

关于上述第四项的"铺票"，现详细如下：铺票，俗称小票。"七·七"事变前，官方发行的货币，以银币、铜币为主。这种货币单位，或过大或过小，给买卖双方带来很大不便。各商户提出发行铺票，方便找零。当时通过发铺票的办法不仅为商品流通和交易提供方便，更有利于商户扩大资本。当时印制"小票"的大商号就有16家（万发昌、裕元成、发源昌、会源昌、玉顺永、永顺隆、敬元瑞、源茂德、源兴德、隆胜玉、庆顺诚、东西兴太永、

① 张学军，孙炳芳. 直隶商会与乡村社会经济（1903—1937）[M]. 北京：人民出版社，2010：131.

玉成隆、庆太合、福兴泰)①。各字号小票由商务会统一到北京印刷，并使各种字号的票券在社会通用。对哪家商号印多少金额由商务会决定发行量。这对于商户扩大经营弥补资金不足起了很大的作用。同时还有规定，在流通中如有小票损坏不能再用，经出票商户整理后，送交商会监督焚烧。发制小票的商号如有倒闭，商会负责督导商户兑换收回。如有亏损过大，均由各大商号共济分担。②

三、万全县洗马林镇模式——拨铺子

这是自发组织的区域货币管理模式，连环作保。

万全县洗马林镇的拨铺子，也称"兑换商号"，是中国近代特有的一种信用往来商行。清末民初，洗马林镇农贸经济活跃，工商业繁荣。为减少货币流通量，方便买卖双方，拨铺子——"兑换商号"，也就在这里应运而生。洗马林镇，在当时商号就有156家，其中大财东兴办的工商号50多家。除了几家布行、绸庄外，大多数商号是经营粮食，如酒坊、油面店等，洗马林镇是远近闻名的粮食集散中心。

拨铺子的经济活动形式，主要是在本镇50多家大商号之间开展业务往来活动。"他们事前达成协议，连环作保，相互融通资金。他们之间每季或半年结算一次资金往来账目，平时互相使用资金，但谁占用谁家的资金多少，互不计息。"如旧堡村李廷佑财主在该镇开设的"中和永"酒房，在采进粮食时，资金不足他就征得粜粮者的同意，开出票据让货主到"东裕源永"提款。又如"长胜功"，买入粮食当时资金不足，就把货主介绍到"裕太泉"酒房取款。这样往来拨兑，大大方便了商号之间的资金周转，促进贸易成交，增强信用观念，也满足了货主的需求。一般坝上粜粮者，要买布或酒，粮店把这些货主介绍到布庄、酒房去，货主可以买好布、酒以后再结账。这样减少

---

①　河北省政协文史资料委员会编.河北近代经济史料·商业老字号（上）[M].石家庄：河北人民出版社，2002：24.

②　许子臣，王彦儒."七·七"事变前的新保安镇[M].河北文史集粹·工商卷，石家庄：河北人民出版社，1991：269.

了货币在市场上的流通量，方便了货主买卖，使该镇工商经济非常活跃。[①]

这完全是一个利益共同体的关系，互惠互利，才能达到整体利益的最大化。拨铺子——"兑换商号"，是洗马林工商界自发形成的一种组织形式。它们叫连环作保，轮流坐庄。在50家店铺中，每天都有一家坐桩店铺。它的任务主要是：融通当日资金，记载它们之间的资金往来账，调物价，传递商品信息。轮到哪家为坐庄店时，那家商店早上开门时，放几个爆竹，作为坐桩信号，其他商店有事就和他联系。所以拨铺子——"兑换商号"也就大大促进了洗马林镇商业的繁荣和生产的发展。这种金融信用和工商业结合的组织形式，也就受到了该镇所有商号的欢迎。到抗日战争时期，由于工商业呈现萧条景象，买卖资金入不敷出，生意无法经营。且匪患严重，地方大财主纷纷逃往大城市，集镇工商铺店大多关闭，这时拨铺子也随之消失了。[②]

商号联保兑换，结成"同舟共济、互相依存"的"商界共同体"。处地虽无类似商会的组织，但商号自创的这种"联保"机制，在解决筹码不足、防止挤兑等方面，发挥着更大的效能。洗马林镇模式——"拨铺子"，就是黑田明伸"地域内流动性"的典型形式。

四、上海、汉口、宁波等地的汇划制度

中国近代银两制度，是封建经济的产物，其平码制度在各地区间没有统一标准，造成了跨地区交易支付十分不便。于是为了大宗交易解款、结算方便，各地钱业在长期的实践中逐步形成了具有区域特色的汇划制度，解决了银钱鉴定、提现、搬运烦琐的手续问题，极大地提高了资金运转效率，也降低了交易成本。下面以上海、汉口、宁波、福建等地为代表，作一概述。

（一）上海钱庄汇划制度（庄票）

清前期，随着商业的发展，上海钱庄业十分活跃。加入邑庙内园钱业公所的钱庄资本股富，经营货币兑换、存放款、汇兑等金融业务。入园钱庄所

---

① 王文汉.洗马林镇的拨铺子［M］.河北近代经济史料：交通金融邮电，石家庄：河北人民出版社，2002：138.

② 王文汉.洗马林镇的拨铺子［M］.河北近代经济史料：交通金融邮电，石家庄：河北人民出版社，2002：139.

出庄票信用卓著，彼此称为"大同行"，又因他们的票据相互抵解汇划，故称"汇划庄"。庄票是钱庄签发的本票，在北方多为钱票，南方向以银票为主。鸦片战争前，上海豆米、土布等主要行业的大宗货款，一般不采用现银结算、解款，而是使用庄票进行清算。这样，减少了许多不必要的现银搬运，简化了付款手续，降低了流通费用，有利于商品经济的发展。庄票作为民间的一种纸币，发行不需要官方批准，其形制为直型，中间一行记金额，右边一行记编号，左边一行记到期年月日，票面多加盖各种图章、印记以及庄家便于辨别赝票的特殊字样，以起防伪作用。大体上说，庄票有如下的几个特点：一是面值无定额，在发票时临时填写；二是使用有期限，付款后即销毁；三是没有准备金制度，故钱庄对庄票的信用极为看重，一直遵行"认票不认人"的原则，以维护持票人的权益。嘉道年间，庄票的使用在上海商界已相当频繁，而遗失庄票引起的纠纷也时有发生。1841 年上海县告示说："据监生徐渭仁，职员黄必振、戚椿、叶永临，监生陈槛、李煦秉称：生等在治钱庄生意或买卖豆、麦、花、布，皆凭银票往来，或到期转换，或收划银钱，庄伙偶有遗失，当即知会票根，写帖招纸悬格酬谢。往往为人拾取，拗出好事之徒，强为顶认，致成讼端。今议：遗失票银千两，有人拾取送还，酬谢银十两，视票银多少增减。"这份告示立碑为据，原因是出于弭解失票的纠纷，并规定酬银的数量为百分之一，但从中可见庄票既可以直接收解，也能转换和汇划，用途很广，对于钱庄本身业务的扩展有着重要的意义。庄票的出现应不迟于乾隆中叶。1859 年，上海钱庄业在《北华捷报》刊登启事称，上海各业银钱出入使用银票已有百余年。从该年再上推一百多年，庄票的产生时间约在乾隆初年或更早。①

（二）汉口钱庄的汇划制度

汉口的钱庄最初的业务是经营货币兑换，后逐渐发展为从事商业款项收受和资金融通及汇划业务。货币制度混乱，货币种类繁多，币制尚不统一，更不用说汇划制度了。所以钱业自谋出路，创立区域性统一的汇划制度，成为当务之急。

---

① 潘连贵. 上海货币史 [M]. 上海：上海人民出版社，2004：18.

钱庄以票据代替现金。汉口市面通用的钱庄票据主要有庄票、支票和汇票。庄票又叫本票，是一种不记名的付款票据，分即期、远期二种。支票旧称上条，分记名与不记名两种，不记名的上面书有"来人"字样。汇票分存根与汇票二联，汇票给取款人，存根寄给解付钱庄，以便核对照付。汉口钱庄发行的庄票，开始是以现银兑付，交割不便，庄票成交额越大，到期清偿的手续便越繁。1890年，宝源长钱庄经理刘明泉创立了汇划所，开始进行票据交换，既简化了手续，又免除了往返运送之劳。汇划制度的创立，使钱庄成为武汉金融业的结算中心，控制着汉口金融业款项的收解。1948年1月，历时约60年的钱业汇划业务，因票据交换都集中于中央银行汉口分行而宣告终结。[1]

由此可见，钱庄本为私营，但钱庄创立汇划制度后，为社会提供了公共产品，也称金融基础设施。

（三）宁波甬洋记账本位

所谓甬洋，又称过账洋，是一种虚洋，用来作为记账本位。"过账"则为相互之间的经济往来和交易收付，不是采用现金受授的方式，而是通过钱庄进行划转，不用票据，而用簿折。《鄞县通志·食货志》载："邑人彼此输纳，辄委钱庄转移，而不以钱币受授，仅登簿录，以了结其收付。"这是宁波旧金融业的一大特点和一个创造发明，不仅远比世界各国所实行的票据交换形式要早，而且扩及邻近各县，形成了社会性的大会计制度，故有过账码头之称。

宁波的甬洋过账制度，大约起源于清朝道光年间。过账制度的实施，产生了过账钱、过账洋（银），成为宁波钱庄业和各行各业的核算标准和记账本位。过账洋（银）是一种虚银，同现洋之间的兑换，开始并无二价。后因现金枯竭，以过账转换现金，须加贴水，在交易收付上就有现洋与过账洋两种价格。随后，上海以银两"九八规元"为本位，宁波同上海通商往来中乃以规元为辅佐，在钱庄分别立有银元户和规元户，银元可以过账，规元也可以过账。1933年5月，废两改元后，规元过账遂也废止。

参加过账的对象，不仅是商家、单位，还包括住户个人，凡一切公私款

①　胡永弘．汉口的钱庄与票号［J］．武汉文史资料，1997（4）：63．

项，交易收付，均可通过钱庄办理过账。在区域范围上，不仅市区，也包括邻近各县和四乡农村。凡是在钱庄立户往来的，虽远在杭、绍、金、温，即上海等外省亦可委托钱庄办理代收代付。至于全面实行，统一参与过账办法的，则有宁波所属各县和当时曾归属绍兴府的余姚县。过账以大同行钱庄之间为限，小同行和现兑钱庄必须通过大同行办理。过账的具体种类和方法手续，主要有下列几种：（1）簿册过账，即采用过账簿以代替票据，多用于商号和商铺。交易双方发生往来时，彼此分别通知各自开户钱庄，由付款人在过账簿上先写明日期，然后换行在上栏写明过入钱庄庄名和过出金额，盖上过账用图章。收款人也在自己的过账簿下栏书明过出钱庄庄名、金额，送往自己的开户钱庄，申请过入。双方开户钱庄各自收到客户送来的过账簿后，分别收付记入流水账。次日，过入钱庄持清单到过出钱庄核对。无误后过账即告完毕，款项就此转移。（2）经折过账，钱庄经折是用一长条纸正反折叠起来，并套上一个折壳。壳面无字，折中并无钱庄名，也无客户姓名，只在折心有一个客户记号，以防被人冒领。使用经折不能透支，只能是存款户。用经折过账和用过账簿过账，方法各异而效果相同。（3）庄票过账，庄票有别于钱票，是钱庄发给客户的支款凭证。有"三联单"，右联为存根，由发票人收存；中联为票身，书写金额、日期、钱庄名称，加盖发票人章；左联记载内容略同，称为票根或行根，连同票身联一并交给收款人持向钱庄承兑，称为"上票"或"照票"。钱庄验证后留下票根联，并在票身上批注"某月某日照付"字样，约期付款。间隔时间往往为 10～15 天，到期再持票前去办理过账。（4）信札过账，即凭客户信函过账。凡是同钱庄往来的外地客商，只要写一封信给钱庄申明即可。信的内容十分简明，仅有金额、收款人姓名和日期。然后加盖委托人图章。这实为一种票据化的书信。

过账办法作为一种统一的制度全面推行后，对钱庄业和整个经济运行带来重大影响。《鄞县通志》称："过账制度之推行，非惟便利交易，节约硬货，其助长社会经济之发展有足述者，货币代以过账，现金可移作生产事业；市场发生恐慌，足资缓衡；防止货币之磨灭，免耗铸造之费用，无赍送检点之麻烦，且以免除盗窃赝伪之弊害；若复按簿籍，以解除债权、债务问题之纠葛。"①

（四）福建永春县民信局（发行山票，兼营商业）

据《永春县志》载，永春人开设民信局起源于清末。1914 年，卿园黄振坤、林攀高开设吉兴信局，后又有多家民信局开办。民信局经营形式分头盘、二盘、三盘三种。头盘局，国外收汇，国内解付，盈亏由海外民信局负责，如吉兴、新德顺等。二盘局，国外收汇并接受其他信局委托，转国内解付侨汇，与国外局只有代理关系，如丰记、瑞记、万泉源等。三盘局，只接受信局委托，专营国内派送侨汇业务、收寄收据回文，如春记、万福、古源成等。

民信局对山区或比较偏远的地方，多数是付小票，称山票，即信用票。如同兴民信局签发同兴凭条，丰记、新德顺、瑞记等民信局签发信用票。信用票流通至南安、仙游、德化、泉州和厦门等市县，可到民信局的委托局或代理局兑现。有的民信局还兼营商业汇兑，所以又称二兑庄。1937 年以后，邮局、银行办理汇兑，民信局的汇兑业务停办。

永春侨汇大部分由厦门转汇，少数从香港、上海转汇。多数民信局兼营棉布、南北货，从上海、厦门、泉州等批发货物到内地，出售货物后解付。民国期间，匪患频仍，经营发生抢劫。如丰记民信局 20 多年被抢劫 50 多次，被抢白银 2 万多元。②

① 宁波金融志（第一卷）[M]. 北京：中华书局，1996：35 - 40.
② 永春县志 [M]. 北京：语文出版社，1990：504.

第四章　社会组织对市场的维护和金融危机的整顿

　　货币危机的频繁发生，意味着国家、银行和地方共同体之间所维系的经济系统和利益分配关系的瓦解，也是国家、银行和地方共同体关系从紧张到破裂的集中爆发，因此，处理国家、银行纸币危机的关键，不可能是银行或中央政府本身，而是由双方（国家与地方共同体）都认可的第三方组织。最适合这一角色的，当属商会、同业公会等类似的地方精英组成的机构了。由商会出面进行协调，出台临时性措施，以期渡过危机，不失为当局者认可的权宜之计。1916 年，中交出现停兑风潮时，天津商会发起成立的"直隶全省绅商金融临时维持会"就是一例。史瀚波研究认为：商会设立临时维持会，好处有三：一是临时组织可以让商会领袖与地方政府及中交两行的要求保持一致；二是临时维持会造成表面上的具有兼顾各方的包容性；三是创造一个可以随时解散的临时组织，如果效果不佳，则解散即是，还无须承担法律责任。而商会是一个永久性组织，摆脱其责任并非易事。① 所以此举，成了解决类似危机的一种模式，为后来者不断仿效借鉴。

第一节　社会组织对货币市场秩序的维护

　　商会、钱业公会等社会组织在市场出现货币危机时期，为了维护市面交

---

① ［美］史瀚波．乱世中的信任：民国时期天津的货币、银行及国家—社会关系［M］．上海：上海辞书出版社，2016：87.

易的正常进行，参与并协助政府部门整顿货币危机，为政府出谋划策，并贯彻政府相关政策措施。甚至在政府无法作为的时候，直接出面维持市场秩序，拟定相关过渡性规则，或维护商会及市场信誉，或帮助政府度过危机。此时，商会也出面发行钞票，但多是在政府货币体系崩溃的前提下进行的。这与前章所论商会在政府货币稳定但辅币不足的条件下所发行的辅币券、找零券是完全不同的。

一、为币制统一及物价稳定建言献策

1911 年，武昌起义爆发，受到南方时局影响，保定出现金融恐慌，市场情形异常紧张。这时，直隶省政府凌福彭饬令保定商会筹办保定临时银行来维护市场秩序。随后，保定商会召集各会董以及钱行商议此事，会上众人都纷纷表态支持成立银行来稳定市场秩序，"维持市面为目前切要之图，无不感激乐从，合力筹办"。最终，在万义、同泰和、兴仁、天瑞诚、瑞隆永、宝兴长六家银号、钱庄的基础上成立了保定临时银行，命名为"保定银行"，负责人由保定商会公举，处理具体事务的人员由六家银号、钱庄安排。由于保定银行秉持"维持市面，与盈利者不同"的创办宗旨，受到了直隶省政府的大力支持，预拨一万四千五百两作为创办银行本金。[①]

全国各地商会和同业公会积极为统一币制畅所欲言。《国币条例》颁行后，全国仍存在两元并存的情况，币制混乱，危机频发。全国商会联合会吉林事务所提议统一币制办法 14 条，得到全国各地商会的热情响应。1917 年 8 月，上海总商会致函苏州总商会，认为"币制划一势在必行"，提议除请各业详细讨论外，还请长江一带总商会、县商会各就本地对于上海往来情形，"分头讨论，寄示办法。俟各路意见齐集，然后召集大会决议。必使议论归诸事实，有利无害，便于施行"。同年 9 月，苏州总商会致函该地钱业公会，请共同讨论，提出意见。此后钱业公会回复苏州总商会，就改用银元提出五大疑问：如何评估供求数量、如何补救价格浮动、各地银元是否一律通行、银元新旧杂币如何划一、银元划账影响各业如何解决。钱业公会还指出：速定币

---

① 黄韬. 保定商会与保定区域市场研究（1907—1927）[D]. 保定：河北大学硕士论文，2016：53.

制之法，是必政府主持于上，商界团结于下，运以精心，行以实力，坚以信用，规以永久，始可普济时艰，挽回积弊，否则多一改革即多一纷扰而已。①

俄国十月革命后，流通于黑龙江的羌帖价格大跌，造成市面恐慌。1919年6月1日，黑龙江省华商向上海总商会致函称："商业兴衰，恒赖地方钱法为转移。哈毂满洲中枢，向三省入门户，南衔营口、大连，津倚贸易尾间，北通满站、崴口，东俄衣食来源。年来因东北乱事，影响商务至堪痛苦，而又以羌（帖）价落为最惨。查羌价暴落之原，扼要言之在于冒（毛）滥。俄自变更以还，克伦斯基内阁时代，改革币（制），其流入极东各埠者，初有一千与二百五十元两种，未几复有二十、四十寸小帖，以上四种，屡经俄领声明，与旧效力相等，并再三以公文照会三省方，政府要求诰示商民，照常通用，皇文告可覆按也次，如霍尔瓦特发行之五种（一元、三元、五元、十元、百元辅币），亦仅规定行使于长春、哈尔滨、海参崴三处，其结果发行愈滥，信用愈薄，价格亦愈形参差。华商以汗血贩来货物，不转瞬悉化为废纸。"②为此，黑龙江省华商呼吁上海总商会，并条列紧急救济方法。"救济意见之条举：其一，商会自发纸币。商会发行零星纸币，志在补救商业，接济市面，额定一千万，或五百万元之数，商家不动产为担保，同时规定有效期间。将来兑换国家或地方银行之合法币制，一以挽回地方金融全权，一以抵制日本金票浸入，一以淘汰俄国新帖，唯绝对禁止放款，所以免兑现之危害，此自卫之道一。其二，商请国家银行接济东三省地方银行，如奉天官银号、兴业殖边各行、吉林永衡官银号、黑龙江广信公司，大小洋钱发行之滥，其祸且深于洪水猛兽，奉、吉、黑钱法毛荒，皆此类纸币作之俑，滨商遭祸已深绝，不愿此等纸币侵入，甚愿国家银行及时设法接济，藉资淘汰羌帖，排斥日币，此自卫之道二。"③

有些商会在维护地方货币比价稳定方面也发挥着显著的作用。云南商会通过办理银元铜元兑换的方法，避免了当地市场银铜比价的大幅波动。云南

①　马敏、祖苏主编. 苏州商会档案丛编（1912—1919）：第2辑［M］. 武汉：华中师范大学出版社，2004：368.

②　佚名. 黑省华商之呼吁声［N］. 天津：大公报，1919-06-01（6）.

③　佚名. 黑省华商之呼吁声（续）［N］. 天津：大公报，1919-06-02（6）.

发行的地方纸币，从 1920 年以后逐渐贬值。银元兑换升水，铜币流通稀少，交易上零星找补，十分困难。云南总商会与富滇银行商妥：每日由商会代换银元若干，铜元若干，调剂市场需要，这样就避免了银钱业的操纵剥削。①

上海银行公会和上海总商会在整顿上海劣角辅币问题中发挥了重要作用。1925 年，上海因拒用粤省所铸劣角引起发行辅币问题。各派意见有二："（一）主张由上海银行公会或中交两行出面，发行十进辅币券，以济一时之急。（二）主张由市民筹集巨款，或由整顿原有的上海铸币厂着手，自行鼓铸合法辅币。"前者为暂时之策，后者为长远之法。为此有人主张要做到以下：一是要求上海总商会与商界联合总会，应严重警告上海商界，尤其是烟兑业，促其勿收粤省所铸十一年份轻质新角；二是应严禁私铸国币或伪造钞票，违者科以重罪，以儆效尤；三是清明政治，整顿币制，并呼吁上海总商会、银行公会、钱业公会等重要团体"欲乘机改良币制之决心者，何妨集合群力，先从事于整顿上海原有的造币厂，一面集资收买劣角，熔毁于炉，另一面则尽能力之所及，即行鼓铸若干合法的十进国币，如一角、二角、五角、一元等类交商界使用，以便推行十进制，而为革新币制之倡"②。

1927 年 10 月，南京民国政府建立后，成立了财政整理委员会，开始统一全国财政工作。1928 年 6 月，宋子文以财政部长名义在上海召开全国经济会议。会议在"让人民参与政府政策的制定"的气氛下举行，全国主要商会皆派代表出席。会间，天津总商会提出九条建议，其中前四条为：（1）速行裁兵用以修路浚河；（2）加税免厘以保护国内实业；（3）宜废两改元，划一币制；（4）取消实质之银铜辅币，一律代以纸币，概以十进，以示统一等。③1928 年 7 月，在南京召开全国财政会议上，各地商会再次要求统一币制，废两改元。因为币制混乱，"大至国际之汇兑，小至个人经费，国计民生两受其困"。币制混乱还影响了统一的国内市场的形成。于是，各地商会共同要求废两改元，并为政府出谋划策：（1）在上海成立造币厂，半年内开工鼓铸新银元，定为国币。（2）请国民政府颁布国币新条例，规定重量、成色，共合纯

①　陈子量.云南商会［A］.云南文史资料选辑：第 49 辑，内部发行，1996：18.
②　颂皋.上海发行辅币问题［J］.东方杂志：22 卷，1925（10）：5.
③　天津商会档案汇编（1928—1937）［M］.天津：天津人民出版社，1996：1014.

银若干为法价，并明定铸费每元若干。（3）政府即时组织一国币监理委员会，其任务在筹备时期合力设计，实施后执行监察化验。（4）所有各海关现行税率凡为银两者，应于 1929 年 7 月 1 日起一律改收银元，折合法为一两折合一元五角。① 这些建议为推动国民政府 1933 年废两改元提供了重要的参考。

天津商会解决市面辅币短缺问题采取较为有效的措施。1935—1936 年，天津再次发生辅币短缺问题。当时市场流通的辅币不足，许多商店不得已皆自制纸质或木质筹码应付找零，极为不便，并发生经济纠纷。商会一再与省市政府及省银行磋商，均不济事。最后商会建议采用办庙会之法，试图吸收民众手中的辅币。于 1936 年旧历三月十六日举办了一次多年未办的"皇会"，经费由商会将旧案所存聚利洋行的白银 3 000 两拨用。"皇会"是道教天后宫里天后"出巡"，历史上相隔数年举行一次，城乡居民轰动，商号摊贩生意兴隆，形成一次城乡物资大交流。这一次"皇会"，因为已经 20 多年未举办了，所以四乡外县来的人极多，他们携带大量辅币券及铜元投入市场，本地商民手中积存的辅币也大量付出，辅币短缺问题因此得到极大缓解。②

1937 年全面抗战爆发，尤其是"八·一三"事变后，国内正常的跨地区汇划制度遭到破坏，国际贸易也受到影响。上海市商会会同上海市银钱业统筹规划，提出救济市面办法。主要内容有两方面，一是"推行汇划制度增加流通效力"，二是"得转汇内地代采办土货之用"。具体内容如下：

上海市商会通告各业公会云，迳启者，自财政部马电颁布限制提存办法以来，本市工商业以此后需要资金，颇感困难，纷函致本会，请为统筹办法，或召集各业会议，并有各项建议办法，当以此项建议，牵涉整个币制，未便轻有主张。而工商业资金之周转应如何方免匮乏，确应统筹，即与银钱业两业同业公会拟具救济意见，会电呈明财政部，并由银行业同业公会，将议订之银钱业调整同业汇划办法、同业汇划领用办法、同业汇划准备检查委员会规则，送请查阅前来。该项办法规则全文已见报载。兹不赘述。"八·一三"后，汇划之不能流通普遍者，由于内地不能办土货，外人方面不能尽量收受，

---

　　① 天津商会档案汇编（1928—1937）［M］. 天津：天津人民出版社，1996：1034.
　　② 纪华. 天津商会谈往［M］. 中华文史资料文库·经济工商编：第 13 卷，北京：中国文史出版社，1996：574.

兹由银行业联合准备委员会发行，由同业领用，并规定得转汇内地，供采办土货之用，洋商银行公会亦派员参加，组织准备检查委员会，则上述缺点自可排除，因此流通效力与现款无殊，当足供应本市工商业资金之用，为特备函通告以代答复，即希查照为荷。①

二、商会筹划发行流通券以满足市场急需

罗子为在《邹平私钞之面面观》一文中分析了 20 世纪 30 年代山东邹平县私票盛行的原因，指出"邹平社会日趋繁盛，而是充分表现出人民在日常生活品上需要外方供给量的程度是日渐增加""故购买物品的货币就感觉多量的需要；而邹平现金缺乏，外界辅币又不能多量的流入，政府复不能为之筹划，社会本身便不得不应需要而谋补救的办法"。② 这里所说的"外界辅币又不能多量的流入"是指当时各省多有"限制铜元出省"的相关措施。辅币缺乏在当时是市场上的主要问题之一，也是各地市场的共同问题，才有以上的限令。地方政府除了限令铜元出省外，别无他法。辅币缺乏问题始终得不到解决，于是"社会本身"便开始谋"补救的办法"了，这就是私商自发钱票。私票一向被政府所禁止，但屡禁而不止，政府对禁止私票并无有效的办法。因为私票的出现本身就是市场需求的产物。简单地去"禁"或"堵"是无济于事的。由商会、银钱业同业公会等最贴近市场的社会组织来管理控制，可能效果更佳。

商会组织钱局发行找尾零票，满足市场辅币需求。民国元年（1912 年），湖南省官钱局改为湖南银行，发行银行券，初期按票面额流通，其后币值下跌，民国七年（1918 年）湖南银行倒闭，发行的票币成为废纸。同年，宁乡县财产保管处设立应兑所，发行一串、五串票币，准于完纳田赋附加，流通于市。同年，宁乡县境内各商会钱局发行找尾零票，代替辅币流通。③ 这说明，省银行的倒闭，官票的倒踏，是私票盛行的直接原因。而商会、地方政府机构（如宁乡县财产保管处发行铜元票）也竞相发钞，是省钞危机之后的

---

① 市商会会同银钱业统筹救济市面办法 [J]. 商业月报，第 19 卷，1939（7）：3.
② 罗子为. 邹平私钞之面面观 [J]. 乡村建设：旬刊第 4 卷，1935 – 06（29）：27.
③ 宁乡县金融志 [Z]. 内部发行，1994：92.

市场自发的整理和应对。

黑龙江五常县商会为解决市场辅币缺乏问题，采取措施，集中收集官帖至省署兑换"铜子"和银元小票。私帖泛滥，造成县内钱法紊乱，不仅市面私帖流通，县署、税局收征公款也使用私帖，上解时再设法兑换。乡民需用"官帖"时，只得以每百吊私帖加5~7吊兑买"官帖"。省署虽严令县署收销取缔私帖，但绅商仍巧立名目继续发行。县署在销收私帖的同时，曾采取由商会筹集大量官帖请省署兑换"铜子"及小"银元票"，解决市面交易找零之难。[1] 但商会的举措，只是权宜之计，并不能解决市场辅币缺乏的根本问题。商会后来更多的是采取直接发行辅币券的方式。

1923年，黑龙江省明水县商会发行一种"存条"，作为辅币券在市场流通。现有黑龙江明水县商会发行存条一枚（如图4-1所示），面额五十吊，直式，石印。票券正面印"黑龙江明水县商会"，中间面额"凭条取官帖拾伍吊整"，右侧为字号和"凑足百吊兑换官帖、号码涂改揉烂不付"，左侧为"中华民国十二年十一月日商会存条"。票券正面盖六枚红色图章，其中有"商会图书"章。背面印文字："本镇市面向系流通江省官帖，近年以来，零帖缺乏，市面周转不灵。本会为维持地面找零起见，特发行拾吊、拾五（伍）吊、贰拾吊存条三种，以资疏通。务须凑足百吊向本条经理处兑换，特此声明。"[2] 另据《明水县志》载："明水商会于民国十二年至民国十三年（1923年至1924年）两次发行票面额为10吊、15吊、20吊三种小帖，也称为'地帖'，计251万吊。民国十四年（1925年）5月经省公署严令禁止流通，之后陆续收回。"[3]

湖北省安陆县商会会长以商会名义，发行市票，解决市面辅币短缺问题。1926年，明海清、陈征三任县商会会长期间，因铜元缺乏，找零不便，经统一筹划，以县商会名义，印发市票5 000串，券面为"铜元票十文"和"铜元票百文"两种，1928年停止流通。[4] 20世纪20年代后期，华北各地铜元普

---

① 　五常县志 [M]. 哈尔滨：黑龙江人民出版社，1989：484.

② 　石长有. 民国地方钱票图录 [M]. 北京：中华书局，2002：91.

③ 　明水县志 [M]. 哈尔滨：黑龙江人民出版社，1989：318.

④ 　安陆县金融志 [Z]. 内部发行，1987：26.

图 4-1　明水县商会存条拾伍吊

遍缺乏，市场找零不便。山东济宁在 1928 年春，市面上几乎看不见铜子了，只有各种纸币在流通，有的是县知事公署发行，有的是商会发行，这些纸币都不易兑现。河北巨鹿县某村镇，1930 年乡民还沿用"十文"和"二十文"的铜元，买卖都是用铜元做单位，后来铜元急剧减少，市场周转不灵，商家乘机印制角票。① 1929 年，齐齐哈尔黑河总商会自发纸币，以维持地方金融。"松黑航行因时局关系，齐齐哈尔黑河关之陆路交通亦几不可能。该地方之总商会为维持地方金融，决定发行十万元之纸币，以为流通货币。惟当局以为有紊乱金融之危险。俟交通完全恢复，取明令禁止之方针，又总商会方面决定以商会之财产充当其资金云。"②

　　这里有吉林省海龙县商会发行的一种"金融临时救济流通券"二角面值的实物票券（如图 4-2 所示）。票券的正面是："海龙县商会金融临时救济流通券""中华民国二十年"（1931 年）"法价大洋贰角""民国二十年吉林永衡印书局制"。

①　章有义. 中国近代农业史资料：第 3 辑 [M]. 北京：北京三联书店，1957：121，344.
②　黑河总商会自发行纸币维持地方金融 [J]. 东三省官银号经济月刊，第 1 卷，1929（6）：4.

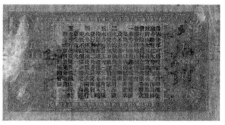

图 4 - 2　海龙县商会金融临时救济流通券二角

票券的背面印有详细的发行章程："为布告事照得，现值时局变迁，金融奇紧，兹经本会请准海龙县政府，由本城殷实商号公共集股发行临时维持金融流通券，藉资救济，合将办法摘布于左：一、本券以海龙县全城殷实商号集股发行，以各商号原有资本及不动产、动产为担保。二、本券为兑换性质，除领用外并准完纳地方亩杂捐各款。三、本券原分五元、一元、五角三种，俟因市面流通找零不便，又续发行三角、二角者，以资便利。四、本券系兑换法价大洋，商民行使概不贬价，并须凑足十角以便兑换成元。五、本券行使期间以俟钱法活动即由本会负责完全收回。海龙县城商会启。"

婺源县商会发行"临时通用券"，也是在市场辅币不足的情况下出现的。婺源县地处皖赣交界①。1934 年 8 月，婺源商会因市场现洋辅币异常缺乏，商店交易进出殊感困难，报经所谓"赣、粤、闽、鄂巢匪预备军总司令部"准予发行"临时通用券"五千元，票面分一元、二角、一角三种，规定使用期 3 个月，自当年 8 月 19 日起，至 11 月 9 日期满。到 12 月 9 日止，共计收回 4 952.2 元焚毁，未兑之券 47.8 元，作为辅助商会费用。②

1937 年，安徽地方银行发行的"一分""二分""五分"辅币和"一元"券，江西裕民银行于 1938 年 4 月发行的"五分"辅币券，相继流入市场。市场上的银元和铜元等逐渐为纸币所代替。同年 11 月 21 日，婺源县政府常务会议决议："为市上铜元异常缺乏，各界民众俱感不便"，由商会制造竹筹，以代铜币，每一竹筹当铜币一分，于 1939 年 1 月 1 日加烙印，在县城分发商民使用，总额为五百元。同年 9 月 1 日，江西裕民银行发行法币一分券，每

---

① 婺源县在民国初年隶属安徽，1934 年 9 月婺源划归江西。
② 婺源县金融志 [Z]. 内部发行，1989：25.

分值铜币三枚，便利市场交易找零。商会竹筹收回。①

1942 年 4 月，抗日战争进入艰苦阶段，因战争破坏，法币贬值，改发行"关金券"（关金一元换算法币二十元）。同时，由于日军封锁，钞票运转中断，婺源等县银根吃紧，屯溪中国银行、中国农民银行发行的定额本票，面额有二十元、十元两种，在婺源市场流通。同年 7 月 20 日，婺源县市面小票又告奇缺，县府令商会购买甲种节约储蓄券，转售人民抵小票流通市面，此本属权宜之计，但因物价一日数涨，持券者不敢瞬息留存，得随时易手，1943 年 3 月底收回。而这时县内农村茶农，所卖茶款皆为大票（面额为五百元、一千元、二千元等），因小票兑换困难，大票"贴水"之风盛行，即商家售货将大票面值压低，找兑小票皆以九折甚至八折计，致使"小票见入不见出"。1943 年 9 月 8 日，县商会奉令通饬，印发"存条"换取大票，先后印发一元、二元、五元、十元票券四种，共 20 万元，流通市面。次年 1 月江西裕民银行将封存的毫券，改作五角券通用市面，缓解大票流通。②

从婺源商会在几年中多次发行辅币券可知，造成婺源商会频发辅币券的根源：一是官票变化异常频繁，市场辅币短缺严重；二是官票通货膨胀严重，从前的小票已不能再用；三是婺源等偏远之地，官票更换后，一时小票难以到达，市场辅币奇缺，交易困难。因此，商会出面发行辅币券实属无奈之举，既是一种补救之法，也是对政府货币危机的整顿和善后之策。

对于各地商会发行票币之事，各地政府的态度不一，特殊时期允许，多数时候是反对的。

特殊时期的情况如安徽省部分县的辅币券发行。法币改革后，不少地方曾被批准由省银行发行一元以下辅币，以作法币辅币的补充。"由于来不及印钞，为满足市场找零之需，允许各省地方银行发行一元以下小额辅币券。在这种背景下，安徽地方银行于 1936 年在芜湖成立，自当年开始陆续发行壹分、伍分、壹角、贰角、伍角、壹圆 6 种面额 12 种版别的纸币。"在私票被查禁与中储券占领市场之间，还有一段时期流通过由日伪控制的地方政权发

① 婺源县金融志 [Z]. 内部发行，1989：26.
② 婺源县金融志 [Z]. 内部发行，1989：26.

行的纸币。这些纸币有的由地方商会发行，有的由自治委员会发行。如日军占领芜湖后，安徽地方银行辅币券停发。为满足城乡找零需要，安庆地区各县财委会同各县商会于1940年发行面额在5角以下地方券共计1万元。1941年1月汪伪政权的"中央储备银行"发行中储券，各县兑换券才退出流通。①在此背景下，也有地方商会发行的票券流通。不过，商会发钞往往是政权更替或货币出现暂时"真空"条件下的产物。

以湖北沔阳县新堤商会发行的市票为例。新堤镇商会发行的市票，一百文券的背面印有"官票缺乏，铜元凋零，暂出此票，市面通行"。这与当时一般商号发行的"市票"并无区别。仙桃镇市票则印有"钱票缺乏，特出此票，不交官项，市面通行"。有的印有"铜元缺乏，只兑官票，不兑铜元，市面通行"等语。②湖北省市票盛行的背景是：1926年，湖北官钱局停业，官票随之停用。本县发市票者更多、更乱。发行者从大商行发展到小商铺。从印市票，发展到手写市票。如新堤镇商会，用宣纸一写就是20串一张的市票，拿出使用。有的市票如数收回了，有的市票因发票者经营倒闭，无力兑现。1931年，湖北省财政厅对新堤商会延期收兑商条一案，责令沔阳县长，查办新堤商会，以肃币政。至此本县市票乃绝。③

浙江省富阳县商会曾发行竹筹和代用券，流通于市面。代用币，即钱筹，有竹制与纸制两种。各县商会暂时解决辅币不足，找零困难，经县府批准而不定时地发行。1932年7月16日，富阳县商会专门召开会议，讨论该会监委任隆望所提的改制钱筹的议案。议决：以前各商号所制作钱贰文、叁文的两种钱筹，限令即日向原商号兑现，并令克日销毁，由商会制作新钱筹，定名曰"富阳商会作钱伍文"。筹数伍万根，从8月1日始，通融市面。7月28日，由县政府批准后，出示布告实行。1940年，县政府督同县商会发行代用券二千元，面额分五分、二分、一分三种，并指令县商会先行筹集同额现款。缴由县政府转交浙江省地方银行专户存储作为准备金。钱筹虽然能解决一时的急需困难，但只能是权宜之计，不是无节制任意发行。所以，当1941年4

①　聂水南. 安徽地方银行和各类钱庄票简说 [J]. 安徽钱币，2007 (3)：3.
②　沔阳县金融志 (1840—1985) [Z]. 内部发行，1993：16.
③　沔阳县金融志 (1840—1985) [Z]. 内部发行，1993：17.

月，富阳县商会又制代用券 1 000 元时，被县政府以"紊乱币制"为由，下令制止。① 富阳商会发行竹筹，也有统一本地辅币的意图。但一县的辅币真正发行权，实际上归于县政府。县商会管理、发行票券，必须得到当地政府（县政府）的批准或承认。

第二节　社会组织对地方金融危机的整顿

民国时期，各地纸币发行混乱，地方纸币信用薄弱，市面纸币惨遭挤兑、贬值情形时有发生。主要原因是中外银行业占据垄断地位，外国资本支配中国金融市场。但是，在广东汕头，金融商人能够控制地方金融市场，由汇兑庄发行的纸币——七兑票能长期保持坚挺的信用，行使顺畅，其价值有时还超过大洋现银，成为中国近代金融史上一道颇具特色的图景。② 在其他地区，商会等组织也在危机时期担当起维护地方经济秩序的责任，对地方金融市场的稳定起了重要作用。

一、从七兑票到保证纸币

自开辟为通商口岸之后，广东汕头商业发展迅速，逐渐发展出一套具有地方特色的货币制度，即七兑票制度。这种区域货币制度的建立，一方面促进了地方商业的发展；另一方面也使地方银钱商人掌握了地方经济命脉。以银钱业为核心的一些经济组织，如商会、钱业公会则是其中的中坚力量。

（一）汕头"汇兑公所"与七兑票

清末民初，广东地方政府对私家纸币，采取放任态度，商号发行纸币，只凭个人信用，随意印发。至 1924 年前后，汕头发行纸币的庄号已近百家。汕头附近各县私人商号发钞也漫无限制。据记载，潮阳一县，"私人发行纸币的竟有百余户，发行额达一百多万元。潮安有四十余户，发行额五六十万元。澄海、饶平、普宁、揭阳各县，发行纸币的也不少，每家发行额多则三四万

---

① 富阳金融志 [M]. 北京：方志出版社，1997：65.
② 陈海忠. 近代商会与地方金融：以汕头为中心的研究 [M]. 广州：广东人民出版社，2011：140.

元，少也三四千元"①。

汕头发行纸币的商号主要分两大帮派，澄潮饶帮（澄海、潮安、饶平）和潮普揭帮（潮阳，普宁、揭阳）。清末，澄潮饶帮利用地域之便，掌握了汕头的汇兑业，以澄潮饶帮为骨干成立了"汇兑公所"，这是汇兑庄的同业组织，汇兑公所的会员庄号，分为甲乙两等，甲等发行纸币，乙等不发行纸币。入会手续非常严密，需得到全体会员的同意方可加入，这样，既保障了该所交易信用的稳固，也防止同业纸币的滥发无度。

由于澄潮饶帮借助汇兑公所垄断汕头的汇兑业务，许多开办银庄的潮普揭帮虽有雄厚资本，也无法加入汇兑公所。于是潮普揭帮在1920年联合其他中小银庄组织"银业公所"，与之分庭抗礼，代表两大帮派。为避免长期的恶性竞争造成两败俱伤，双方经营范围达成协议，规定凡香港、上海汇票的交易由汇兑公所经营，龙银、毫洋的买卖归银业公所经营。后来一些潮普揭帮的银庄加入汇兑公所，而一些汇兑公所会员也加入银业公所。两公所还在换纸制度的基础上，联合施行纸币限制制度，对外一致排挤各小银庄，以达到对汕头金融业的共同垄断。

汇兑公所对小区域货币的影响，主要表现在对七兑票的调控。汇兑庄要从发行中获益，就必须维护七兑票的信用。而防止滥发是首要条件。在没有中央银行制度的时代，只能依靠行业自律来加以控制。汇兑公所的"换纸"制度，就是防止同行滥发纸币，维持同业信用，并排斥杂行纸币的一种行业内控机制。所谓"换纸"，以七兑票为例，票面虽有"凭票向本庄取七兑银若干元"，但七兑票实际上是流通于汇兑庄、收找店、各业商家之中，每家汇兑庄或收找店每天不但会收到自家发行的七兑票，也会收到别的银庄发出的七兑票。通过"换纸"，在每日收付终结后，发行七兑票的银庄把收到的其他银庄七兑票提交到汇兑公所，换回自家所发行的七兑票。每家收到的数额多寡不一，或收支相抵（记为"平"），或应付多于应收（记为"欠"），或应收多于应付（记为"存"）。这样只在应收应付的差额时才用到现银，大大节约了现银的使用和搬运。"换纸"制度还有排挤中小银庄的作用。换纸原理简单，

---

① 张淑岱，徐彰国. 汕头金融沿革概述［A］. 广东文史资料：第20辑，内部发行，1965：197.

操作方便，对于那些资力薄弱的中小银庄具有很大的约束力，迫使他们不敢随意多发七兑票。汇兑公所施行换纸制度，把会员称为"银行"，非会员的银庄称为"杂行"，杂行所发纸币统称为杂纸。汇兑公所规定会员数目交收一概不得收受杂纸。这就遏制了杂行纸币的流通空间，确保了汇兑公所对纸币业务的垄断地位。①

一直以来，澄海帮与潮阳帮为争夺商会领导权展开激烈的斗争。民国以后，澄海、潮阳两县人士，常因汕头商会的竞选，双方银庄划分阵线各自暗中鼓动风潮、勾心斗角。他们经常集中全部帮会力量，针对对方一二个庄号，尽量吸收其纸票，分由多人同时前往挤兑，使其一时资金周转不灵而倒闭。因此，凡一次斗争，双方即有一二个庄号倒闭破产。故值风潮严重之际，商民收存纸票都存着戒心，日夜忙于换纸。所以，有的庄号加入庄会后，不发行纸票，以免发生危险。②

（二）汕头商会与保证纸币制度

1925年6月，潮梅财政局下令废除七兑制，所有一切交收，统以大洋为本位。同时公布《汕头发行保证纸币办法》，经当时建国粤军总司令部核准施行。由汕头总商会组织成立"银业保证审查会"，办理保证纸币事务。保证纸币为面额一元、五元、十元、五十元、一百元五种大洋票。票面加盖"汕头市总商会保证"的印章，因此大洋票便叫保证纸币。此后汕头保证纸币取代了七兑票。汕头发行保证纸币办法分14条，规定"特准各银庄发行大洋纸币"，为维护纸币信用，特设立"现金保证""不动产保证"和"银庄五家联保"三种保证办法。下面将涉及商会管理的相关内容摘录如下：

第二条，各银庄发行纸币，须按其额若干，准备相当现金，汕头直接交由总商会，外县交由商会，妥为负责保管，慎择殷实银庄四家分储之。将其字号数目，遍登汕市各报，并函报财政总局或县署备案。所得利息，仍归缴具保证银庄收受。此项保证金，如有损失，总商会或商会，应负责清理，将其母利如数追足，另交别家银庄储存，不得稍有短欠。惟缴具保证银庄，不

① 陈海忠. 近代商会与地方金融：以汕头为中心的研究 [M]. 广州：广东人民出版社，2011：161.
② 汕头市金融志编写组. 汕头的七兑票、白票、商库证及银庄 [M]. 广东文史资料：第69辑，广州：广东人民出版社，1992：220.

得借口发生事故，要求将保证金收回，须候该庄纸币收回不行使时，方准全数发还。

第三条，各银庄发行纸币，如不欲以现金保证者，得将不动产作为保证，惟须开明产业价值，及坐落处所，报由总商会，查勘明确，逐一登记，及函报财政总局或县署备案，并将该产业钉列木牌，标明系某银庄发行纸币之保证品，及发行大洋票额数，暨保证种类价值，遍登汕市各报声明，所有保证品，于该庄发行纸币期内，不得私相买卖及按揭，应候该庄纸币收回不行使时，其保证产业，方得自由处理。其不动产，以银庄所在地的铺屋为限。

第四条，各银庄发行纸币，如不以现金或不动产作为保证者，须有银庄五家之联保，并由总商会或商会开会通过（即五家担保一家）。其联保方法，须于发行纸币之前，由受担保银庄取具各担保银庄真正保结，投词总商会，查对无讹，分别登记，及函报财政局或县署备案，并将联保字号，逐一遍登汕市各报，俾众周知。惟联保之银庄，互相担保，最多不得过二家以上。倘五家中，有一家退保，须登报一个月，无异议发生，方准脱离关系，以示限制，而杜流弊。

第六条，前项保证，如该银庄倒闭时，对市面行使之纸币，如有现金担保者，总商会或商会，应将该缴储保证金，全数提价。其以不动产保证者，亦由总商会或商会，将产业公开变卖抵偿。联号保证者，由担保银庄五家，共同负责清偿。

第九条，各银庄如逾第五条期限，倘不依照保证手续办理，私擅发行纸币，总商会或商会，获有确据者，得随时报请官厅，将发行纸币额查明，按照其数加倍处罚。

第十一条，经缴具现金，或不动产保证之银庄，如欲增发纸币，其数额超过保证款项以上，应先报明总商会或商会，并须将保证现金，或不动产增加，同时备缴，其办法手续，与二三两条同。①

此项办法公布后，一些实力不济的银庄便不再发行纸币，也有一些资金雄厚的银庄加入发行纸币的行列。

---

① 张淑岱，徐彰国. 汕头金融沿革概述［A］. 广东文史资料：第20辑，内部发行，1965：203.

　　到 1929 年 9 月，汕头市长许锡清"训令汕头总商会派员来府共同组织纸币保证审查机关"，称"汕头银庄保证纸币，仍在滥发"，拟"组织审查机关，以资整理"。"令各银庄按照发出纸币额数，缴具保证金现款二成"，交广东中央银行汕头分行储存。"在未实行取缔办法以前，惟有切实复查产价，先为治标之处置，应先由该分行会同市府及汕头总商会共同组织委员会，从事复查，假如该银庄所具保证产价为十万元，则发出纸币数目，最多不得逾七万元，以备将来或遇产价低跌，不至无凭低债，应即依此标准，妥为办理。"①

　　1929 年，据汕头总商会调查，汕头发行保证纸币的银庄共有 37 家，其中汇兑公所 15 家，银业公所 22 家。一年后，汕头发行保证纸币的银庄总数猛增到 69 家。1931 年 2 月，又增至 74 家，其中汇兑公所有 36 家，银业公所有 29 家，未入公会的 9 家，纸币发行总额 408.03 万元。② 到 1933 年汕头金融风潮前又增至 80 家，共发行纸币 445.94 万元（见表 4 - 1）。

表 4 - 1　　　　　1933 年汕头发行保证纸币庄号一览表　　　　单位：大洋元

行名	保证数额	行名	保证数额	行名	保证数额
泰安	83 500	仁隆	20 000	松兴	30 000
永成	154 200	鸿元	10 000	汉记	27 000
元安	160 000	永泰	28 000	孚德	10 000
宝盛	80 000	允安	10 000	振发	10 000
嘉发	50 000	荣发	25 000	义和	31 000
恒济	85 000	泽记	36 000	协裕	14 000
鸿裕	126 000	永丰	28 000	茂元	20 000
彝丰	100 000	茂昌	16 000	利东	57 000
炳春	50 000	仁发	17 500	荣成	12 000
合丰	51 500	敏通	12 000	荣丰	19 000
宏祥	100 000	源丰	145 000	仁安	5 000
成茂	75 000	汇理	11 400	健源	45 000
鸿发盛	50 000	琼南丰	30 000	利元	117 000
鸿大	180 000	广泰	30 000	富源	27 500

① 训令汕头总商会派员来府共同组织纸币保证审查机关 [Z]. 汕头市政公报，1929（49）.
② 陈海忠. 近代商会与地方金融：以汕头为中心的研究 [M]. 广州：广东人民出版社，2011：202.

续表

行名	保证数额	行名	保证数额	行名	保证数额
鼎康	93 000	成记	57 000	茂兴	25 000
元荣	120 000	裕华	8 000	和泰	10 000
连兴	50 000	商业	21 000	四通	32 500
源大	205 000	广美	50 000	晋泰	16 000
光发	109 800	兴合	30 000	绵发	32 000
和厚	60 000	广汇	27 000	万泰	100 000
智发	100 000	振丰	48 000	利通	38 000
鼎丰	100 000	益生	93 000	兆安	23 000
阜丰	100 000	仁茂	84 000	南侨	11 000
永大	70 000	阜安	100 000	兴隆	80 000
成利	109 700	同元	15 500	信德	10 000
仁元	92 000	永孚	30 000	万盛	54 500
通裕	51 700	荣记	14 100		

资料来源：张淑岱，徐彰国．汕头金融沿革概述［A］．广东文史资料：第20辑，1965：204.

从七兑票制度到保证纸币的推出，汕头总商会、地方汇兑公所、银业公所等行业组织积极参与，相互协调，对维持地方金融秩序的稳定和促进地方经济的发展意义重大。

二、广东取缔台山县商号凭票

民国时期，广东、广西等省一些县属银钱业发行的地方纸币，被称为"凭票"。一般该类凭票，只限于县属范围内流通，由来已久，相沿成习。广东省台山县商号发行的凭票，与汕头银庄发行的纸币相似，流通在该县之内，在1933年以前，台山县政府"从未予以干涉"。

1929年1月，财政部下达《取缔钱庄、商号私发纸币》令，并在全国范围展开调查，还出台严厉措施加以实施。到1933年国民政府废两改元时，财政部再下令《重申取缔钱庄、商号私发钞票》。从此各地加大了查封打击私商发行钱票的力度。此时，广东省政府下令该省财政厅取缔台山县银钱行号商店发行凭票。"广东省政府指令：财政厅厅长区芳浦，呈一件为据台山县呈拟取缔县属银钱行号发行纸币办法请示遵一案合将拟议修正办法录呈察核备案由。呈及办法均悉，此案业经提出本府第六届委员会第一八六次会议议决："准备案"在案，据呈前情，合就录案令复，仰即知照。"广东省政府指令财政厅的同时，还附有台山县县长的呈文，内容如下：

"现据台山县县长陈肇燊呈称：……查县属南中银行及新宁铁路公司、兴中银行发行之兑换券等因，当经遵令分别办理，另文具报察核，惟查县属之银钱行号发行类似纸币之各种兑换券，已非一日，习惯相沿，其情形实与汕头各银庄发行纸票相似，历任县长因其流通已久，县流通只限于县属，是以从未予以干涉。县长抵任后，查悉情形，以其发行纸币既与法令有违，且发行数目及兑现准备又绝无查考，诚恐一旦发行意外，则贻害匪轻，当经拟定章程从事调查，原拟调查清晰，即行拟定取缔办法，呈请核示。适奉训令前因，该行号等所发兑换券竟流通至广州市面，尤非速行取缔不可。惟县属各银钱行号发行此项兑换券不下三数十家，流通已久，散于各处，数目已多，商场闻其交收便利，业已安之若素，若一旦操之过急，一律限短期收回，诚恐牵动全县金融，发生巨大影响。县长为审慎办理起见，拟先行拟具取缔办法，禁止继续发行，其业已发行者，斟酌市面情形，分别种类，酌定期限，勒令于限内收回，呈缴销毁，在未收回之先，饬令具缴现金准备及担保准备，以资保障，似此办理，庶于政府功令不致抵触，而地方金融商业，均可一律顾全。理合将拟议取缔办法缮呈察核，如蒙核准，当即由职府公布，赶日施行。是否有当，伏候指令祗遵。等情，附呈取缔县属银钱行号发行纸币办法一纸。据此，查该县属银钱行号发行类似纸币之兑换券，在市面行使至三数十家之多，县流通已久，自非速行取缔不可，该县顾虑操之过急，影响商场，亦不为无见，所拟取缔办法十三条，大致尚妥，惟以县府为施行取缔之主体一点，则有未合，兹经酌加修正，以职应为施行取缔之主体，令县奉行，期合于金融行政之统系，除指复暨函广东省银行查照外，合将拟议修正办法条文呈钧府察核，俯赐备案，实为公便，谨呈广东省政府。"①

---

① 财厅呈报取缔台山县银钱行号商店发行兑换凭票办法［Z］. 广东省政府公报，1933（223）：60.

广东财政厅厅长区芳浦，在接到广东省政府令后，酌情对台山县呈请的"取缔台山县银钱行号商店发行兑换凭票办法"进行了修改，并将修改后的办法下发台山县，并要求遵照执行。《广东财政厅取缔台山县银钱行号商店发行兑换凭票办法》内容如下：

第一条，凡台山县银钱行号商店，未经依法而擅自发行类似纸币之兑换凭票者，概依本办法取缔之。

第二条，前条所称之凭票，凡用印刷或缮写之纸票，其数目成整，不记支付期限，但凭票兑换现金，令其辗转交收长期流行市面者，不论有记名或无记名皆属之（凭票之定义）。

第三条，此项兑换凭票，自本办法施行之日起，一律禁止发行；其在本办法施行前业已发行者，应将已发及印存之纸票性质、种类、数额、号码、连同样本列表呈缴台山县政府，听候派员检验，转报本厅查核。

第四条，凡经县府检验之凭票，其已发出者，应按票面金额总数具缴四成现款准备，六成保证准备；在本办法第八条规定之收回期限前，暂准照旧行使，其印存未发者，一律封候县府派员监视焚毁，仍报厅查核。

第五条，各银钱行号商店具缴之现款及保证准备，由台山县政府发交监理委员会保管之。监理委员会组织章程，由县府订拟，呈候本厅核定之。

第六条，保证准备以不动产为限，其值价由监理委员会照市价百分七十估定之。

第七条，各银钱行号商店如不能依第四条具缴准备者，其所发行之兑换凭票，应勒令觅具殷实商店两家以上担保，限一个月内一律以现金收回，如限满不能收回，即停止其营业，由台山县政府督同监理委员会封存，其财产代为处分现，倘不足额，该行号商店之负责人及担保店，仍应负责清理。

第八条，各银钱行号商店能依第四条具缴准备者，其所发行之兑换凭票暂准照旧行使；但应依照左列期限收回。（一）五元以下之兑换凭票，六个月内照发行额分六次比例以现金收回。（二）十元以上之兑换凭票，限两年内照发行额分二十四次比例以现金收回。

第九条，各银钱行号商店具缴之现金准备，得按月依照收回兑换凭票之数额比例发还之；其保证准备有不便按月分割发还者，得俟该项准备价值与收回兑换凭票之数额相当时，然后发还，或另易兑换凭票发行额相当之准备。本条规定办法，由县府督同监事委员会办理之，仍报厅查核。

第十条，条银钱行号商店每届月终，应将收回兑换凭票数目造表三份，报由台山县政府以一份呈厅，一份转送监理委员会查核，并将收回兑换凭票照第四条监焚之规定缴验销毁。

第十一条，各银钱行号商店如不能依第八条期限收回兑换凭票者，即由台山县政府督同监理委员会订拟处分准备代为收回办法，呈厅核饬办理。

第十二条，违反本办法第三条之规定者，由台山县政府按其情节轻重，分别拟具强制执行办法，呈候本厅核饬。

第十三条，本办法自令到之日由台山县政府公布施行。①

以上《办法》先由台山县县长拟订后，呈请财政厅，后经财政厅修改后，上呈省政府备案，再下发至台山县政府，并由该县公布施行。需要注意的是，台山县政府首先草拟的章程，并在报批之后，也是最终的执行者，并未发现有县商会的参与。这与20世纪20年代汕头七兑票以及保证纸币时期商会、银钱业公会在其中的积极作用形成鲜明的对比，这虽为个案，但也反映了一个普遍的事实，那就是20世纪30年代后期，商会等社会组织参与地方经济事务的权力和地位大大地削弱了。同一时期，我们也能从其他地区找到类似的例证。

三、其他省商会对金融危机的整顿

（一）民初商会对地方金融危机的整顿

云南商会在维持金融稳定方面所作的努力。1912年6月至8月，各商行、商号纷纷向云南总商会报急，要求总商会采取措施稳定金融市场。如1912年7月绸缎帮各铺号裕盛号等及各帮称："因商情寂寞，市面恐慌，若不急于从善补救，目前商业不堪设想，拟请转报商务总会，组织金融机关维持现状，则商界甚幸。"1912年8月，"云南盖省各行商帮董事祁奎等及三迤驻省各商号等，为金融恐慌、危迫现象"，又呈请云南全省商务总局"拨借基本金，从

---

① 财厅呈报取缔台山县银钱行号商店发行兑换凭票办法［Z］. 广东省政府公报，1933（223）：60-63.

速组织商业钱庄以资维持市面",并联名提出"准由云南富滇银行拨借基本金二十万元,以救商界恐慌,迅速组织钱庄量为接救市面,一则为国家银行之补助,一则为全滇商人之后援"①。由此可见,商家已把商会作为其经济利益的忠实维护者,并将稳定金融市场的重任完全委于云南总商会。

1925年3月,云南总商会在报告省政府的"有关滇省经济意见书"中,就"汇水开涨"问题开列了其原因并拟定了遏制办法:"(1)汇水之涨根本上固由于现金成色相差过巨然;(2)出入口货两不相抵;(3)汇水之涨由各方面观察,省城尚居被动地位,多半由个、蒙起点逐渐增涨,至省以后,遏制方法应与个蒙各商联络一气。互相声应,互相稽查,以免此压彼抬之虞,而收首尾相顾之效。"为解决上述金融问题,云南总商会经表决决定:"由本会及各机关、银行,共同组织一团体,定名为'金融维持会',专以维持金融,限制进口之奢侈品,减轻土货厘税杂捐及提倡本省制品等事为主旨,所有组织办法章则等项公推富滇总银行会筹办。"这样,在云南商会的努力与政府的大力支持下,20世纪30年代之后,云南金融形势发生了巨大改观,整个社会经济走上了迅速发展的轨道。②云南总商会,在维持金融稳定方面发挥了积极和重要的作用。

景德镇商会为补救地方金融向省银行借款。1914年9月14日,天津《大公报》载:"景镇今年瓷业之发达,为数十年未有之盛。自欧洲战事发生,汇兑不通,银根奇紧,倒闭钱庄三家,市面极为恐慌。幸商会向赣省银行借得票洋八万元,藉以补救金融,稍形活动汇兑,近虽通行,汇费则每千陡涨四十余两,加以日前某商运瓷出口至青岛,忽被扣留,故各处纷盼来电,停止购货。现在除已付过定价,尽数取货已不再添进一文。北京字号九家,昨已一律来电停止货。资本不足之厂,已大半倒歇。全镇工人,至阴历七月十五日罢业者,约在二分之一以上,即资本充足之家,亦仅可支持两月。似此情形,若延至两月以后,景镇将不堪问矣。"③这年,由于第一次世界大战爆发,

———————————

①　昆明市档案馆.民国云南省商会档案卷宗[A].第32-25-450卷。

②　刘鸿燕.近代云南商会研究[M].缪坤和主编.经济史论丛(三),北京:中国经济出版社,2008:171.

③　江西瓷茶所受欧战之影响[N].天津:大公报,1914-09-14(6).

国内出口大受冲击，景德镇瓷业虽丰产，但汇兑不通，货物滞留港口，至大半瓷厂歇业。虽经景德镇商会出面，向赣省银行借洋八万元，以补救金融，汇兑业稍通。但汇价大涨，致使瓷业和茶业都受极大损失。在欧战之下，商会虽设法补救，但杯水车薪。

在民初的政治动荡时期，商会还常常出面斡旋，在各派势力之间奔走，以协调各方利益。1917年2月20日，山东督军张怀芝下令济南戒严，派军警逮捕革命党人。5月2日和17日，以张怀芝为代表的督军团两次面见黎元洪，要求对德作战，并继而要求解散国会、修改约法，均被黎元洪拒绝。5月22日，山东省议会议长及绅学界代表在济南面见督军张怀芝，斥责其呈请解散国会、修改约法的行为，并警告：督军倘再发生种种违法之通电，我鲁省绅民即不复承认公为本省督军。23日黎元洪解除段祺瑞职务，31日张怀芝宣布与中央脱离关系，拥护国务总理段祺瑞，反对大总统黎元洪。6月3日张怀芝又下令济南戒严，20日取消独立。其间，《大公报》载文："济南自布告戒严以来，商民恐慌金融停滞，故省城各银号钞票，人民均纷纷兑现，大有应接不暇之势。以致西关西增源钱号、后宰门荣庆恒钱号因此倒闭。数月以来，秩序渐安。经商会竭力劝告，马司令竭力维持，金融机关始见活动，各银号亦见通融，绝不似前数月之停滞也。"①

清末民初，徐州向来以本地钱庄所出千文钱票流通市面，为大宗买卖交易缴税纳粮，几乎无往而不为，因此为市场所乐用。发行钱票的钱庄，在20余家。近年来，从无倒闭歇业者，因为一直以来各钱庄信用卓著，发行也无滥发之弊。但1919年7月，有一钱庄万隆永，因经理房文宝经营不善，于24日突然无现钱兑现，消息传开，全城哗然。于是四乡民众，"持该庄钱票赴该庄守候兑现者，纷至沓来，万人空巷"。该庄实已无钱发兑，不得不宣告歇业。铜山县知事余家谟，恐人众生事，遂将该庄经理房文宝带走，追踪清理债务。但城乡人民经此一事，深恐各钱庄所出钱票，滥无限制，重蹈万隆永之覆辙。受万隆永影响，此后数日，"各钱庄门前兑钱者，自早至夜，拥挤不堪，各庄恐慌特甚，虽经县警暨镇守使署稽查官兵力，向持票兑钱者开导，

① 山东济南金融渐活动［N］. 天津：大公报，1917－06－19（6）.

而一般乡民，仍不之信，且愈来愈众，途为之塞，几至梗阻交通，地面秩序顿呈不安之象"。各大街道，除增加警察外，还有镇署稽查兵，多班往来弹压，以免无赖从中生事。"余知事邀集商会正副会长及各大钱庄经理，计十八家，议定自二十六日起，凡持各庄钱票兑钱者，均赴商会兑取，由该十八家凑集现款，每日以（一）万二千串为度，送之商会，并由商会限制兑钱办法，每日即以兑（一）万二千串为兑出额，每人以日兑五千文为限，以保市面。一面再由官厅出张布告人民，一律遵照限制办法以维全城秩序，商会门前并恳请镇署派兵数人藉资保护。"① 徐州钱庄倒闭引发的危机曾一度在社会各界引起较大反响，幸好当地商会等组织积极整理，方使钱庄倒闭危机的善后工作得以顺利进行。

（二）民国中后期商会对地方金融业的整顿

商会不仅在危机后参与整理地方货币，处理问题钱庄善后事宜，还积极整顿混乱的货币市场，如监管商号发行钱票，并配合当地政府取缔收私商钱票。

1920 年前后，徐州发行钱票的商家有钱庄、银号、南货号、布店、油坊等 30 余家，面额有 50 枚、100 枚及 1 000 文的钱票。1926 年，徐州地方对该地发行纸币的商家进行了一次整顿，有 18 家因为有确实担保，故仍准其发行，如果换发新票，必须经商会盖戳。未经允许发行的商家须于半个月内收回所发行的纸币，并规定了收回的 10 条办法，如发行要有六成现金交给当地的中国银行、交通银行，另备有四成保证金，且准用不动产契约代替现金（见表 4 - 2）。

表 4 - 2　　　　　　　**1926 年徐州 18 家商号发行纸币情况表**　　　　单元：元

发行号庄	发行额	发行号庄	发行额
同兴公	12 000	乾德丰	20 000
天保育	10 000	洪昌顺	30 000
有源号	10 000	恒丰庄	10 000
协昌永	30 000	春泉号	12 000

① 徐州之挤兑风波 [N]. 天津：大公报，1919 - 07 - 31 (6).

续表

发行号庄	发行额	发行号庄	发行额
乾震恒	15 000	贾汪兑换处	50 000
祥顺永	38 000	陆元兴	5 000
裕源号	10 000	隆源号	6 000
聚和昌	5 000	卜信记	7 000
恒茂公	20 000	坤源庄	100 000

　　资料来源：戴建兵. 江苏私票 ［J］. 江苏钱币，2000 (2)：20.

　　20 世纪 30 年代初，徐州的公裕、世兴昌、益贞祥、天保育、春泉、聚和昌、卜信记 7 家发行纸币的商号同时发生挤兑。县政府出面组织清理，此后徐州钱票发行大为减少。①

　　云南思茅县商会发行钱票，作为富滇银行的辅币，满足市场找零。1923年，思茅县银根紧，交易困难；银元流出较多，云南富滇银行纸币流通受阻。思茅市场通用货币全部以制钱为辅币，因奸商囤积居奇，致使制钱越来越少，市面交易，辅币奇缺，交易困难。思茅县各界人士商议，要求县公署发行通用钱票，解决市场辅币短缺问题。7 月 13 日，思茅县知事李应谦签署布告，责成县商会发行当制钱一百九十文、当制钱三百六十文面值的通用钱票，发行额折合云南富滇银行币一千元。由"雷永丰""恒和元""裕兴新""福源祥""钧义祥""杨宝昌""慎德余""鼎新恒""荣茂盛""泰吉祥" 10 家殷实商号，各垫款一百元，作为发行准备基金。钱票由县商会设立兑换处负责兑换。思茅县公署委派"雷永丰"等商号轮流经理兑换业务。钱票自 7 月 13 日开始发行，每日限制兑换半元纸币一百元。凡持有云南富滇银行半元纸币者，均可兑换，但不兑换一元和五元券。兑换标准为：每五角纸币，换钱票三角、制钱二角；每角纸币兑换制钱一百八十文。为配合钱票的兑换，县公署还决定将平粜处每日售米收入的制钱陆续换出，以资周转。钱票发行量定为折合云南富滇银行币一千元，以每元纸币兑换一千八百文钱票计发。钱票可在市场自由流通，作为云南富滇银行币的辅币使用。为保证钱票的顺利发

---

　　① 戴建兵. 江苏私票 ［J］. 江苏钱币，2000 (2)：19 - 20.

行，思茅县公署布告全县，持钱票可向各铺号购买货物，不得拒绝使用。钱票流通时间不长，后由商会兑换收回。[①] 思茅县商会发行的钱票，与省银行（富滇银行）银元票之间形成主辅币关系，与当时流通的金属币银元、铜元关系一致，为兑换方便，钱票的面值定为"当制钱一百八十文"（等于一角）和"当制钱三百六十文"（等于二角），这样就确定了银铜元的兑换比率，简化了兑换手续，有利于市场的交易。

1905 年山东济南商务总会成立，会址在旧城富官街。据统计，济南商务总会属领汇兑业、当业、钱业、估衣业、杂货业、靴帽业、绸布业、茶叶业、药业、首饰业、酒业、土药业、棉花业、炭业等 24 个行业。随着济南商埠区经济的繁荣，商埠商务分会初设于宣统三年（1911 年），简称商埠商会，会址在经二路纬五路东路北。这样，济南就有了一城两商会。到 1932 年，两商会合并为济南市商会，结束了一城两会的局面。[②] 1925 年，因市面铜元与银元比价波动剧烈，影响生产及人民生计，地方政府、商会等社会各界不得不商讨，设法寻找解决办法。其中治标之策便是禁银禁铜出省："禁运现洋出省"；"铜元运输一项，凡在本省范围以内，限于非轻质铜元，准其自由运输，惟不得运输出境"。以下是山东省政府、省银行与济南两商会协商解决银铜比价波动问题的解决办法。

山东督办并省长公署前曾训令山东省银行与两商会会议调剂金融，议定每日银价一节。兹闻省银行与两商会，已将会议办理情形，会衔呈报，其原文云：呈为呈复事，案奉钧署训令第 5006 号内开，以省垣银价骤涨，多由于奸商操纵，嗣后准由省银行及商会议定银价，以资调剂，并将办理情形具报此令。等因奉此，遵于本月十二日假商埠商会地址，会同讨论，除关于禁运现洋出省一项，仍应遵照钧署单行章程办理，以符通令而免歧异外，其铜元运输一项，凡在本省范围以内，限于非轻质铜元，准其自由运输，惟不得运输出境。或由省外贩运入境，以免铜元有时缺乏或充斥市面。及轻质铜元流入本省，摇动市价，搅乱金融等弊。至于由省银行与两商会每日公定银元市

---

①　思茅地区金融志 [M]. 昆明：云南民族出版社，1998：75.

②　马德坤. 民国时期济南同业公会研究 [D]. 济南：山东大学博士论文，2012：187.

价一节，总会办与会长等详加讨论，按之市面商情与乎金融趋势，滞碍诸多，难于实行。惟有任行市之自然，定银价之高低，以顺商情。其有照市价以外抬高低落行市者，显系意存搅乱金融，应随时查明，函请警察厅究办，自无前项情弊，思给再四，主张金同，所有遵令拟议，办理情形，是否有当，理合具文呈请，钧宪鉴核指令示遵云云。①

　　民国初期，由于大量铜元被私运出境，不仅江苏徐州、山东济南、云南思茅等地市场出现大规模的辅币缺乏问题，就连上海等通商大埠也出现了"铜辅币被搜罗殆尽"的情况。查当时的新闻报道可知，造成铜辅币奇缺的原因是：大量铜辅币被"售与某方供作兵工材料"，致使"各业以邮票印花代替之"的窘境。

　　1939 年，《商业月报》载文称："财政部鉴于海外铜价飞涨，奸商牟利私运铜元出口，兹为保存币材及兵工材料起见，曾经令饬海关饬属严密查缉在案，后因奸商受人利用收买铜元，供给某方为兵工材料，不独扰乱金融，破坏币政，其叛国行为影响抗战尤大。若不严予惩治，实不足惩奸顽而资慑服。故特规定，凡奸商收买一分、半分铜币及旧铜元者，经查获确系转售与人或偷运出口者，除全数予以没收充公外，并依照惩治奸宄条例，作扰乱金融治罪。自实行之后，铜元之私运出口绝迹。惟上海一埠，因地属沦陷，在特殊情形之下，为政府权力所不及，江海关迫于环境，亦无法执行命令，一般奸商利用特殊环境，巨额搜集，售与某方由虹口装轮出口，为时已久，数目惊人，以致市场上一分、半分铜币及旧铜元为搜罗殆尽，同时中央银行鉴于此种情形之下，中止将新辅币运沪接济，各业受奸商收买之影响，一切交易殊感不便，不得已以邮票及印花代替铜币流通，公共汽车将前发之代铜元之币重行发出流通，各电车希望乘客随带铜币乘车购票，至于路上之乞丐亦受铜元缺乏影响云。"②

　　"沪市铜元镍币，呈空前缺乏现象后，各业感受莫大影响。兹为避免零找计，已将各物售价予以调整，虽有将物价零数取消者，如一角一二分改为一

---

　　① 鲁商会呈复调剂金融之办法 [J]. 银行周报，第 9 卷，1925（42）：27.
　　② 本市铜辅币被搜罗殆尽 [J]. 商业月报，第 19 卷，1939（7）：3 - 4.

角等，但大多数乘机将零数加成整数，如一角五六分则加成二角。实行其变相加价。此种趁火打劫之市侩手段，殊属可耻，无形中平民又增加负担。故铜元缺乏，影响平民生计至深且巨。"鉴于上海铜辅币缺乏已造成市面严重恐慌，对人民生计影响较大，市商会随即电请财政部采取补救措施。与此同时，商会亦要求"各业亦自筹救济办法"。

1939 年 6 月 12 日，"上海市商会为辅币缺乏，极感不便，特电财政部迅筹补救办法。原文云，重庆财政部钧鉴，沪市旧铜元及一分辅币近忽绝迹，零找并以邮票替代，极感不便，时生纷扰，应请钧部迅筹补救办法，以资流通，愈早愈佳，上海市商会叩文"。

其时，上海市商会也不断收到各界纷纷发来的函电，提出各种有关铜辅币的问题。如上海酱园公会向上海市商会发函咨询，市商会予以回复。电文如下："酱园公会函询两点。市商会接酱园业公会函，以市面铜质辅币日少，吾业油盐酱油，人民日需，苦力居多，三五七零星必为找出，应时为难，兹据报载，政府银行角票，暂可分为两，作五分之用。再据政府最近印有分票，救济市面之公令，是否有案。务请明示，以便转函同业等情。当由商会函覆云。查第一说并无根据，第二说亦尚未奉财政部电示，现此事本会正在电请财政部迄筹办法补救云云。"

当时，上海法商电车（公司）发行锌币，代替铜元，用于买票找零之用。受其启发，上海各商店纷纷请求上海市商会发行代价券。北福建路市联第 37 区分会准会员福康酱元向上海市商会建议，以邮票代铜元，"在此铜元缺乏之际，用以代替，固属最为适当"。但邮票购买颇感困难。因此，"福康酱元"建议："关于少数自印之代价券，找与顾客，仅能限用发行之店。敝号以为请贵会印发一、二、三、四、五分代价券若干，各店需要若干，持币至会购买若干。此项代价券，本路各商店一律通用。一俟政府规定补救办法后，或铜元充实之后，可将贵会发行之代价券向贵会调换法币，是否有当，还祈公决。"

"该会准建议后，当于昨晚邀集该路各商号商讨，经决定为便利市民并顾全商艰起见，暂印发一分二分临时代价券两种，每种和一万张，该券留存根并加盖硬印，以资郑重。有效期至本年九月底止。凡持券人积满十分，即兑换法币一角云。"①

20世纪30年代，成都市商会在维护成都市场秩序、协调各方稳定金融方面发挥着重要作用。1933年成都造币厂停工到1934年未开工，生银无法铸成银元流通，致使生银大量积存不下三四十万，银商负担沉重，而市面银元短缺。市商会积极活动，以解决此事。一方面应各银商请求向督署呈文，并派代表面陈困苦，分别于1934年1月、2月、4月、6月与政府协商，谋求解决之道，但均无响应。市商会也提出自造银币流通的办法，由市商会负责规划式样铸成银币形状，以使市面流通，解决市面上"银风枯窘"的情形，但未获批准。在这种情况下，假币应运而生，商会转知各商拒收，并制定拒用伪币问题具体办法。

虽然市面上银根短缺，但为顾全人民生计起见，财政部禁止四川的银行发纸币，私自发行者要被惩办，未发者应没收销毁，并命令市商会遵照。市商会对于财政部的命令十分赞同，并将川省币制混乱的金融情况向财政部反映，企图通过中央的命令给川省当局压力，以解决成都市面上银元短缺，生银积存问题。财政部给予回复"已呈请刘督办禁私铸，造币厂开工问题应候核定"。②

20世纪30年代中后期，很多地区市场上铜元缺乏严重，铜元价格暴涨，造成市场交易困难。1936年，北平市市长秦德纯应北平市商会呈请，训令北平农工银行、河北银钱局等，印发"多量小数铜元票"，以解市场铜元不足的问题。

案据本市商会呈称自法币实行影响，铜元价格暴涨，钧府三令五申规定准价，乃市面铜元仍现缺乏，居民日常行使一般用物品商贩交易上遂致异常掣肘。例如购一枚或三数枚铜元之物品，购主持一角纸币即须找回三四十枚以上铜元，除搭用铜元票外，无论如何总须有数枚现铜元找回，而铜元无著，只得将物品作为赠送。乘电车者亦往往因以不付代价而到达地点。似此巨大损失，各商纷纷叫苦。应请准予迅筹发行铜元票之北平农工银行、河北银钱

---

① 铜辅币缺乏市商会电请财政部补救［J］. 商业月报，第19卷，1939（7）：4.

② 孙利霞. 成都市商会研究［D］. 成都：四川大学硕士论文，2004：53.

局等，赶制多量十枚以及五六枚之票券，流通行使，以资救济等情。据此查核，所称各节确属实情，除函北平农工银行查照办理外，合行令仰该局遵照限定之发行额，赶制多理十枚、二十枚小数铜元票，流通市面，以资救济为要，此令。中华民国二十五年一月二十三日。市长秦德纯。①

铜元票的发行，一定程度上缓解了铜元不足的困境，但也带来了新的难题，那就是铜元票与铜元价格不一的问题。由于铜元票发行过多，造成了铜元票泛滥贬值严重。

综上所述，章开沅在虞和平著作的序言中这样描述近代中国政府与商会的关系："中国商会稍能奋发有为并体现独立品格的岁月，多半是中央政府衰微或统一的政治中心已不复存在的时期，及至相对稳定与统一的中央政府建立以后，它反而堕为附庸，湮没独立人格，是难有大的作为。"② 这说明商会的重要作用，至少在危机时期，且政府无力解决之时，发挥着不可替代的社会稳定器的作用。随着国民政府对社会组织控制的加强，商会等组织对社会经济危机的治理调节作用逐渐减弱。

---

① 秦德纯. 训令河北银钱局据商会呈以小数铜元票市乡极感缺乏请迅饬赶制多量小数铜元票发行以资救济令仰查照办理由 [J]. 北平市市政公报, 1936 (337): 9.
② 虞和平. 商会与中国早期现代化 [M]. 上海: 上海人民出版社, 1993: 3.

第五章　多元本位下社会组织与政治

社会组织与地方政府之间，既有合作又有矛盾。在民国多元本位视角下，分析各社会组织与政府的关系，可能会给人以新的启发。货币制度本身具有某些公共产品的属性。货币是建立在信任、信用基础上，或者货币就是信任、信用的化身，信任及公信力是货币的灵魂。一切货币危机的根源就是信任的丧失！民国货币之所以混乱，就是货币没了灵魂，滥发钞票是丧失信用的根本原因。由于军阀割据的存在，客观上造成了货币的割据，从而形成以中央银行、省银行、县属金融体系分立的局面。这就是货币体系大致上形成了上层（中央）、中层（省）、下层（县）结构体系。中央与地方是控制与反控制的关系，排斥多于互信。中层不信上层，有了省钞；下层不信中层，有了县票和商钞（商人钞票）。政府以强权来促统一，地方以自治来搞独立和对抗，商人以市场需求为由来抵制货币的一元化。时而中央、地方同心整顿币制，共同打压商钞，时而地方与商人一道抵制中央。1916 年的停兑风潮，地方与商人一心；1935 年废两改元，地方与中央一意。商会同样也游离于商人和政府之间，以求得自身利益的最大化。虽有两面受气之时，却可以假两面讨好之机，取两方授托之惠。

第一节　社会组织与政府的合作

社会组织居于官与民之间，走的是一条中间路线。商会、同业公会等组织可以得到商界或某一行业内各阶层的敬重，也一定会为官府所倚托。"权力一旦建立，运用倘如得当，就不仅成为社区之内各种事件决定的人物，也变成社区代表可以与官府周旋，于必要时还能有所挟持抗衡。"① 其实社会组织也是绅权的一种存在形式。社会组织能居于官民之间游刃有余，前提是必须得到官府的认可，而与官府的合作则是第一要务。

一、社会组织与政府利益的一致性

民国初年，在政权更替、社会动荡、商业萧条的背景下，广州军政府与总商会对广东纸币进行整顿。

辛亥革命后，广东成立军政府。从 1911 年 11 月到 1912 年 5 月，发行纸币收入占这一时期军政府财政收入的一半以上。军政府很大程度是依靠这些没有保证金的纸币应付了成立初期的庞大军政开支。根据邱捷的研究，在 1912 年 5 月底，军政府发行的新旧纸币至少有 1 820 万元。1913—1914 年，即在革命党人当政后期，市面上经常有 2 200 万 ~ 2 500 万元纸币流通。广东军政府将两千万元的纸币投入流通，对商业的恢复和发展是雪上加霜。广东商人很快发现，在共和政制下，社会动荡、盗贼横行、纸币低折、商业萧条。②

广州总商会在 1913 年 6 月为此致电袁世凯及国务院，首先诉说"粤自反正，商务凋零，惨难言状，虽十年生聚，恐尚未能复元"；继对袁世凯的"保商"命令大加颂扬；接着指责广东当局对商业"毫不加恤，动辄摧残""商民饮恨吞声，非伊朝夕"。③ 广州总商会的通电，表明了广州商人对革命党在广东政策的不满。三江帮、米行、土丝行、匹头行、花纱行、铅铁行、金行商人发出公函称："我粤财政，自光复以来，支耗纷坛，现金暗飞，纸币充斥，几成不药之症。"④

在维持纸币的问题上，广东军政府极力争取商人的合作，经常召集商人讨论有关问题，倾听商人的意见，派出重要官员向商人解释有关政策、发行

---

① 史靖. 绅权的本质 [M]. 费孝通等著. 皇权与绅权，上海：生活·读书·新知三联书店，2013：119.
② 邱捷. 1912—1913 年广东纸币的低折问题 [J]. 中山大学学报论丛，1991 (1)：261.
③ 商会电清缓办永汉马路 [N]. 民生日报，1913 - 07 - 01.
④ 众矢集的之胡督 [N]. 民生日报，1913 - 06 - 21.

纸币、公布纸币数目、制定维持纸币的政策都通过商人团体进行。特别是在1912年6~9月厉行维持纸币时更是如此。1912年6月，广州总商会召集各商人团体和九大善堂讨论维持纸币问题，粤商维持公安会提出一个"纸币银毫各半行用办法"，稍后，政府即按此制定法令公布。此法实行未及一个月，商界发现流弊甚多，遂又集议提出取消，都督胡汉民乃下令取消"纸银各半"办法，规定交易一元以上全用纸币，一元以下纸毫通用。9月，又由财政司派员会同商界集议，官厅方面订出下面的"次第施行整理改革方略"。而广州总商会则议决如下：

"〈一〉平价兑换；

〈二〉9月25日实行；

〈三〉实行条款由总商会担任修正；

〈四〉若有少数窒碍时，应于条款中妥定救济方法；

〈五〉一经买行后，市上交易，不得划分纸银两价巧取渔利；

〈六〉由总商会严定低折罚则，由都督官厅一律执行。"

接着，由总商会公布《实行平换纸币条款》十条及《罚则》三条，其中说明由官厅派人稽查市面和执罚。这次官商合力维持纸币，由广州总商会出面，其目的无疑是为争取商界更广泛的支持。但是，其时广东商界对革命党人已越来越不满，造成纸币低折的各种经济上的原因更不是一纸平换条款所能消除的。①

广东纸币仅在广州尚能流通，却很难推广到各府县。广东军政府发行的毫银兑换券，不仅在潮州、梅县、南雄、琼州不能流通，而且在银毫流通的珠江三角洲的新宁、恩平、开平、新会，也是"纸币不甚通行"②。广东军政府对外地各府、县，尤其是各府县的乡村，远未建立有效的控制，政府发行的纸币当然就难以流通了。在丝业中心的南海、顺德等地只用白银，不用纸币，且"乡间纸币甚少，大约用银毫居多"③。实际上广东军政府纸币只能在广州一地通行，一是广州为军政府所在地，二是广州总商会的控制范围也在

① 邱捷. 1912—1913年广东纸币的低折问题 [J]. 中山大学学报论丛，1991 (1)：266.

② 纸币流通之消息 [N]. 民生日报，1913 - 05 - 31.

③ 五月二十七日省会速记录 [N]. 民生日报，1913 - 06 - 03.

广州一带。"南（海）、顺（德）两县毗邻广州，军政府又驻有重兵进行清乡，纸币尚且无法顺利流通，在其他府县的乡村，就更难流通了。"① 由此可知，军政府纸币能在广州通行，与广州总商会等商人团体的大力协助是分不开的。

1914 年 8 月，有奸商谣传"谓公家已不收纸币"，致使陕西省银行纸币低落，市面恐慌。时任陕西财政厅长并署陕西巡按使钮传善，于 8 月 16 日传谕商务总会及各商帮，于财政厅商讨设法维持并兑现纸币之策。钮巡按使命令"商会明白解释"："外县地丁厘税，本系现银票银对交，祗添吏胥之中饱"，且"军人荷戈服务月饷，只有此数，调遣无常，加以纸币一到，外县以币换钱，多则有碍市面，少则不敷日用，流弊甚多。故一律收纳现银，以清其源"。"此先令外县不收纸币之办法也。至于省内各项公款，仍一律照常收纳，并无阻碍。且正与商会筹商设法收回，其办法前已议定，将公家不动产一律交由商会，与派定之公正绅士，变价专收纸币。收回之票，概存商会，以待销毁。约值一百余万，并非不筹抵偿。强令行使，商民亦何乐而不用纸币。此外，又定抽签兑换之法，择期在秦丰银行实行开兑，凡票上号头与抽出号头相符者，即照纸币之数兑与现银，毫无折减。"② 在陕西整顿纸币价值低落、设法兑现的事件中，商会起到至关重要的作用。

河南林县纸币中和成记铜元票（1914 年）丰富的信息反映了许多商会与地方政府的关系。1914 年河南"林县纸币"，有二千文、一千五百文、一千文、五百文四种面值，正面盖"林邑临淇中和成记"字号章，背面印发行原因及简章：

署林县知事艾（德元），为布告事照得林邑金融涩滞，市面行用凭条，辗转折扣，流弊滋多。兹据商务会分会长王乐书等，公议改良纸币并议订单行简章六条，呈请核示前来，查阅所拟简章尚属周妥，应准立案，除批示外，合行告印阖邑绅商军民人等，查照一体遵用勿违，特告。计开：一此项纸币正面盖用商铺字号，背面钤印商会图记，以资信用而杜诈伪；一此项纸币分

① 邱捷.1912—1913 年广东纸币的低折问题 [J]. 中山大学学报论丛, 1991 (1)：266.
② 陕巡按对于收回纸币之演说 [N]. 天津：大公报, 1914 - 09 - 18 (9) .

赭绿红紫蓝五色，褐色三千文，绿色二千文，红色一千五百文，紫色一千文，蓝色五百文；一此项纸币与现钱同，全境一律通用，不准折扣；一此项纸币准在本县完粮纳税；一此项纸币不准涂抹更改，违者作废；一此项纸币自发行之日起，凡各铺户旧日凭条，限三个月内一律收回，不再行用。中华民国三年月日，署知事艾德元。

票券背面中间钤"林县商务分会图记"篆书印章，左下盖"林县知事"篆字印章。民国初年，为流通便利的需要和清除市面凭条流弊，以林县商会为主管，发行地方纸币，以填补清亡后纸币消亡的空白，是一种应急措施，发行数量有限，流通不广。① 民初，币制混乱，林县知事为统一地方货币，简化交易流程，采取由商会统一印制钱票的方法。林县中和成铜元票的发行，反映了县政府、商会、商号在发行地方钱票问题上的合作和利益的一致性。

钱票在民国各个时期都是被政府明令禁止的，但也有商会发行的钱票是得到中央政府批准的。

图 5－1　宜昌公济铜元票壹串

如宜昌商会发行的"公济钱庄票"就属此种。国家向来是严加取缔地方

---

① 胡国瑞等. 安阳鹤壁钱币发现与研究 [M]. 北京：中华书局，2003：242.

钱票的，但 1919 年湖北宜昌县商会组织"公济钱庄"发行的"宜昌公济铜元壹串钱票"（当地称"公济票"）却得到了北洋政府总理及财政部的批准，且准其一发再发。这是民国时期都属罕见的个案。其细节如下：1919 年宜昌县商会公济钱庄发行的宜昌公济铜元壹串钱票，票面标明"宜昌商帮全体组织"，意味着该票是由宜昌商帮全体组织担保的。1917 年 8 月北洋军长吴光新出任长江上游警备总司令，常驻宜昌。两年后，因北洋政府财政吃紧，发放军饷缺少现钞，宜昌驻军改发北洋政府所发的一种有利库券，但该券半年后才能兑现，不能当即流通。士兵领券后，强行在市面行使，与宜昌商民发生冲突，造成严重影响。吴光新遂与宜昌商会协商，由商会发行一种公济票，流通市面，收回有利库券，既维护国家信用，利于库券推行，也解决了市场流通问题。宜昌县商会以该县商业十三帮公款铜元 30 万串为资本，设立一家"公济钱庄"，经营钱业汇兑及存放款业务，随即发行"公济票"，收兑有利库券。此外，宜昌县商会又以 60 万串公济票为基金，开设"济生典"，以利贫民为名，发放高利贷。几年后盈利十几万元。这是宜昌县商会一直坚持发行公济票的原因之一。[①]

　　1935 年该典当停办，宜昌商会所发行的公济票，遭到邻县秭归知事廖溥的反对，特报请湖北省省长，勒令宜昌商会收毁公济票，湖北省财政厅厅长王松儒，给予了支持。1920 年 1 月吴光新电呈北洋政府国务院总理靳云鹏，请允宜昌商会发行公济票，电文称："政府前以财政不裕，发行有利库券，搭放兵饷，就地行使，曾奉通令在案。当时行使，军民颇感不便，惟荆（州）、宜（昌）一带为本军血战数月收复之地，商民激于爱戴之诚，金愿分任巨资，筹存商会，收购库券，另出花票（公济票）以利推行。数月以来，军民称便，其所以维持国家威信者不为不至。……查发行库券，本为中央权宜救济财政之计，商民维持通行已属分外，况兑现之期转瞬已到，若听地方官吏徇情破坏，国家威信一失，将来更无补救善后之策。除由光新飞电何（佩瑢）省长严令维持力行，并令驻在将领保护现状外，谨将原电抄请鉴核，并交财政部

---

　　① 张或定、张劲峰、张哨峰.一张经北洋政府批准发行的宜昌公济钱庄票［J］.中国钱币，2007（1）：56.

速予筹备,以保威信。"因为此事关系到北洋政府财政部有利库券能否顺利发行,又因财政部仍无现金支付军饷,于是财政总长李思浩,在接到电文后,于 1920 年 1 月 29 日,致电湖北省省长何佩瑢,特准予发行公济票。电文称:"宜昌商会既确有准备金可以照换,此项公济票为国库券之代价,与架空牟利者情形有别,准由部咨明币制局通融特许,以利库券发行。"①

有些地方政府还假借商会名义,发行财政性货币,并在当地强制流通。

1923 年四川简阳县发行一种"钱券",面值"壹佰文"券上有"县商会章",券背面印有"简阳钱券简章":"一、本钱券定为当制钱壹百、贰百、伍百叁种,由县署钤印,交地方税收支所发行,简阳境内完纳国家税、地方附加税、行政费,买卖物品,一律通用。二、本钱券收回兑现期由地方税收支所遵照四川官银行银券兑现日期办理。三、本钱券定额以叁万钏为限,其他商号保甲不得另制别种钞票致滋淆混。四、本钱券如有伪造涂改等弊,查出送县处以极刑。"从简章所规定的四条可以看出,这种钱券名为县商会组织发行,实则县政府以商会名义发行的一种强制货币。财政性发行特点十分鲜明。②

1929 年,河北蓟县城内商会等发行钱票数量较多。该年 8 月,河北工商厅训令蓟县县长:"该县各商发行钱票,邦均镇有三顺永等四家,城内及马伸桥均由商会发行,共 62 万余吊等情。""对于前项钱票,务期随时稽查,以防流弊,并将办理情形,具报备查,切切此令。"③从河北省工商厅对蓟县县长的训令中可知,工商厅只强调"随时稽查,以防流弊",并无严令禁止的明确条文。

有时,商会还作为省钞的发行管理辅助机关。1931 年,青海因无金融机构,市面周转受阻,物价暴跌,日常交易困难。加之青海省财政入不敷出,青海每年财政收入约 300 万元,而军费开始就达 800 万元,省财政陷入困境。同年 11 月,青海省政府主席马麟设立省金库,于次年发行省钞——青海省金

---

① 中国人民银行总行参事室编.中华民国货币史资料:第 1 辑(1912—1927)[M].上海:上海人民出版社,1986:863.

② 高文,袁愈高.四川近现代纸币图录[M].成都:四川大学出版社,1994:42.

③ 河北省工商厅训令第 692 号[J].河北工商月报:第 1 卷,1929(11):7.

库维持券和财政厅维持券，并从商会借款 20 万元，工会借款 10 万元，作为维持券发行基金。规定发行额为 200 万元，历次实际发行达 660 万元，其中金库维护券 410 万元；财政厅维持券 250 万元。成立青海平市官银钱局，发行"维持券"，大量吸收民间现金现银。维持券全省一律通用。规定十足兑现，起初信用尚好。到 1934 年，开始限制兑现数额。金库维持券无节制的发行及汇兑困难。马步芳在收取军费及其他费用时，只收银元，拒收金库维持券，导致市面上银元、铜元日益稀少，金库维持券泛滥，物价飞涨。马步芳仿制大量财政厅维持券，用来发放军饷，并凭钞向商会套购物资，使市场急剧混乱。大部分商号均告歇业，持券购物者也基本无货可购。迫于舆论压力，马麟于 1935 年 10 月初收兑省钞，仅一周后便告停兑，共收回省钞 90 余万元，兑出银元 18 余万元。至此，维持券发行彻底失败。而大量未收回的维持券，滞留群众手中成为废纸。愤怒的群众"纷纷拿到城隍庙焚化"。①

更多时候，地方政府还同地方商会一起发行钞票。如抗战时期，安徽省部分县财委会与各该县商会共同发行过辅币券。1938 年 6 月 12 日，安庆沦陷。随后，安庆地区各县先后被日军占领。此时，安徽地方银行从芜湖迁安庆后不久即撤至立煌（今金寨县境）。安庆城乡市场辅币奇缺，为解决找零需求，各县财委会会同县商会于 1940 年先后发行了面值二分、五分、一角、二角、五角的辅币兑换券。1941 年 1 月，汪伪政权的"中央储备银行"成立，发行了中储券，各县兑换券随即退出流通。聂水南收藏有安庆地区岳西、潜山、太湖、望江、怀宁、桐城的一角券，宿松的二角券，六安地区舒城、霍山和巢湖地区庐江的壹角券共 10 种，以及宿松、怀宁、太湖县的伍角券 6 种，皆属于各县财委会与商会共同发行的临时地方性辅币券。②

晋察冀解放区允许城镇商会发行小额流通券，暂时弥补辅币不足。

1945 年 10 月 25 日《救国报》报道，国民党在天津、北平大量滥发伪联银券，继续残害人民。截至 9 月底，发行额已达 30 亿余元。因之各种物价又急剧飞涨。从 9 月 7 日至 10 月 1 日物价飞涨 1～4 倍。大批工人、商贾失业，

---

① 陈克志，王麟. 青海省旧地方纸币综述 [J]. 青海金融，1994（9）：27.
② 聂水南. 安徽地方银行和各类钱庄票币简说 [J]. 安徽钱币，2007（3）：3.

天津失业工人已达 20 余万,市民生活无法维持。为此,冀热辽区行署 1945 年 11 月 6 日发通知:近查国民党反动派联合敌伪滥发联合准备银行与中央银行纸币,大量向我区行使,以盗取物资,同时有奸商贩运五百元边币以扰乱我区金融,致使近日物价高涨,人心不安,为平抑物价稳定金融,保护商民利益,防止奸人操纵计,兹将指示办法四条,一是以晋察冀边区银行纸币(边币)为法定货币,一切公私交易、税收契约,均以边币计算,禁止杂币流通;二是严禁法币、伪联币进入边区;三是禁止贩运纸币;四是允许各城镇商会印发小额流通券:

为解决目前小额边币之不足,除令银行赶筹外,并许各城镇商会呈准政府后,发行流通券,以维金融之用。

(1) 在未运到小额边币前,得由各地商会发行流通券,但须有相当数量边币或物质财产抵押(交县政府转送银行保管);

(2) 流通券票额计分一元、五角、一角三种,印刷工料费由商会自己负责筹划之;

(3) 商会发行流通券,其流通范围只限在市镇及附近村庄以内通用;

(4) 各地商会发行之流通券,票面填明价额、号码、会长图章,背面钤盖该地商会图记,以昭信守,以防伪造和滥发;

(5) 流通券具有临时流通性质,一俟小额边币付用即可分别收回。①

四川简阳县政府与县商会联合发行过简阳钱票、简阳钱券等,流通市面。其中简阳钱券的面印有发行“简章”,对钱券的发行背景、用途、担保及回收都作了详细规定。

1917 年 12 月,川军云集简阳县境,换券乏钱,公私交困。简阳县知事帅国瑛集众筹议,由简阳县商会制成三百、五百、一钏三种钱票,票面加盖商会换处字样图章,布告城乡,凡属简城地区一律通用。② 并成立换券处,委张绍骞、何光裕等承办。1918 年 6 月,四川省财政厅通令严禁,方由地方公款收支所措款陆续收回,于 1919 年 2 月才告结束。③ 1923 年,简阳县政府与县

① 河北省金融研究所. 晋察冀边区银行 [M]. 北京:中国金融出版社,1988:227.
② 内江地区金融志 [M]. 成都:四川大学出版社,1998:34.
③ 简阳县财政局. 简阳县财政志(1911—1985)[Z]. 1986:437.

商会联合发行"简阳钱券",所见实物有"合制钱壹佰文"钱券,券下面有"简阳县印""县商会章"。券背面印有"简阳钱券简章":"本钱券定为当制钱一百、二百、五百三种,由县署钤印,交地方税收支所发行,简阳境内完纳国家税地方附加税、行政费、买卖物品一律通用。本钱券收回兑现期由地方税收所遵照四川官银行银券兑现日期办理。本钱券定额以三万钏为限,其他商号保甲不得另制别种钞票致滋淆混。本钱券如有伪造涂改等弊,查出送县处以极刑。"据简阳县财政志载:1923 年,"简阳迭遭兵燹,财力奇窘,曾先后刊印铜元票、牛皮纸钱券计三万串,实发行二万五千串,以资周转。民国十三年二月,讨贼军退,援川军到县,各军纯用银洋。银票、钱票一律停用。八月,县知事林志茂呈准田总指挥颂尧、孙旅长震于,在预征十六年粮款项下划拨生洋五千元,作为收回县发二万五千串钱券之款。收回期一月为限,逾期无效。其后讫未完全收回。握此钱券未兑换者,多为消息闭塞之乡民。至于官银票则根本无收回之举"。所谓"官银票""无收回之举"是指如下事件:"1922 年,川省一、二军之战,当局又发行纸币(类军用票),计有成都官银票、重庆兑换券两种。成都官银票,系成都官银号于1923 年奉川军总司令刘成勋、讨贼军总司令熊克武之令所发行。发行总额 2 995 000 元,收销者仅 200 676 元,未收回者 2 794 324 元。这两项纸币发行之后,价值日渐低落,嗣未收回而散存民间者,实同废纸,商民之受损,为数甚大。"[1] 此种钱票,不仅有实物证据,还有相关史志资料佐证,十分难得。

与此相似的铜元票还有如下几种:1923 年,四川省衙阳县周知事淦先令石桥商会印制一百、三百、五百三种铜元票,由县署钤印布告通行。1924 年,四川省资中县商会为供当时掉换银券印发面额五百文、一千文铜元票流通市面使用。[2]

湖南常德总商会发行"市票","于取缔之中,仍寓维持之意",就是说商会发行的市票是一种过渡性的货币,既"辅助公家",又"接济商民"。待公家"辅币充裕",随时兑换收回。湖南常德总商会布告:"本会因市面铜元

---

① 简阳县财政局,简阳县财政志(1911—1985)[Z]. 1986:433.

② 内江地区金融志 [M]. 成都:四川大学出版社,1998:35.

短绌，无辅币以资流通，商店交易找补，人民生活简单，银行票币，整千整百不适于用，致有贰拾文、叁拾文、伍拾文、陆拾文、柒拾文、捌拾文等不正当恶币发现，自应遵照官厅取缔。然周转不灵，商与民又多滞碍。本会有维持金融之责，商界共同讨论，先须发行一致，取缔较易着手，暂由本会发行各种小票，于取缔之中，仍寓维持之意，此系为辅助公家进行，接济商民缺乏起见，一俟公家大宗辅币充裕，随时兑换，亦即立予取消，此布，中华民国六年四月。"（见图 5－2）

图 5－2　湖南常德财产管理处流通券

1917 年，湖南常德总商会发行有二十文、三十文券。湖南常德市面铜元奇缺，湖南银行虽发行有一百枚、二十枚、十枚的铜元，流通市面，但各商店找零困难，均私自发行各种花样不同的钱票，辗转受授，行使市面，保障毫无。常德总商会为维持地方金融信誉，印发二十文、三十文，"合拾斛百，不兑铜元，流通市面"，以代替二个铜元、三个铜元的小数，该券背面印湖南常德总商会布告。

湖南省"市票"发行无度，不仅造成货币市场极端混乱，有的商号还直接"跑路"，给民众造成巨大经济损失。因此，南县、安化县等地对市面加以限制。南县颁布"取缔市票简章"，由商会负责执行。

1928 年，南县大昌南货店主在大量发行市票后，卷资潜逃。县政府在民众强烈要求下，出示布告禁止或限制市票发行。当时南县议会就视市票"毫无信用，流毒地方，殊非浅鲜"，决定整顿市票，并制订《南县取缔市票简章》，规定发行市票之商户，要有 3 000 元以上的不动产作抵押，五家殷实商户出具联结，经商会许可，县署查验备案，发行数量不得超过抵押品的三分之一，票券面额一律以铜元计值。券背加盖商会钤记。还规定发行市票之商号如倒闭，抵押品由商会负责拍卖，代行示期兑换。安化县政府也限制市票发行，规定资本未满 1 000 元者，不准发行市票，1 000 元以上每超过 1 000 元准许发行市票 300 元。后因政局动荡，知县官吏更迭频繁，法规训令得不到认真实施，各地滥发市票之局面，依然如故。①

山西省广灵县临时流通券，以广灵县商务会名义发行，实际发行者为广灵县县长和县财政科长等。1935 年，国民党的法币初入广灵市场，只有百元到万元的大额主币，交易十分不便。时任县长马玉彪和县财政科长梁启铭等人策划，以广灵县商务会名义印制了面额为一元、五元、十元的"广灵县临时流通券"，用麻纸印刷。在市场上流通半年左右，到法币小额券运到广灵后，用法币兑回一部分，一部分在民间流失。②

费孝通等在探讨皇权与绅权关系时指出，当政令与绅权的利益不一致的时候，绅士在官僚体制下，"得行使出两套面目，在执行向平民要钱要人时得特别卖力，把整个政治担负转嫁到平民身上，使自己所掩护下的亲亲戚戚都可以豁免。但是一旦平民被逼到铤而走险时，首当其冲的却又是这些人"③。因此，绅士要想在夹缝中求生存，必须要有一种"宦术"。需要指出的是，民国社会组织之首领，核心人物即是绅士，民国组织与政府的关系，就是绅权与皇权的关系。只不过民国"皇权"让位于"官权"，但本质上是一样的。"绅士是退任的官僚或官僚的亲戚。他们在野，可是朝廷内有人。他们没有政权，可是有势力，势力就是政治免疫性。政治愈可怕，苛政猛于虎的时候，绅士们免疫性和掩护作用的价值也愈大。"④

二、政治自治下的货币自治

民初的军阀时代，兵燹频仍，既无长久之政权，岂有稳定之币制？币制不稳，则币信不存。1921 年《东方杂志》提出"自由货币"运动，倡导

① 益阳地区金融志 [M]. 长沙：湖南地图出版社，1993：55.
② 广灵县金融志 [M]. 北京：中华书局，2003：38.
③ 费孝通等著. 皇权与绅权 [M]. 北京：生活·读书·新知三联书店，2013：8.
④ 费孝通等著. 皇权与绅权 [M]. 北京：生活·读书·新知三联书店，2013：11.

每年由发行局"换一回新货币""人人必尽量使之迅速流通",以减少因政府滥发货币而招致购买力下降的损失。① 1924 年,该杂志载文称,币制"紊乱至今极矣""改革一次,既增一批新币,而旧币依然流通"。"至军兴诸省劣币充斥,更不堪言",以致造成"无币制"的现状,全因"政府执法自扰所致",于是发出"币制非国民自行整理不可"的呼声②。

江苏省南通地方商号发行的纸币(商票),是以商会为核心组织发行的小区域货币体系的典范。根据南通市钱币学会课题组的研究,南通地处经济较发达地区,自民初到抗战前期,许多商会及商号都发行过代币券,当地称"商票"。南通地方商票的种类大致有以下几种:

(一)县商会的商票

"海门县商会分币兑换券",有一分、五分两种。1940 年印制发行。票背面有发行说明三条:(1)本分币呈奉县政府准许发行;(2)限定在本县境内使用;(3)自发行日起六个月内收回期前得向指定处所兑换法币。该兑换券,是海门县商会为解决县内商家贸易中找零问题,经当时民国海门县政府批准发行。该券由海门县商会负责统一印制,县内各镇、各商店用等额法币向县商会换取分币兑换券,同时,另交一定比例的印制成本和统一回收的费用。县商会用兑出兑换券所得的法币作为回收基金,在全县设若干个回收点,负责分币兑换券的回收工作。这样避免了县内各镇、各店自行印制的混杂现象。该券使用期在 1940—1941 年。③

(二)区级商会的商票

如皋县(今如东县)马塘特别区公所、区商会发行的临时流通券,共有一角、二角、五角三种。正面印"马塘特别区公所、马塘特别区商会""临时流通券"。1941 年 10 月印行。规定"此券以六个月为限,左边一行为积满此券拾角,即兑付壹圆"。马塘地处南通、如皋通往黄海之滨的重要通道,水陆

---

① 树德. 自由货币运动 [J]. 东方杂志:第 18 卷第 6 号,1921 – 03:28.

② 郑钟珏. 国民自理币制之必要 [J]. 东方杂志:第 21 卷,1924 (5):22.

③ 南通市钱币学会课题组. 民国时期南通地方商会、商家发行的代币券 [M]. 南通钱币研究文选(1993—2003),南通:南通市钱币协会,2003:58.

交通便捷，商贸发达，属江海平原重镇，为历来兵家必争之地，先后是民国如皋县政府、如皋县抗日民主政府以及日伪政权的临时驻地。1941 年 8 月，日军侵占如皋县马塘镇，汪伪如皋县政府设立马塘特别区公所和区商会。当时市场上仍通用法币，因辅币奇缺，为了便利交易，马塘十家较大商店，原拟联合发行兑换券，但恐日伪军、地痞、恶势力等刁难或制假，滋事生非，故十家商户代表改请以特别区公所、区商会名义印发。但区公所仅是挂个名，实际是区商会代十家商业统办，当即由区商会会长施锡五去上海印刷，并由区商会统一发行、兑换。马塘十家商店用法币向商会兑回临时流通券，在市场与法币等值找零使用，平时亦负有兑换之责。最后由区商会统一收兑。马塘特别区公所、区商会临时流通券从 1941 年 10 月至 1942 年 6 月，共流通 9 个月左右。当中储券大量流入马塘等地后便陆续兑换收回。在方便流通的同时，也造成了物价飞涨。①

（三）镇一级发行的商票

启东县治镇（汇龙镇）及周边几个集镇基金会发行的兑换券。启东东兴镇兑换券，面值有二分，1939 年 2 月印制。票背面有发行说明四条："（1）本券呈奉启东县政府核准发行；（2）本券限定在东兴镇通用；（3）本券流通时期暂以六个月为限；（4）本券由东兴镇基金管理委员会随时兑换法币。"另外发现的其他镇发行的兑换券：启东县治镇兑换券、启东新安镇兑换券、启东惠安镇兑换券、启东合丰镇兑换券、启东武陵村兑换券、启东县广益村兑换券等。

当时启东县与海门县商票的发行方法不同，海门县是由县商会统一制和回收。启东县是各镇建立基金会，经县政府批准后由各镇自行印制、发行和回收。据有关资料，海门、启东两县的商会只印发分币券，未印角币券。角辅币由海、启两县民国县政府印发临时兑换券。②

---

　　① 南通市钱币学会课题组 . 民国时期南通地方商会、商家发行的代币券［M］. 南通钱币研究文选（1993—2003），南通：南通市钱币协会，2003：59.

　　② 南通市钱币学会课题组 . 民国时期南通地方商会、商家发行的代币券［M］. 南通钱币研究文选（1993—2003），南通：南通市钱币协会，2003：61.

（四）多家商号联合印制的商票

南通地区在 1940 年前后，除了商号独立发行商票外，更有多家联合印发的商票。分两种形式：

第一，多家商业联合印制，分别发行的商票。如"平潮地方兑换券"。面值拾文，票正面印"凭券兑用当十铜元壹枚"，背面印"本券兑换处平潮"，并有"鼎泰典、义泰、亿昌、大同福、大生和、顾万丰、王祥顺、合兴隆"八家店名。平潮镇历属南通西部重镇，商业繁荣，是通西农副产品主要集散地。以上八个商店，分别经营五金、百货、南北杂货、医药、纺织等，为了方便找零，统一制平潮地方兑换券，但并不统一发行，而是各家独立发行，谁发行盖谁的印章，由谁负责收回。但可以在八家商店中通用，既避免了各搞一式，可能造成混乱，又形成了合力，客观上起了相互担保的作用，提高了信誉度。该券未印时间，据目见者回忆在 1933—1935 年。又如"平潮湾子头兑换券"。该券面值一分，由平潮弯子头的徐炳记、顾万丰、合兴隆等六家商店联合印制，分别盖章，各自负责的兑换券，其印制格式及发行、回收方法与平潮地方兑换券基本一样。行用时间为 1936—1937 年。平潮湾子头是在平潮西北二公里多的一个小集镇，历属平潮管辖，在平潮开设的几个大店中，有的在湾子头设有分店，兑换券可在两地店中通用。

第二，多家商号联合印制，联合发行的商票。现有双甸区十家商店临时流通券、购货券。共有三种面值。壹角临时流通券，正面有券名"双甸十家商店临时流通券"，券面规定"凭券只可购货""不作法币流通"，1941 年印；背面有十家商店名，分别是"徐允昌、曹文记、刘泰顺、义生源、永成昌、东森泰、西森泰、顾裕盛、刘裕顺、三泰协"。另外还有"双甸十家商店临时购货券"，面值有二角、五角两种，1942 年印制，票面规定"凭券只可购货""不作法币流通"，并印有十家商店名称，这两种购货券的十家商店名称中，"西森泰"改成了"恒和祥"，其他九家未变。

双甸镇位于如东县西部，1941 年 8 月日军占领该镇，成立伪区公所。市场上仍用法币，但辅币奇缺，找零困难。十家商店共同发行商票，1941 年发行"一角临时流通券"，因仍不敷使用，于次年又发行二角、五角"临时购货券"，将"流通券"更名"购货券"，可能有恐遭日伪干预的顾虑。此券实为十家商店自发自收的商票，后因西森泰遭日伪勒索，被迫退出。

双甸十家商店临时流通券和购货券的印制发行是有步骤进行的，纸张和印刷费由发起的三家大店垫付，印成后十家店集中派人在票券上盖上各自的印章的集体点数，由东森泰一家总保管，十家商店分别向总保管领取票券时，当即付给总保管等额法币，由总保管作为保证金保管，不得移用。各家商店回收时将票券交给总保管，同时领回等额现金。

双甸区十家商店临时流通券、购货券自 1941 年至 1942 年，实际使用约一年半，后为避免风险和保持商店信誉，逐步收回后销毁。这十家商店临时票券，确实弥补了市场辅币的不足，有利于商品交换，但随着币值的贬低，也使商店获取了一定的盈利。①

（五）如皋县结网工资条

如皋县结网工资条由如皋县线网同业公会印发。有一角、二角两种。

一角券，券名"工资条"，票面印有"凭条照付""结网工资一角整""如皋县线网业同业公会"字样，并加盖"如皋县线网业同业公会"朱红印章，1940 年 7 月发行。背面印有发行章程："（1）发行缘起市面缺乏各种辅币；（2）工资条种类计分一角、贰角两种；（3）支付范围以本会各厂号为限；（4）基金保管及支付处如皋县线网业同业公会；（5）收回限期俟各种辅币市场可资周转时即行收回；（6）本工资条凭硬印为证，发现伪造或变造等情况依法诉究。"二角券，图案、文字与一角券同。

1930 年起，经销线网的上海商人张文奎，在如皋城周边请当地农民加工线网，后来与如皋丁所乡（今属海安县）刘广太合作创立了如皋县线网同业公会，并办起了五个线网分厂。所谓分厂，实际上是招集四乡居民集中在一处，形成一个结网工厂。他们从外地购进结网原料，利用农村廉价劳动力从事手工结网，产品商标为蝴蝶牌，再把结成的网销往外地。当时结网工资都是计件制，交一批货，结算一次工资，因辅币短缺，就以此条支付，结网工持有一定数量的工资条时，向同业工会兑换法币。它实际上是一种商业信用

---

① 南通市钱币学会课题组. 民国时期南通地方商会、商家发行的代币券 [M]. 南通钱币研究文选（1993—2003），南通：南通市钱币协会，2003：64.

凭证，只能在指定处所兑换，并不在市场流通。[①]

南通商票启示：县域钱票就是以商会为核心机构发行为主、其他机构及商号为辅的小区域货币流通体系，这是隶属中央政府和省地方政府的官票体系，却又独立于官票体系的下层货币体系——私票体系。由南通商票的发行方式可知，这些商票的发行完全是处于县政府的统一调度之下，在县政府统一布置下，有计划、有组织地进行的，也即它是县属范围之内的事务，而非游离于这个地方政权之外的、不受管制的"绝对自由的发行"。而且从各级商会和各级市场中发行的商票，也反映了县属范围之内的货币体系之间还有某些分工，如县印角票，镇印分券，就是最好的证明。

综上所述，小区域货币是扰乱币制，还是辅助官票，判断的标准基本上有两个，一要看其流通是否超出一定的范围；二要看是否为小面额的辅币。由于一县范围内流通的辅币券，在没有造成市场太大负面影响时，政府常容许其存在。尤其是商会出面监管的小区域货币，更是为官方所批准。

第二节　社会组织与政府之间的矛盾与冲突

近代中国金融同业组织发展历程，同中国大多数行业组织一样，从传统的行会向近代同业组织转变。在转变的过程中，它们的动力主要来自两方面，一是行业内在发展的需求；二是国家的政策导向。国民政府时期，国家实力的强行介入，既加快了行业组织的转变，又损害了行业的自主性和自治性。正因为政府的强行介入导致各行业组织与政府之间产生诸多矛盾与冲突。

一、态度上的冲突

商人的话语权往往是以金钱代为交换才得到的，当然商人话语权的代表自然是掌握在作为商人利益共同体的商会、同业公会等商人团体组织的首领手里。但令人沮丧的是，有时即使商人出了钱，也未必能换到多少话语权。

---

① 南通市钱币学会课题组. 民国时期南通地方商会、商家发行的代币券［M］. 南通钱币研究文选（1993—2003），南通：南通市钱币协会，2003：67.

于是，社会组织与政府之间就有利益的不一致或矛盾。这些社会组织的首领，"当其向官府周旋抗衡时似俨然为地方为人民争权利谋幸福"①。他们打着"以苏民困"的旗号，实则更多的是为自己的小集团谋福祉。

（一）查禁的过程反复而漫长

湖北浠水县市票发行、查禁的反复过程，就是全国各县私票流通情形的一个缩影。

清末民初，浠水县市票充斥城乡，危害很大，人民怨声载道。军阀政府迫于民愤，不得不下令取缔，以掩人耳目。1924 年湖北省长公署训令各县知事文称："查私票一项，妨害币政，贻害地方，经饬各县严加查禁，勒限收毁……近查枝江、鄂城、蕲春、圻水（浠水）、南漳、黄梅等县乃至广济所属之武穴地方，行用一串、五串、十串等项私条，为数甚巨，甚至零星小贩，亦复发行私票，为架空牟利之图。推原其故，皆地方商会及各法团，首先违禁滥发，借图牟利，以致各商号群相效尤，愈出愈多。……有以团体名义发行者，如圻水县民李镜清等禀控商店郭崇祥竟敢印发五串文私票，盖用教育厅戳记，意图推广。"而政府对市面货币流通又毫无治本措施，当然是禁者自禁，行者自行。② 以上是湖北省政府态度。

1926 年，又值官票崩溃，通货限用硬币，本县市场筹码更感奇缺。城乡商民及县商会，便乘此机会，借"救济金融"之名，私出"制钱票""铜元票""角票""银元票"；印发"流通券""兑换券""兑条"等，五光十色，名目繁多。1931 年，浠水县商会以其名义发行票面一串文和二串文的市票，投入市场。县城大小商店 200 余家，除杂货店庆隆祥和两家药铺未出私票外，其他各大小商店均私出市票，浸漫市场。农村集镇有大小商店共 800 余家，几乎都出了市票，一般在当地使用。由此可见，先有官票崩溃，后有市票流行。

1932 年，县商会为了防止市票崩溃，便主持印制统一市票，票面加盖各商店牌号印章，各店并向商会交存兑换准备金，同时出具 5 家联合保证书，

①　史靖.绅权的本质［M］.费孝通等著.皇权与绅权.上海：生活·读书·新知三联书店，2013：199.

②　浠水县金融志［M］.武汉：湖北人民出版社，1993：20.

然后才准发行。关口、巴驿商会也曾采取同样措施。1933 年，县城有三家商号出现挤兑风潮而倒闭，引起市场混乱，人心不安。此后，浠水县长徐绍孺才遵照湖北省财政厅训令，采取了一些取缔市票的措施。县城内未收回的市票，按"湖北省各县市票取缔暂行规则"第七条的规定，由各商号将兑票基金，提交县府，由县府代兑。农村集镇未收回的市票，由集镇商会和区公所采取相同的措施。并明令规定 1934 年 3 月 10 日后，一律禁止流通。但余波未尽，直至 1935 年实行法币后，本县的市票才逐渐减少。①

县商会统一把关，但规则无效，依然有挤兑风潮，县府只得下令取缔。抗战时期，城关和团陂、汪岗、关口等地又有市票发行。1941 年浠水县商会曾以该会名义发行了票面为二角、一元等券别的流通券。鄂东行署财政处见此情况，便于 1942 年元月重申禁令，但亦未能禁绝。

另一个比较有典型性的市票查禁的例子就是湖南晃县商会对市票的管理。

1926 年湖南晃县市票发行渐多，不能取信于民。1928 年 10 月，县长蒲学松指令商会"严加取缔"。晃县商会主席黄干卿，遵循县长指令，取缔市票流通。但取而不缔，则由商会拟定规章："凡出票商店发行市票者，不得超过二十千文，并须事先报请商会核实。如是正当营业，而又有储备基金者，令取得五家联保切结。所有发行的市票，必须加盖商会钤记及查验印章，才能流通。如有倒闭情事，即令联保户共同代兑。"此后，市票在流通领域，确也起过调节流通和取信于民的作用。彭吉昌、春和园商号，分别有基金银元万枚和银子数万两之巨，有足够的基金随时准备兑换，因而所发行之市票，上至贵州镇远、下至湖南芷江，流通无阻。此时，晃县市票在市场流通尚处于正常状态。1929 年 4 月，湖南省财政厅指令调查各地钱庄、商会、商号发行市票的商户数、面额、种类、发行总额、兑换方式以及流通区域时，商会主席黄先祯的呈报是：晃县龙溪口发行铜元票币的商民共 24 家，发行总额为 20 100 文，户额不过 20 文②，流通于本埠。③

---

① 浠水县金融志 [M]. 武汉：湖北人民出版社，1993：20.

② 这可能是按该区域内居民总户数计算的每户平均数。

③ 吴宝鉴. 晃县市票流通始末 [A]. 新晃文史资料（第 2 辑），内部发行，1988：92.

但 1929 年后，龙溪口有些商民和摆杂货摊的、补皮鞋的和屠宰业等，本来就没有储备基金，也发行空头市票，致使物价飞涨（如表 5 - 1 所示）。

表 5 - 1　　　 1930 年 1 月至 1932 年 10 月末晃县龙溪口物价变动情况

单位：铜元文，%

项目	单位	1930 年 1 月	1931 年 1 月	比 1930 年 增加	1932 年 1 月	比 1930 年 增加	1932 年 10 月	比年初 增减
稻谷	百斤	11 543	13 145	14. 77	16 359	41. 72	15 375	- 7. 57
猪肉	百斤	33 342	39 267	17. 77	45 325	35. 94	45 879	+ 1. 22
岩盐	百斤	117 151	138 947	18. 61	159 654	36. 28	142 925	- 11. 7
煤油	百斤	50 848	67 716	33. 17	81 979	61. 22	75 829	- 8. 11
四印白布	丈	1 626	1 977	21. 59	2 146	31. 98	2 146	平

资料来源：吴宝鉴. 晃县市票流通始末 ［A］. 新晃文史资料（第 2 辑），内部发行，1988：93.

从龙溪口五种主要生活资料价格来看，以 1930 年 1 月市场价格为基数，1931 年 1 月和 1932 年 1 月分别增长 21.8% 和 42.4%。首先涨价最快的是煤油，1932 年 1 月比 1930 年 1 月增长 61.22%；其次是岩盐增长 36.28%。涨价最低的是四印白布，也涨价 31.98%。1932 年 9 月取缔市票后，10 月市场价格比年初平均下降 8.3%。五种产品中，有一种价格增加，三种价格下降，一种价格持平。

湖南省晃县龙溪口镇的市票取缔过程也是一波三折。

1931 年 4 月，湖南省建设厅和财政厅，分别向晃县县政府发出取缔市票的指令。县长李奉三于 6 月 14 日发出取缔市票的布告："限于六月底一律收回。"并责成商会于 6 月 30 日，召集各发票商店关于具结收回市票的会议。到会 61 户中，已具结盖章承认收回的有 34 户，银元票币 660 元，铜元票币 15 914 千文；已具结尚未盖章承认收回的 10 户，银元票币 300 元，铜元票 4 700 千文；具结除承认应收未收外，其余已全部收回的 17 户，铜元票币 3 330 千文。具结虽已签订，但市场市票流通依然如故。县长李奉三又于 10 月 30 日发出布告，重申禁令，限于 11 月 9 日前，全部收回市票。县政府于 12 月 29 日，布告公布违犯禁令的 32 户商民，罚银元 34 元，罚铜元 1 030.3 千文。虽有罚款举措，市票流通不但未减少，反而增加。1932 年 2 月至 8 月，又有 38 户商民，在印刷局印制银元票币 3 170 元，铜元票币 31 400 千文。其中，有 13 户曾因拒缴市票被罚银元 23 元，铜元 476 千文后，又重印银元票 1 000 元，铜元市票 10 166 千文，投入市场流通。由此观之，市票禁而不止的原因有二：一是由于交通不便，国家纸币流入极少，银元、铜元携带不便，加之军阀混战，兵匪一家，见银元不抢即拿。这样，市票在当时市场上起主导作用。二是市票是一种无信用保证的纸币，发行者无本生利，他们宁愿受罚，也不愿放弃印发市票。另外，监管者处罚太轻，致使滥发者违法成本太低，不能起到震慑作用。由于投放市票一本万利，不仅一般商户趋之若鹜，商会主要成员也乐此不疲。如商会执委王义昌，因拒缴市票而被罚铜元 20 千文后，又于 1932 年 4 月，印发铜元票 1 000 千文，投入市场流通。

鉴于此，县长李奉三于 1932 年 9 月 7 日，向县财政局长、总务科长、警察局长、常备队长发出"密令"："龙市各商店发出元钱票券之多，几乎不可稽考。迭经层峰严禁，并由本府切实取缔，而各该商家之印刷行使反日见加多，似此居心扰乱金融，社会受害，将至不堪设想。"要求政、警、军各方密切协作，对有商店流通市票者，严惩不贷。9 月 17 日，又发出《严禁行使市票的布告》，加之军警干预，市票的流通才告终止。①

如上文所述，民国各县政府常与县商会互为表里，联合发行地方票券，以谋共同的利益。但各地省政府对地方票券的发行态度向来明确，就是禁止。但省政府直属机构却常以其便利的条件申请发行特殊用途的货币。江西省建设银行发行的"筑路经费"铜元票便是此种类型。

江西建设厅长龚学遂向江西省政府会议提议云：查江西建设银行前请发行铜元票一案，经第 280 次省务会议交财政厅核议，嗣经核复呈奉省政府认为可行，并经前财政整理委员会复核，请仍照财政厅核议原案准予发行各在案。近因筑路经费十分竭蹶，只有倾建设银行全力为之周转，但该行一面固须周转建设经费，一面复须调剂金融。是该行所请发行铜元票一节，实属急要之图，拟请查照原案，准予该行暂先发行铜元票五十万串，以资周转，当

① 吴宝鉴. 晃县市票流通始末［A］. 新晃文史资料（第 2 辑），内部发行，1988：95.

经省政府委员会开 449 次会议决议，原则通过。俟由财政厅拟定发行铜元票暂行检查规则，提会讨论后，再行按照该规则办理。① 以上呈文，反映了政府对专项经费而需发行钞票的，可经相关政府机构议决通过后，准许发行。但对于市面所需的找零辅币，既无统计缺额，又一向由商会把控，因此要得到政府批准发行，是比较困难的。

1934 年，江西省财政厅订定办法廓清各县花票，并要求修水等县遵照执行。江西省财政厅"以禁止各县发行花票，业经三令五申，严饬遵行在案"。据观察员陈述查禁各县花票意见，特分别核示如下：

（一）各县公法团及各商店滥发花票，业经本厅通令各县严禁，并饬限本年二月底，一律收毁在案，遵限收回者，固属不少，而玩视禁令仍在行使者，亦所在多有。……

（二）修水各机关所发花票种类，如流通券、计条、兑换券、铜元票，不一而足，匪特扰乱地方金融，抑且妨碍币制，兹经本厅酌定各县及各特区公法团及商店发行之花票，无论有无基金，及用途如何，统限本年八月底，一律停止行使，即自九月一日起，实行兑现收回，限期两个月内，尽数收清，持票人得以随时向发行机关及商店兑取，不得以过期拒兑，如敢抗令，准即由县府按照章程罚办。

（三）据视察员称，各县僻乡保甲长及花生摊，均任意发行花票，殊属不成事体，各县对于禁令，未能实力奉行，已可概见，应由各该县局长督饬各区长，从严查禁，不得凭其行使，如县局长、区长办理不力，或有庇纵情弊，一经查出，县局长呈请严予惩处，区长咨民政厅撤职，甲长违禁发行花票，应由县局依法惩办，以期彻底禁革。②

如何看待上述"各县僻乡保甲长……均任意发行花票"之事？这要先了解国民政府"保甲制度"的推行情况。1931 年 5 月，国民政府在"剿匪区"内正式推出保甲制度。"寓保甲于自治之中"，实际是中央政府加强对地方控制的手段。由于国民政府不断推行"新政"和自治等措施，地方权力中心不

① 江西建设银行发行铜元票 [J]. 中央银行旬刊，第 4 卷，1932（8-9）：37.
② 财厅订定办法廓清各县花票 [J]. 经济旬刊，第 3 卷，1934（5）：58-59.

再是传统士绅，而是转移到新士绅手中。这里新士绅往往都是地方自治机构的首领，"包括县议事会议员、议长，教育、警察、实业、财务等局所的首领，商会、农会、教育会会长，地方保卫团局首领，种类区乡行政首领以及中小学校长等。传统士绅威望的资本主要是科举功名和作为致仕官僚的声望；而新的士绅则是一个权力群体，他们的基本身份特征是在现行公共组织机构中的职权，因此我们称之为新官绅阶层"。① 在保甲制度推行后，新士绅还包括保甲长等。因此，上述保甲长发行市票，也是新的士绅阶层把持地方财权的具体表现。新士绅阶层以各种社会组织为依托，借助国民政府保甲制的建立之机，居地方自治首领之位，谋取自身利益的最大化。这些公法团首领、各商会会长、同业公会会长及乡保甲长，都是新士绅的代表，他们与上级政府的关系既有矛盾，也有合作。保甲长发行花票，触及了上级政府的利益，自然要被"彻底禁革"。

1933 年，湖南省政府下令禁止滥发纸币，并订定办法十二条。要求各县政府，"会同所辖境内商会或区镇公务机关，查明公私发行之纸币种类及数目，按照……规定之期间，分别限令收回"。

湖南人民受纸币之祸极深。如从前湖南银行等，倒废票币数百万元不等。至于商人自由发行之市票，在汤芗铭督湘时代，本已禁绝。年来日久玩生，不独资本较大之公司商号，各自无限制地印发市票，甚至摊商、剃头店与住户等，也随意滥发。此外各县财政局、团防局、教育局、县政府等，每遇财政困难，即各发纸币，以资救济，致湖南全省纸币充斥，倒闭频仍，贻害社会，扰乱金融。如湖南电灯公司资本不过 20 余万元，发行纸币达 50 余万元之多。又和丰火柴公司，基金空虚，发行纸币也为一二十万元。何键为维持金融起见，特制定《湖南省禁发纸币暂行办法》12 条，通令全省遵行。除以后禁止发行外，其已经发行之纸币，则限六个月收回，其办法如下。②

第一条，本办法依照国民政府令准缓用之取缔纸币条例第二条及第六条之规定制定之。

---

① 魏光奇. 官治与自治——20 世纪上半期的中国县制 [M]. 北京：商务印书馆，2004：360.
② 湘省禁止滥发纸币 [J]. 银行周报，第 17 卷，1933（8）：7.

第二条，凡印刷或缮写之票币，不载支取人姓名及支付期间，凭票兑换银两、银元、银角或铜元者，无论用何种名义（如工资券流通券抵借券等类皆是），概认为纸币。

第三条，本办法颁行后，凡本省公务机关及银钱行号公司商店，非经财政部或本省政府核准有案者，不得发行纸币。

第四条，凡本省公务机关及银钱行号公司商店住户，在本办法颁行以前发行之纸币，除呈经财政部或本省政府核准有案者外，统限六个月以内，分期收回。

第五条，凡本省境内公私印刷局所，非呈经本省政府核准有案者不得承印。

第六条，本办法颁行后，除省会由财建两厅会同查禁外，各县责成县政府，会同所辖境内商会或区镇公务机关，查明公私发行之纸币种类及数目，按照本办法第四条规定之期间，分别限令收回。

第七条，凡违反本办法第三条、第五条之规定，及超过第四条规定之期间者，科以五十元以上三千元以下之罚金。

第八条，凡受前条处罚后再犯者，得停止其营业。印刷局所得扣留印刷器具或没收之。

第九条，本办法颁行后，各县县长有奉行不力者，得提付惩戒。

第十条，各县政府按照本办法第七条所科之罚金，得提百分之五十充查禁纸币之办公费，其余百分之五十应专案呈解，取据备案。

第十一条，本办法未尽事宜，得提经省政府委员会议决修改。

第十二条，本办法自省政府委员会通过后公布施行。①

由上可知，此办法规定，在省会由财建两厅会同查禁，其他各县，都是由县政府会同辖境内商会或区镇公务机关，负责执行。如上文所述，"各县财政局、团防局、教育局、县政府等，每遇财政困难，即各发纸币，以资救济"。在省财建两厅的命令下，各县不得不将自己所发的纸币限期收回。这其中亦不乏有商会等社会组织印发的纸币也在禁止之列。

---

① 湘省禁止滥发纸币［J］．银行周报，第17卷，1933（8）：8.

　　察哈尔省财政厅，据商业钱局呈请，训令涿鹿县政府取缔商会流通券。

　　据察哈尔省商业钱局经理郭肇峰二十六年（1937 年）三月二十一日呈称："案据职局涿鹿县办事处主任曲述章函称：涿鹿县商会于民国十五年曾经发行流通券额五万元，现在市面行使者计有四万余元，等情并附来铜元票六张，计共二百五十枚到局，据此查各县商号印发钱票已以商会发行铜元票，早经悬为厉禁，业经钧厅通令各县，所有发行私票一律限期收回，遵照在案，兹查涿鹿县商会所发铜元票仍在市面行使迄未收回。去岁年终更又印发新票，似此不惟有违功令，且妨害币政统一，再查该县商会对于该项铜元票，既无准备基金，更应令饬收回，以免贻害地方，所有取缔涿鹿县商会铜元票缘由理合，连同铜元票六张计二百五十枚备文呈请钧厅鉴核准予令行，该县转饬遵照实为公便，附铜元票六张。"

　　察哈尔财政厅在接到商业钱局呈请后，进行了调查。同年 4 月 6 日，察哈尔财政厅向涿鹿县县长发出训令："据此查，各县商号印发私帖，本厅迭经严令取缔，并限期收销在案，该县商会发行之流通券，不惟未曾设法兑收，反继续印发新票，似此玩视功令，殊堪痛恨，令行令仰该县长迅即转饬该商会，务于最短期间之内，将发行之流通券，无论新旧悉数收回，逾期即不准有该项票券流通市面，以资根绝，而重币政，并将办理情形报核，切切，此令。中华民国二十六年四月六日。厅长杨慕时（印）。"① 从上文"查涿鹿县商会所发铜元票仍在市面行使迄未收回"可知，商会铜元票的查收过程是相当不顺利的，造成收回限期一再拖延的重要原因，县政府及地方商会等组织的消极抵抗是不能排除的。

　　（二）下情上达之受阻

　　商会、同业公会等社会组织还是下情上达的重要渠道，尤其在地方经济出现危机的时候，商会及时传递市场行情，并提出可行的方案，为政府决策提供参照。

　　民初，赣省官票发行之始，因"申之以信，犹能一律通用"，且"公私交

---

　　① 财政厅令涿鹿县政府案据商业钱局呈请取缔商会流通券［J］. 察哈尔省政府公报，1937（1059）：15.

利"，市面"尚可以相安"。但此后官票滥发，物价飞涨，商民交困。1915 年
3 月，赣省商会上书赣省巡按使及财政厅，详述官票滥发致使民困的现状：
"惟自纸币滥行，现款渐为官票所吸，持票兑现准备无金，而信用失征。钱改
洋票，无销路，而信用再失。昔之官票周转极于八十一县之区，今之宣环而
集于省城一隅，不能出于百里之外，票集愈多，现银愈缺，需现愈急，票价
愈低，而各种货物又多以银购来，以钱卖出，夫银贵则票贱，票贱则物昂，
此相因之理也。"所以商会向省厅提议："为根本计，首在收回纸币，以利民
商；为辅助计，必酌发流通券，以活动金融；为治标计，必定征洋，适中价
格。"① 但赣商会"妥筹良法，以维市面"的建议，并未得到赣省官厅的有效
回应。

　　到 1915 年 11 月，赣省官票低落市面恐慌如旧。于是赣商会再次函致巡
按使，痛陈"官票低落，百物昂贵，工商罢工，人心摇惑，地方大扰，险象
环生之情形，请速筹办法，以维现状，而安人心，乃官厅计，不出此迁缓延
误，致成目下最恐慌之险象"。但商会之条陈，并未引起省厅的重视。《大公
报》载文直言"官厅办事之迁缓"，并痛批省厅不作为，"此乃官厅并不先事
预防，妥拟善后"。不得已"商会已电致中央，呼吁请命迅予维持"。此时赣
省巡按使戚扬感到事关重大，方电话咨询商会，并派人"赶发一电，略述本
省金融，虽有恐慌之象，地方尚属安静，现正筹商维持等语，以安中央"。对
省厅的态度，《大公报》文章感叹："此事何等重大，轻则国库有损失之虞，
重则地方有扰乱之忧，乃长官竟视若无足轻重若此，呜呼！"之后迫于压力，
财政厅长濮良至特委南昌、新建两县知事，赴商会筹议办法。"谓官厅拟于漕
款内，暂借二十万元，为短期借款，以救目前之急，至大借歀非先筹抵押的
歀，万难向中央启齿，其漕款两月后仍须解并。各商切不可再说官票，以期
互相维持，否则查出，必干重咎。"② 省财政厅对上敷衍、对下傲慢的态度，
昭然若揭。到 11 月 22 日《大公报》续文："赣省官票跌落金融恐慌，商会曾
一再呼吁，恳予维持，事隔多日，迄无救济办法。虽奉政府批复，亦不过空

---

①　赣商会条陈维持市面办法 ［N］. 天津：大公报，1915 – 03 – 12 (9) .
②　江西金融恐慌之情形 ［N］. 天津：大公报，1915 – 11 – 02 (10) .

文相慰，殊无补于事实也。"原来，其时"江西财政厅长濮良至，已有命令，解职调京交部察看""而其后任之厅长，又获罪以去"①。至此，江西官票低折与整顿一事便无果而终了。

重庆市总商会向政府呈请铸造合法银元又是一例。1928 年 10 月 22 日，重庆市总商会召集各帮会议决定：请政府铸造合法银元，由总商会设化验鉴定所，监督铸造成色；划条照旧在二十一军防区各县行使，不得折扣，但比期只在收交抵解后找补现金，不能补水。重庆银钱业行使划条约 30 年，一直是见票即照数付现银或现洋。近因划条不能取现而发生补水，每千元取现金要补水一二十元，市民强烈反对。②

作为下情上达的中转机关，商会、同业公会一方面接受来自各商民的反映，另一方面再将下情转呈有关政府。但在传递不畅或得不到满足答复的情况下，商民有时还直接上告省财政厅。"昌黎县公民代表谢铭勋等，因该商号滥发纸币，于昨来津禀请财政厅，饬县严行取缔等情，奉批呈悉，该县商号滥发纸币，上年曾据公民王承修等联名具呈，当经令行该县认真取缔在案，商会既握阖邑商业枢纽，即有维持市面责任，尤当以身作则，先从自设行号入手整顿，以为各商之倡着。如来呈所为，会长马庆旸，因自设各号，资本不多，滥发凭帖，以致久远功令，如果属实，殊属不知避嫌，仰候令行该县查照前令，严督商会认真办理，以维金融而符法令云云。"③ 这则"越级上告"的状纸直接起诉的就是商会本身，告其"滥发纸币"，自然不可能通过商会来从中传递了。但告发之后的下文，便不得而知了。

商会等组织还为争取国内民众的权益而多方奔走。在俄国十月革命前后，卢布遭遇严重贬值，商会力争赔偿而无果。1916 年前后，票面额很大的俄钞卢布，由于旅蒙商的传播，大量流入市内，后因外蒙独立，中俄绝交，俄钞无处兑换，成了一堆废纸。在中俄交涉时期，归绥商会曾将它的流通数字，分别统计，报请中俄交涉使公署向帝俄代表提出赔偿的交涉。经过几次谈判

---

① 赣省收回官票之条陈 [N]. 天津：大公报，1915 - 11 - 22（7）.

② 田茂德，吴瑞雨. 民国时期四川货币金融纪事（1911—1949）[M]. 成都：西南财经大学出版社，1989：83.

③ 请禁滥发纸弊 [N]. 天津：大公报，1920 - 11 - 29（9）.

都无结果。① 历史证明，没有强大的政府，人民的利益就不可能得到有效的保障，也使商会的努力付之东流。

（三）弹压与对抗

中央与省政府，省与县在货币发行问题上交织着利益的合作与冲突。针对地方政府的发钞，中央政府及省政府总是要竭力反对并加以弹压的。为了维持自身的利益，地方势力也总是以各种方式进行对抗。

1929 年，湖北宜昌市票被查禁，商会竭力拦阻。由于市票，是白纸生息，无本得利，纠纷不断，扰乱金融，民愤很大。从宣统元年到民国时期，当局曾多次行文查禁取缔，但禁者自禁，行者自行。1928 年 9 月 18 日，湖北省财政厅厅长张难先在专为取缔宜昌宏裕等三行庄发行无息存单，而写给省政府的报告中声称："查宜昌宏裕、聚兴诚、裕宜各银行（钱庄），时有无息存单流通市面，吸收现款。……各该银行（钱庄）不特巧立名目扰乱金融，且吸收现款，贻害市面，应即会同宜昌县县长评实查明，从严取缔。"1929 年 3 月，省财政厅为整理鄂西市票，专函省银行在宜昌设立分行，推销省钞，收回市票。但宜昌县商会极力抵制清理，商会主席李申元在给省财政厅的报告中申述：发行公济票，是为了应付军饷，维持国家信用，增发公济票是为了以新换旧；商会设庄开典是为了弥补基金不足，减轻商团负担；公济票系商帮组织发行，非个人发行所比；公济票的发行有利于支持地方建设事业的发展等。凡此种种虽然省财政厅均一一驳回，清理仍然被拖延。

1932 年 11 月 17 日，《宜昌快报》报道："访此间县政府，昨为本埠市票虽经年来听令从严取缔，而延迟到至今，仍有少数未收清。特再令公济、裕宜、均益三家，限今年底无论如何务须收清。以符合政令，而归划一。致取收之票，仍须按时缴呈来府当众焚毁以绝根蒂，而免长期拖延。"1933 年 7 月 5 日，省财政厅长贾士毅在给省政府的报告中还称："查宜昌等县或因军事借垫或因团费用挪用，以及其他种种特殊原因，市票一时遽难收回。亦多在设法清理尚需时日。"一直拖延到 1935 年实行法币政策时才基本收清。但是县

① 贾汉卿. 归化金融史话［M］. 中华文史资料文库·经济工商编：第 14 卷，北京：中国文史出版社，1996：303.

商会发行的公济票中仍有一部分铜圆券没有兑完。①

1921—1930 年，湖北安陆县各商发行市票较多，商会也参与其中。其间安陆县先后有青龙镇李万顺、黄远记杂货铺，王店街的彭恒顺、浐水港的鼎千恒粮行以及商会等私自印发铜元票一串文、二串文、十文、百文等投入流通，可持本商号市票到其货店购物或照票面兑取现金。② 由于市票发行泛滥，充斥市场，造成金融混乱。1929 年 6 月，湖北省财政厅下令各县严行取缔，但因官商串通，禁而不止。1933 年 11 月 29 日，省财政厅根据当时情况拟定《关于整理各县金融取缔市票，代以银行货币的报告》，呈报湖北省政府照准称："近几年以来，各县市票，遵令禁绝者固有，而迁延时日，迄未肃清的仍然不少，其原因虽由于县长奉行不力，因循玩忽所致；重要症结，因通货缺乏，难资周转，以致禁令迭颁，收效甚微。自应一面筹款限期收兑；一面推行各银行纸币，以资代替。"县政府奉令照办。本县商民喻万新擅自发行市票 3 万串，因发行过量，到期无钱应兑，丧失信用，人民群众恐其倒塌，争相挤兑。县长汪龙蟠久拟取缔，喻万新老板喻光熙系商会主席，碍以情面，未作追究，眼看挤兑风潮迭起，群情激愤，故亲自带队查封喻万新房屋，将喻下狱，令其应兑。但仍有些市民、农民未得到兑现，深受其害。直到 1935 年币制改革，法币占领市场，市票才得禁绝。③ 湖北远安县长汪龙蟠大力查禁市票，县商会主席喻光熙竭力袒护，消极执行上级禁令。

在上级政府下令禁止地方私票的过程中，当地商会常想方设法敷衍了事，找种种理由暂缓执行。1924 年曲阳县长与商会决定该县出钱票的商号要取得铺保两三家，纸币盖上商会图章即可发行，钱票由铺保和商会共同负责。同年 5 月，直隶财政厅下令该县收回私票，但商会以该县地处山麓，地劣民贫且私票流通情况尚好为由请示暂缓收回，当时该县城镇有私票发行 40 多万吊，合大洋十八九万多元。④ 地方商会的做法，也反映了他们的利益与上级政府是相矛盾的。

---

①　宜昌县金融志 [Z]. 内部发行，1990：25.

②　安陆县志 [M]. 武汉：武汉出版社，1993：381.

③　远安县金融志 [Z]. 内部发行，1990：14.

④　戴建兵. 近代河北私票研究 [J]. 河北大学学报（哲学社会科学版），2001（4）：34.

1918—1931 年，湖南省许多县发行"市票"，商会也发行"商会票"。再被政府取缔停止流通后，市面出现更加混乱的局面。市票是泛称，不仅指由县政府及其下属发行抵借券、田赋券、流通券等，也指私商发行的铜元票、工资券、煤斤券、竹牌券等，还指由居于官商之间的商会发行的"商业流通券"等票券。

民国初年的祁阳县，自 1918 年至抗战时期，就行通过上述三种票券。1918 年，县商会会长黄子珠，以商会名义发行一种"商业流通券"面额为铜元十文、二十文、五十文三种。国民政府曾三令五申取缔市票。"商业流通券"一直未兑现，老百姓纷纷请愿，要求县府促其兑现。1925 年祁阳大旱，粮食歉收，米珠薪桂，民不聊生，在社会舆论的压力和县府的督促下，黄子珠从湖区运回大米五船，在火神庙（现祁阳饭店所在地）筑台出售，凭"商业流通券"购买，老百姓兑现心切，不管贵贱，争先恐后抢购，将庙门两侧一对几千斤重的石狮子挤倒。缺乏劳力的老人、妇女只好望"粮"兴叹，不敢去挤，大米售完，票币停兑，不少持券人没有兑现，怨声载道。至此祁阳县商会"商业流通券"在收兑前，流通达 7 年之久。此后，祁阳县市票进入了完全自由发行状态。"1931 年前后，祁阳县市票达到高峰。钱庄、公司、商业团体、商号、甚至小商小贩都发行市票。"①

国民党湖南省政府取缔纸币政策：国民党当局为了统一币制，整顿金融，曾三令五申取缔市票。1920 年 6 月 27 日，湖南省发布《取缔官商银钱行号发行纸币条例》，民国二十三年（1934 年）国民政府制定禁发纸币暂行办法，实行查禁措施。1938 年，湖南省政府又制定《本省取缔私钞办法》十条，明文规定缴回私钞，由县市和省银行机构会同公法机关当众烧毁。②

清末民初天津钱帖自由发行，官方禁止，但惩罚不力，效果不佳。民初天津市面通行的"钱帖"，概由民间自由发行，官方并不禁止和限制。钱帖充斥，物价上涨。"官方得讯，出示禁止，便好一阵子。日子长了，故态又萌。""有的出帖铺受到挤兑，一时不能周转，被迫倒闭，民间便受到巨大损失。倒

---

① 陈金华等．民国时期祁阳流通的市票［M］．湖南金融百年，长沙：岳麓书社，1999：136.

② 陈亭琼、周定富．建国前在祁阳流通的市票［A］．祁阳文史资料（第 5 辑），内部发行，1988：117.

闭的钱铺，只不过把掌柜的传到县衙，申斥一顿，打十记手板，恳请取保释放，自行清理外欠。如此而已，没有再重的处罚。"①

江西省吉安县商会呈请发行铜元票，但遭到江西省政府否决，并下令收回销毁已发行者。1933 年 12 月 23 日，江西省政府向全省商会联合会发出指令《否准吉安县商会发行铜元票并应收毁已发行者》，全文如下："呈一件为准吉安县商会代表万勋祥函，以加印新铜元票，请转呈准发证明文件等由乞鉴核示遵由。呈悉，案经饬据财政厅呈复称"："……查吉安商会发行铜元票，已属有违禁令，乃行使日久，不唯不设法收毁，兹竟藉剿匪军队过境，便利军用为名，自派代表来省向金星石印所订印新票，呈请核发许可印刷所新票之证明文件，殊属不合。现在吉安已设有裕民分银行，该行所发各种辅币券，早已流通市面，周转自无不便，拟饬县查明该商会已发行之铜元票数额，依照本厅颁发取缔花票办法，勒限于最短期间，扫数兑现收回，缴县销毁，以免紊乱地方金融，奉令前因，除令吉安县长遵照办理，并转饬商会取消订印新票契约，暨令省会公安局严饬金星石印所不得代印该商会新票，致于罚办外，理合将办理情形，具文呈请钧府察核。"②

1932 年，根据《中央银行旬刊》载，河北省实业厅取缔行唐县商会擅发角票。"河北实业厅前据视察员呈报，行唐县商会擅发角票，特训令该县，略谓查该县因组织同业公会发生纠纷，尚未解决。乃竟遽组商会已属不合，且又未经呈准，擅发角票，尤属故违法令。仰即严饬制止。并限期兑现，赴日收毁，以重功令，并将办理情形具报为要云。"③ 同一时期，河北省财政厅曾多次训令，要求各县及商会等基层组织停止发行钱票等纸币。但从上面材料看出，河北省（可能还有其他省）对地方商会、同业公会等社会组织的管理，并不统一，而是多头管理形式，这不免会造成监管上的混乱。

由于经济发展区域差异较大，发达地区银行林立，欠发达地区"向无银行银号"，一般交易与汇换，只能由殷实商号代替。法币改革后，实际废两改

———————

① 李然犀. 清末天津"钱鬼子"揭秘 [M]. 文史资料存稿选编精选 (8)：旧时经济摭拾，北京：中国文史出版社，2006：109.
② 否准吉安县商会发行铜元票并应收毁已发行者 [J]. 江西省政府公报，1933 (73)：48.
③ 河北实业厅取缔行唐商会角票 [J]. 中央银行旬刊，第 4 卷，1932 (8－9)：37.

元，不仅打击了钱业，也给严重依赖钱业的地方经济造成重大损失。1935 年法币改革后，"以中央、中国、交通三银行钞票为法币，其他各银行钞票限期收回，辅币则纸现两用，纸币自一角至五角不等，现币分铜质、镍质，铜质有半分、一分两种，镍质有五分、一角、二角三种。铜元票自十枚至一百枚不等。至于存款放款汇兑机关，向无银行银号之设置，此项交易与汇换，概由殷实商店为之。在铜元纸币盛行时，则钱庄填街塞巷，几如林立。至禁止擅发私钞后，即陆续倒闭殆尽。金融之滞塞，亦大概可知矣"①。作为钱业组织的同业公会，为寻求自身的生存权，不免要进行拒理力争。

西安市商会就曾与当地政府进行正面对抗。商会、各行业公会是商号自治组织，本以维护各商户利益为要旨，但某些时候他们给商户派款、收款、交款，倒成为主要工作。以西安商会为例，抗战初期，虽有派款尚不太多，到抗战后期，派款名目繁多。据不完全统计，派款名目可达 34 种之多，如陕西省赈济会救济费、伤兵之友社费、豫黄灾捐款、河防工事借款、鞋袜代金、核心工事运输费、冬季救济费、鄂灾军费、永久工事费、盟军慰劳费、药品劳军费、青年节费、捐款军鞋款、慰劳将士捐款，等等。有些确为抗战及救济所必需，但不排除假借这些冠冕堂皇的理由，以发国难财为目的。如 34 种派款费中就有"领袖寿辰筹备金经费"等，真让各商户不堪重负。熊斌主陕时（1941 年 7 月至 1944 年 3 月），因派款有黑幕，商会曾予抵制，故熊借机将商会会长张玉山押在新城，后经各行业公会到商会请愿，并经商界各方介入交涉，才将会长保释出来。②

地方组织发行的纸币并非一概遭到上级政府的反对，有时也会得到省政府、县政府的批准。自贡商会流通券和荣县商会辅助券就是如此。1935 年 4 月，自贡市商会呈请四川省长行署批准发行流通券 50 万元，由省行署派员监督，限以行使 6 个月收回销毁。后自井、荣县、威远县各货帮及公民惧其扰乱金融，易生流弊，纷纷具呈，恳请省长行署收回成命，即于 10 月令商会收

　　① 宋宪章等修，于清泮等纂.民国《牟平县志》卷五［Z］.政治志，实业，民国二十五年铅印本。

　　② 剧位亭.西安市商会、同业公会概况［M］.中华文史资料文库·经济工商编，第 13 卷，北京：中国文史出版社，1996：583.

回流通券，其已发行的 54 832 元限于 10 日内如数收回验销。① 荣县商会辅助券：1933 年，荣县市面交易现钞缺乏，找补困难，纠纷常起。县中机关法团会议议决，由商会印制毫洋银票一角、二角共 1.5 万元，以解燃眉之急，将来仍由商会兑现收回。②

总之，以商会为代表的社会组织在与政府打交道的过程中，并不是以平等的姿态出现，而是以下级对上级的身份出现，或以建议者的态度，或带乞求的姿态。"多数资产阶级及市井之徒没有豪气干云的政治激情，他们与当局的博弈并不极端，只是希望做些通融，甚至交换。同业公会往往凭借其经济地位与政府周旋，绝少正面冲突，绵里藏针般地维护着自身利益。"③

二、官票与商会票信用上的差异

民国官票与私票长期并存，时而对垒，时而互补。实际官票与私票在其本质属性上是不同的：官票有强制属性和财政属性；私票有经济属性和社会属性。④

从湖北市票泛滥与官票失信之间找到某些联系。市票泛滥最严重的时候是 20 世纪 20 年代中后期，这与当时特定的货币历史条件有关。在 1927 年以前，湖北境内合法的流通货币主要有 4 种，即银元、铜元、官票和"汉钞"（银两主要用于大宗交易，20 年代以后市面较少）。1926 年以前，铜元及官票币值直线下降，1926 年秋至 1927 年秋，官票及中央、中国、交通三行"汉钞"的信用接连塌台，使广大民众对所谓合法的货币失去了信任。同时，由于连年政局动荡，天灾人祸频生，地主、商人等富有者往往将现金埋藏或转移到安全地方，以免损失。于是又造成现金匮乏。由于民众对合法货币失去了信任以及大量的合法货币退出市场，这就给市票的泛滥提供了适宜

①　自贡市金融志 [M]. 成都：四川辞书出版社，1994：67.
②　自贡市金融志 [M]. 成都：四川辞书出版社，1994：69.
③　樊卫国. 论民国上海同业公会的"政治行为" [M]. 徐秀丽，郑成林. 中国近代民间组织与国家，北京：社会科学文献出版社，2014：163.
④　陈晓荣. 钱票泛滥对民国金融体系的影响研究 [M]. 北京：中国社会科学出版社，2015：54.

的土壤和环境。① 政府监管是外生的大环境；商号牟利是市场的内生机制，如果没有市场主体的需求和接纳，只凭图利是不可能解释市票泛滥而久禁不止的。

20 世纪 30 年代，江西吉水县钱庄发行的铜板票，在市场上颇受欢迎，甚至比官票更有可信度。

江西吉水县政府的临时流通券，于 1934 年开始发行，以铜元计值，券面额有十枚、五十枚、一百枚三种。后因物价波动而贬值，失信于民而废止。八都圩"协丰厚"，是一家漕坊杂货店，1934 年，经向县政府申请，核准发行 3 000 元银元的铜板票，在仁寿区境内流通。其面额有十枚、二十枚、五十枚、一百枚四种。兑换银元的比值是每 320 枚铜板票兑换日本龙洋 1 元；310枚铜板票兑换袁世凯头像、孙中山头像银元或船板银元 1 元；290 枚铜板票兑换英国或墨西哥银洋 1 元。1945 年，国民政府发行的货币严重贬值，不及铜板票信得过，县政府通知该商号限期收回铜板票，在八都圩上当众焚毁。1947 年底，该商号因严重亏本，债台高筑，自行倒闭。阜田圩"金泰"是一家布匹百货店，1934 年经县政府核准发行 2 500 元银元的铜板钞票，在阜田、枫江境内流通，其面额、流通、比值、信誉和收回情况，与八都圩"协丰厚"基本相同。② "盖出帖商家亏倒情形，又不藉帖为牟利之具；官银号则不然，专用纸币以营各商业，卒因滥发无度，酿成外人兑现风潮。"③

再以河南省为例，河南省官钱局发行的钞票与内乡县等地发行的"土票"相比，后者信誉远胜于前者。

豫泉官银钱局发行各种兑换券在河南省流通较广，但豫泉官银钱局发行准备严重不足，1913 年 1 月前，发行各种票额合银约 109 万两，现金准备合银 15.6 万两，仅占发行额的 14%。其他不动产和抵押品等保证占 31%。北洋政府曾于民国初年禁止地方发行纸币，但河南当局表面上接受财政部派来的监事官，实则发行并未受到约束，发行准备也未得到改善。由于大量增发不兑现的兑换券，造成豫泉钞严重贬值，挤兑风潮迭起。豫泉官银钱局失去信

---

① 张通宝. 湖北近代货币史稿 [M]. 武汉：湖北人民出版社，1994：102.

② 吉水县志 [M]. 北京：新华出版社，1989：240.

③ 奉省整理金融记 [N]. 天津：大公报，1918 – 08 – 20 (3).

用，于1923年倒闭。所发兑换券滞留市面，后经财政厅竭力整理，许诺凡有岳飞像的豫钞兑现，实则收回一部分，其余悉成废纸（见图5－3）。①

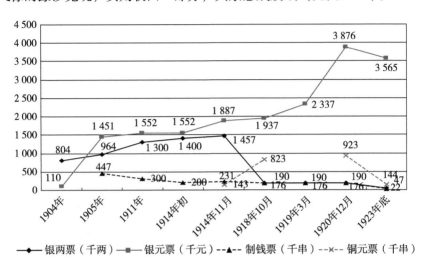

资料来源：河南省志·金融志［M］. 郑州：河南人民出版社，1992：73.

图5－3　1904—1923年河南省豫泉官钱局四种兑换券流通额变化图

如图5－3所示，1904年至1923年，河南豫泉官钱局发行的四种兑换券，流通额是指各该券历年发行额的累计。其中，银两票初期上升，自1918年后大幅减少。银元票则呈相反趋势，一直在大幅增加。作为辅币券，制钱票发行始终不多，且逐步减少；铜元票仅有三年发行，数额不多。

与官钱局兑换券对应，1935年法币改革前，河南省各县商会及资本雄厚的商号发行的"土票"，"流通于一定范围，能随时兑现，虽然加深了金融市场的紊乱，但也解决了商品交换中的一些困难"②。抗战初期，因法币辅币不足，河南不少县又发行了土票。此后河南省查禁下，到1942年底各县土票收回。在土票流通的较长时间里，影响较大的有内乡、镇平、淅川等县发行的土票最具代表性。内乡县土票由宛西地方武装司令别廷芳于1927年发行，以金融流通合作社和借贷所为发行机关。铜元票面额有十文、二十文、五十文、

①　河南省志·金融志［M］. 郑州：河南人民出版社，1992：74.
②　河南省志·金融志［M］. 郑州：河南人民出版社，1992：79.

一串文铜元券，银元票有一元、五元和十元券。内乡土票以一元券信用最好，与银元等价行使，可以流通和兑现，流通于宛西各县和许昌、漯河、老河口等地。镇平县土票由彭禹廷于1932年创办的农民借贷所和农民信用合作社发行。镇平土票除该县及邻县流通外，一度流通到西安、商洛、襄樊等地。淅川县土票于1930年由陈重华建立的农民借贷所发行，多为铜元券，在淅川县及镇平、内乡等县流通行使。与官钱局钞票相比，这些土票的流通信誉反而更佳，在其流通的有限范围内，更受民众欢迎。

1920年湖南《实业杂志》刊文《金融问题与商会》，指明由商会代兑新币，然政府不自信，搭放二成收受，致使新币每况愈下。

规定代换铜元办法：总商会承新币经理处之请托，凡各大商家所存新币，请由商会代收，送交新币经理处发给造币厂铜元信条，由各大商家偕同商会派员直接向造币厂领取铜元，以免拥挤，已见昨报。兹各大商家送新币往商会者络绎不绝，手续纷繁，昨由商会拟订兑换铜元规则数条于后。"（一）凡缴票者，以一百串起码，但均须或成四百或六百串，以便装成整箱，分送各处。（二）凡缴票者，每元须予缴手续费铜元一枚。（三）取铜元时，由各业推举经手一人，日将各店收条汇齐交会，另换总收条。（四）由各业经手人于本日早到会，同往造币厂领取铜元，经送各业公所分配。（五）会中分送铜元另立脚簿，由各业公所盖印，以便换回总收条。"①

钱业公所函述痛告："钱业公所函商会云。敬启者，自本月代兑新币处票币以来，同业所受影响不小，不特店夥时有打伤情事，甚有本店自身之铜元，即悉数提出兑换，亦不能了事，领箱倒箧，恣意搜寻，什物器皿，亦被捣烂，长此以往，则人皆视新币为毒蛰。遭受其害者，尤以敝业为甚。现在此项铜元，无人承领，既无人尽代兑之义务，又何敢受代兑之风潮。此种情形，则祈贵会呈请省长，力予维持，俾免商界及平民等，受此痛苦，则大局幸甚，不深感佩之至。"②

请饬榷局收受新币："商会呈省长云，为呈请事，窃本会前为推行新币起

———————————

①　金融问题与商会［J］. 湖南：实业杂志（第36号），1920：4.

②　金融问题与商会［J］. 湖南：实业杂志（第36号），1920：4.

见，曾据盐商人和裕等呈请钧署令饬榷运局一律照收嗣训令，以运商资本，原系现金，断难收受票币，饬照榷运局所拟，除正税外军费等项，搭收二成等因，仰见维持新币之意，惟是搭收限于军费，为数又只二成，虽收与不收等，是以近日以来，新币停滞，几有每况愈下之势。夫纸币为现金代表，诚能流通无阻，人民且乐于用纸而不乐于用现，所虑者政府对于纸币，先存歧视之心，凡征收机关，未能一律收受，则政府既不自信，斯无怪人民之不相信矣。淮商购盐须用现金固已，然亦思各商办货或申汉或川广，何一而非现金乎。同一商人，同一血本，在淮商不能收受票币，在各商独应收受票币乎？要之纸币与现金是二是一，但使政府不自认为无价值之物，新币处有兑榷运局满收，则纸币即现金也。淮商得之无异得现，汇汉汇申，无之而不可。又何必斤斤于购盐之必用现金乎？纸现看透，成见化除，纸币断然不能流通之患，拟请令饬榷运局迅将搭收二成一议取消，不分纸现一律收受，如此则新币价值，必将聚增，市面通行，断无阻滞，于公于商，具有裨益，是否有当理合，呈请钧座鉴核示遵云。"①

由此可知，铜元票兑现时，由商会汇总各业之票，集中兑现铜元，并收取一定的手续费。商会如同早期的票据交换所了。此三则呈文，实为一件事，但反映三个阶段的事：商会代兑新币、钱业公会遭遇挤兑、商会呈省长"取消二成搭放"，请求政府"不分纸现一律收受，则新币价值，必将聚增，市面通行，断无阻滞，于公于商，具有裨益"。这是问题的关键，但政府无法做到，为何？明摆着这是财政性发行，结果必须是通货膨胀，政府心知肚明，所以它怎么可能作此承诺呢？

哈耶克认为，历史上大多数人对纸币是不信任的，但这种不信任基本上是冲着政府发行的货币而来的。"因为人们受到强制而不得不接受因而流通起来的货币，是完全不同于那些因为人们相信其发行者会保持其稳定因而逐渐接受的货币的。"前者指滥发无度的官票，后者指保持信誉的私票。私票被指责为"扰乱金融""贻害市面"，政府要严加取缔。因此，哈耶克指出，"被

---

① 金融问题与商会［J］. 实业杂志（第36号），1920：5.

人自愿接受的纸币，不应当蒙受政府带给纸币的那种恶名"。①

第三节 权力结构与货币结构

民国币制的混乱状况是空前的，一般称为"多元本位制"。要考察币制乱象的根源，就不能从币制本身去探讨，而必须从权力结构中去寻找答案。只有对币制混乱背后的权力结构进行深入剖析，方能找到币制纷乱的本质。马克斯·韦伯说：经济史对于并非经济性质的诸要素，也不能不计及，如宗教要素，追求权力的政治要素，以及追求荣誉身份阶层之利益等要素。② 民国早期的军阀割据和后来的政治上的不统一，形成了中央与地方的权力分野。与此对应，民国货币体系也存在着上下分层的结构，即官票与私票的对垒。

一、民国时期乡村权力结构及其演变

费孝通认为，近代中国在乡村一级，存在着以"绅权"为标志的乡土秩序，有别于以"皇权"为标志的国家秩序。也就是当时的中国存在"自上而下"与"自下而上"的两条政治轨道，前者指中央集权的行政体制对乡村社会的作用，后者指乡村社会通过绅士向衙门诉求利益、讨价还价、最终达成协议的"绅士统治格局"。政治双轨在乡村社会汇合和角力，乡绅与衙门相互影响和妥协，并非存在着"两种互不干扰的秩序中心"。

"从权力结构上看去，我们至少可从传统中国找到四种重要的成分，皇权、绅权、帮权和民权。"1948 年以前，费孝通着重讨论前两种权力；此后这个问题的探讨并没有深入下去。陈子明认为，帮权是民权的一种特殊形态，有时则是民权与绅权的混合物，并进而尝试描述皇权（国家权力、行政权力）、绅权、民权在乡土社会互动、结合、补充所形成的复杂治理格局。③

---

① ［英］弗里德里希·冯·哈耶克. 货币的非国家化［M］. 姚中秋译. 北京：新星出版社，2007：127.

② ［德］马克斯·韦伯. 经济与历史：支配的类型［M］. 康乐等译. 桂林：广西师范大学出版社，2010：28.

③ 陈子明. 陈子明文集（7）［M］. 中国香港：世界华文传媒出版机构，2010：341.

　　晚清民初，在乡村治理问题上，如费正清所说，地方管理在收捐征税、建筑公共工程、应付水灾饥荒或早期叛乱以及众多的次要案件时，都要依靠士绅的帮助；同样，士绅也给农民作中间人，帮助减轻此官府的压迫。他们是贫民大众与官方之间的缓冲阶层。① 但陈子明认为，在官府与乡民之间，乡绅在大多数情况下都站在前者一方，这是由乡绅阶层的社会性质所决定的，即乡绅在礼仪、司法、徭役诸多方面享有类似官员的特权，而其乡绅资格、待遇完全是朝廷及官府赐予的。因此，传统乡土社会是"乡绅统治格局"，不如说是"官绅共治格局"。只不过官绅职责分工有的不同。地方官员侧重于司法、治安等强制性功能，乡绅侧重于正统意识形态的教化性功能，至于物质利益控制诸如社仓、社学等，则往往采取官绅携手、官督绅办的方式。官府在乡村的走卒实际上是"一仆二主"，既要向县衙负责，同时也要向乡绅负责。

　　在乡村自治的探索实践中，出现了几种不同的模式，如阎锡山的"村本政治"，梁漱溟等人的"乡村建设"等。下面试简要说明。

　　阎锡山的"村本政治"。阎锡山在山西主政时，别出心裁地提出了"用民政治"和"村本政治"主张。他说："我国后世政治，只求安民，不求用民。""用民的目的，在启民德，长民智，立民财。"所以他要恢复"先世"的"用民政治"，1917—1922 年，山西省署先后颁布《各县村治简章》《村编制现行条例》等一系列法则，在全国率先实行了县下区、村、闾、邻四级制。如何实现村本政治，阎锡山认为："村无活体之组织，民即无施治之实际。村禁约，村宪法也；村公所，村行政也；息讼会，村司法也；保卫团，村武力也。此活体之组织也。试行此种种者，即民治之练习也。但此尚是少数人，如欲使村中全民练习，非实行村民会议不可。"由一家出一人，组成村民会议，选举村长村副及村监察委员、息讼会公断员。② 此后，浙江、江苏等省也开始依照山西制度，设置了区、村、闾、邻等多级乡村基层组织。国民政府完成北伐后，于 1928 年 9 月公布《县组织法》，参照山西和江苏等省的做法，

---

① 费正清. 美国与中国 [M]. 北京：商务印书馆，1987：29.
② 李茂盛. 阎锡山全传（上）[M]. 北京：当代中国出版社，1997：236–266.

规定县下划区，区下设村和里，村下编闾，闾下编邻。山西模式对国民政府推行"县制"起到了示范作用。

梁漱溟等的"乡村建设"。1931 年梁漱溟创办了山东乡村建设研究院，先后在邹平县和菏泽县设立试验区。旨在建设一种中国化的地方自治，建设一种乡村文明。梁漱溟批评阎锡山的村政试验是失败的，原因是阎纯由上用力往下推，而不是靠自力自动为之。梁漱溟主张用"村学"和"乡学"，而不是"乡公所"和"村公所"。"我们村学、乡学的组织安排也用他力；可是只用他力以引发自力，此与山西村政只用他力而不知引发自力者不同。"① 在邹平是村学乡学，以一村一乡的人为主体，梁漱溟培养的学生只参加进去，村学完全由当地人组织并负责。在菏泽是乡农学校，校长和教员都由梁漱溟的乡村建设研究院派去，把一县分成若干乡，每乡设一个乡农学校，去作训练民众的工作。因此，前者更倾向于启发地方自治，而后者则更多的是凭借行政的力量去作社会改进。梁漱溟等人的"乡建"探索，对于后来民国政府制定"新县制"有重要的启发作用。1939 年颁布《县各级组织纲要》规定，由乡中心学校校长兼任乡长和乡壮丁队队长，由乡中心学校教员兼任乡公所各股主任及干事。② 显然，这是明确了用外面"安排"的人"凭借着行政的力量去作社会改进"，以代替本地人"靠自力自动"做地方自治。

国民政府容纳保甲于自治。早在晚清新政中的国家政权就有两种模式，一是赵尔巽的"山西模式"，二是袁世凯的"直隶模式"。山西模式利用地方上传统的权威结构，将地方上有威望的名流、绅士吸收到国家政权之中，而且在一定程度上抵制了国家权力的扩张，实现了地方自治。直隶模式则强调中央集权，袁在直隶建立巡警制度，从城市一直推广到乡村，正是利用巡警制度而使国家政权进入村庄。杜赞奇区分这两种模式意在说明现代化背景下由于强大的国家主义的意识形态支持了国家强权渗透市民社会，从而扼杀了保有地方社会自治的封建传统，也同时扼杀了资产阶级意义上的"市民社会"

① 梁漱溟全集（第 5 卷）[M]. 济南：山东人民出版社，2005：445.
② 张俊显. 新县制之研究 [M]. 中国台北：三民主义研究所资助出版委员会，1987：105.

在中国可能的前景。① 需要指出的是，晚清的"山西模式"在清末民初并没有维持多久，到阎锡山建设山西"模范省"时，已非赵尔巽"山西模式"的延续，而是袁世凯的"直隶模式"。蒋介石在 20 世纪 30 年代积极推行保甲制度，继承的正是袁世凯、阎锡山的衣钵。1935 年冬召开的国民党第五次全国代表大会通过《切实推进地方自治以完成训政案》，称今后的地方自治，必须采用"党治精神""由党部推动，由党员领导"。此后又通过了《地方自治法规原则》，规定"将保甲容纳于自治组织之中，乡镇内的编制为保甲"。② 遵照上述原则，1936 年 9 月立法院修正了《县自治法》和《县自治法施行法》。总之，所谓"容保甲于自治"，就是在地方自治的新名目下为旧时代的保甲制度招魂。这意味着清末民初乡村绅权自治趋向的大逆转和大倒退。③

从皇权不到县，发展到民初的自治，再到 1935 年后的保甲制度，中央政权下移，控制了地方，至此，中央完成了对地方的控制，即政治的一元化完成。

二、民国的货币结构及其演进

清末官方对钱票是听之任之和自由放任的。从民国初年到法币改革完成，是一个逐步禁止并最后完成的过程。到抗战时期法币的一统天下，银行业完成了中央银行法币的一元化。虽然其间由于抗战爆发和国内政局的复杂性，下层货币体系并没有完全消亡，而是有某种程度的"复兴"。但大趋势还是走向萎缩的，明显的证据就是，过去商号发行的都是大额主币，甚至银元票券，但抗战后期虽各地方政权及社会组织发行了大量的区域性货币，但都是小额辅币居多。

清江浦中国银行发行辅币券原委："江北各县素为钱票流行区，现在（1925 年）徐海属各县流行市面者，约计不下一千万串。发行之店铺大都以发行准备为营业之资金，营业发达则钱票随时兑现，自无问题；反是，则立

---

　　① 杜赞奇. 中国近代史上的国家与公民社会［M］. 汪熙等编. 中国现代化问题——一个多方位的历史探索，上海：复旦大学出版社，1664：57.

　　② 陈之迈. 中国政府（第 3 册）［M］. 上海：商务印书馆，1946：77.

　　③ 陈子明. 陈子明文集（7）［M］. 中国香港：世界华文传媒出版机构，2010：368.

时挤兑，商民受其损失。而商民仍乐于授受者，以江北生活程度较低，劳动界日食之需多以钱计，故无钱票亦觉不便，官厅之不能取缔亦以此也。……一角、二角最合社会心理，流行较广。"① 从后来的实践看，虽然中国银行、各省银行都发行钞票，但多以大面额为主，一元以下辅币券过少，不能满足市场需求。偏远地区，各行皆无分支机构，辅币券更是缺乏。于是一般商号便有了发行钱票的可乘之机，以弥补国币、省钞之辅币不足的空缺。

1919 年 8 月，《大公报》新闻："现闻平山县商会，以该县金融状况异常艰窘，为维持金融起见，派员李治卿来津，在北洋印刷局订印一吊纸票五万张，两吊纸票五万张，函请商会联合会转请实业厅，发给护照，以便起运回平，救济钱荒等情。实业厅以此项纸币系在取缔之列，当即咨商财政厅，复称平山县商会订印纸票各五万张，既非金融机关，又未声明筹有相当准备金，虽据称系为救济钱荒起见，与商家私票有间，但核与取缔纸币条例之规定，究属抵触，似未便遽予给发护照。如果该县市面实在钱荒，应由该商会筹集现金，呈由县知事转请就近平市官钱换领铜元票，运回济用，以资周转云。"② 从该则新闻可知，直隶省（河北）当时以商会为中心的垂直管理系统：财政厅和实业厅都对商会有监管之责；省地方辅币由平市官钱局发行，由县知事会同县商会就近请平市官钱局换领铜元票；商会有管理地方商业、金融之责，但不得发行流通券等票币。

施坚雅对中国经济空间和社会结构进行了分析，宋以后各朝，在经济、社会及文化的领域中，相对自主的区域空间体系渐趋成熟。在不同的宏观区域，社会经济的发展围绕的是相对独立于朝代政治首府的单一或多元的大型都会，以此为中心的社会经济发展周期具有鲜明的区域自主性。在广大的农村地区，集市（镇）的大幅度发展，为乡村的产品流通提供了区域性的网络，也为村落之间和宗族组织之间提供了社会和仪式活动的地方性舞台，而与政府分离的民间社团也围绕着经济的核心地点充分地发展起来了。因此，随着封建时代末期社会控制机构的发展，与区域自主的社会经济发展与国家一体

---

① 淮阴市金融志 [M]. 北京：中国金融出版社，2006：32.
② 发行纸币之核驳 [N]. 天津：大公报，1919 – 08 – 16 (10).

化的矛盾问题，也变得日益突出。① 施坚雅进一步指出，在近代中国的空间结构中，"我们可以区分两种等级体系，一种是帝国官僚为了区域行政而设置并调整的区系，另一种是首先经由经济交换而成长起来的区系，二者均属于核心地点的系统，并与地域制度密不可分。前一种区系反映的是'官方中国'的官僚结构，是处于行政地位格局的衙门和品官的世界。后一种反映的是中国社会自然结构，是退职官员、非官员地士绅以及名商支配的市场贸易体系、非正式政治以及隐蔽的亚文化的世界"②。

　　黄永豪认为，清末民初存在"官府与民间并行的二元货币体制"。"湘潭的白银供应不足是贸易增长之下的产物。""光绪年间湘潭白银通货的供应无法应付市场扩张所需，市场上流通白银严重不足，商人广泛依赖信贷。最早的信贷是白银票据，这是由于商号首要的问题是解决商号之间的贸易结算，而且商号之间早已有贸易往来的关系，发展出白银票据的信贷制度是顺理成章之事。"面对白银和铜钱的供应不足以应付市场所需，商人采用了与地方官府不同的办法，商人主导着金融活动，开发出小钱和票据的信贷制度。这种"铜钱体制逐渐变成由商人自行管理的地方货币体制"。"地方上其实存在两套货币体制：一套是官府发行的铜钱制度，但是这套制度面临铜钱荒的问题；另一套是由城市商号或钱庄发行票据，或铸造小钱并夹杂在铜钱中使用的货币制度，这套货币制度的信用其实是建立在商号或钱庄的经济实力和信誉上，虽然这套制度从没有得到地方官府的承认，但却日渐盛行，已慢慢在城市内'落地生根'，地方官府并没有过分干预地方的货币体制。""小钱制度被接受是由于市场上铜钱不足以应付日常需求，而当小钱的制度日渐盛行，则意味着铜钱将日渐退出市场，铜钱不足的现象只会日渐恶化。换言之，商人的货币制度正在逐渐侵蚀地方官府的货币制度，这已预示日后地方政府与商号之间在货币体制上的对立。"③

　　① 王铭铭. 走在乡土上：历史人类学札记 [M]. 北京：中国人民大学出版社，2003：147.

　　② Skinner G. William. Cities and Hierarchies of Local Systems, Studies of Chinese Society. Ed. Arthur Wolf. Standford University Press. 1974, p. 78.

　　③ 黄永豪. 米谷贸易与货币体制——20世纪初年湖南的经济衰颓 [M]. 桂林：广西师范大学出版社，2012：76.

黑田明伸认为，一般国家的货币体系中存在两种不同性质的货币。"一是在市场层次的上位和下位之间垂直的关系里，存在着产生非自发储藏的货币。二是具有某种空间的市场，与其内部和外部市场之间的水平关系中，稳定的内部货币需求，以及不时巨大波动的外部市场的货币进出，都存在这两种力量的角逐。"① 所谓"垂直的关系"就是建立在财政体系下官方货币，即法币或各级官票。所谓"水平关系"则指商业性质的钱票，作为商品买卖的媒价物存在。

综上所述，中央与省钞是货币结构的上层，县以下地方是货币结构的下层。在县城及乡镇范围内，形成乡土币制体系，也有上下两层的结构，即以县地方财政为核心的货币层面和以市场为核心的货币层面。

三、权力结构与货币结构的统一性

权力结构分上下两层，货币结构亦相应有上下分层，其两者是高度的一致性。但无论是权力结构的分层，还是货币结构的分立，都以社会组织居间为沟通的桥梁。

1914 年端午节前，因每年节日期间市场交易旺盛，为此湖南巡按使汤芗铭令湖南银行放款，以资维持。又闻有人在商会筹议发行流通票时，汤芗铭下令查禁该变相纸币："湖南汤兼巡按使，以阴历端节为商民归结习惯，恐市面有恐慌情形，已令饬湖南银行放歇，以资维持在案。兹乃有少数商人在商会私议发行纸币，巧立名目，称为流通票，不兑现、不折零，为商人借贷之资，永无兑期。事经汤公查悉，以此种票币，较之不兑换纸币，尤为离奇，将来收回之时，由何人兑付，何人可为担保，终归虚无，则与局骗何异？且商会系集合性质，只有会员并无财产，何得有发行票币之爰？待再为设法于商会之内，设一商务调查处，派财政司长为处长，警察厅长为副处长，长沙县知事为总检核，并选派地方公正绅耆在处经理，以期通达商情。如有资本充足之商家，金融偶滞致生危险者，除听其向湖南银行押借外，仍可随时呈

---

① ［日］黑田明伸. 货币制度的世界史［M］. 何平译，北京：中国人民大学出版社，2007：12.

报该处，一经查实，即行设法维持，以资周转。"① 须指出，此处商会应是长沙总商会，省府对省垣总商会的控制自然要超过其他偏远市县的商会。

从货币发展趋势看，随着中国近代化的发展和跨地区贸易的扩大，货币必须有统一和一元化要求。劳伦斯·怀特也发现私人银行券的发行不利于跨地区贸易的发展，因为"纸币带出可兑换区域将带来损失，出了区域纸币将被打折接受"②。

施坚雅还对市场在农村社会结构中的角色进行了系统的分析，传统中国的所有核心地点都可以依据经济功能界定的分立级序来比较。中国农村市场实际存在着三个等级格局，即存在着农村村落、集镇、大型集镇（中心市镇）之间的有序联系。③ 这为我们分析乡村交易市场的分层以及由此产生的特殊货币需求提供了依据。因为，在前述相关理论中提到，政府提供公共物品的缺陷，不仅有低效率问题（即政府失灵），还造成了"一部分人对公共物品的过度需求得不到满足，另一部分人的特殊需求也得不到满足"的"第二种政府失灵"。④ "过度需求得不到满足"即指乡村市场因季节性的交易特性而产生的货币需求的波动性特质，在既定的国家货币供给体系下是不可能得到满足的。而"特殊需求也得不到满足"，是指某些并非政治意义上的中心集市，却有大量商品交易的集散及吞吐量，也是政府以财政为核心的货币供给体系所不能满足的。

这就是民国时期在普遍的自治背景下萌生的自治货币赖以存在的政治和社会经济基础，也是自治货币体系（乡土币制）存在的合理逻辑。

劳伦斯在分析自由银行发行货币时指出："如果一家银行占总流通量的10%，它过量发行20%，则总的过量发行仅占总货币量的2%。多家发行通货使任何一家在流通中所占份额降低，因而限制了大规模过量发行的危险。""当单个的发行人占有100%的流通份额时，随机的大量过量发行的可能性就

---

① 湖南汤兼巡按使查禁变相之纸币 [N]. 天津：大公报，1914-06-01 (5).

② Lawrence H. White. "Competitive Money, Inside and Out". Cato Journal, Vol. 3, No. 1, 1983, p. 287.

③ Skinner G. William. Marketing and Social Structure in Rural China. (2 parts) Journal of Asian Studies. 1964—1965, 24 (3).

④ 王振海. 社会组织发展与国家治理现代化 [M]. 北京：人民出版社，2015：65.

最大。"劳伦斯还指出，由于是多数发行制，"一家银行倒闭影响是有限的"。① 在民国时期的多元币制下，自由发行制度的优势体现在，它不仅弥补了"政府失灵"的制度缺陷，而且还抑制了政府因滥发而导致通胀的可能。这也不失为一种市场与政府的互补效应。

由于政治生态和货币金融生态具有高度一致性，政治上的分裂割据，必然就会产生货币的割据。如1919年前后，先后有谭延闿的湖南银行、张敬尧的裕湘银行发行纸币，这些纸币都承诺准完纳田赋，一切交易，毫无阻滞，并随时兑现。但实际是将银行作为军阀的提款机，大量无节制的超发，必然导致无法兑现，贬值严重，最终破产倒闭。或者因为军阀混战，兵败一方大量提取银行准备金，导致银行准备空虚而破产。货币超发，兑现将成为空话。政府失信导致货币失信。短暂的政治生命必然伴随着短视的政令。在军阀混战的大背景下，既没有稳定的政府，也没有长期稳定的政策，一切政令的目的都是杀鸡取卵。政府重要的职能之一是维护社会秩序稳定。但民国时代的"军绅政权"本应承担社会治理之责，却成了制造混乱的罪魁祸首。因此，民国社会的乱象丛生，已经不是一般意义上的"政府失灵"，而是极端扭曲的无政府状态。

此时，商会代表商人士绅等中间阶层，在外无独立、内无民主的时代，的确难有大的作为，尤其在政治上的行动更是有限的。以社会组织为核心的中间势力，对政府的依赖性，注定其不能成为革命的力量。但在社会治理方面，尤其在社会大动荡的尘埃落定之前的政治转型期，或经济转型期，商会的"两面性"却显现出某些灵活性来。革命不能毕其功于一役，需持久战，但百姓一日不能无米，市场也不能一日无币。商会在社会动荡中走到前台，在稳定市场秩序、规范企业行为、加强行业自律、调解同业纠纷、沟通与政府关系等方面，都发挥着不可或缺的重要作用。总之，在利益团体多元化的时代，商会的治理是尤其难能可贵的。它不仅补政府的缺陷，也补了市场的失灵。

在纸币满天飞的时代，最稀缺的就是"信任"。它始于政府守信，继而大

---

① [美] 劳伦斯·H. 怀特. 货币制度理论 [M]. 北京：中国人民大学出版社，2004：58.

众信任，终于全民信仰。"信任"作为货币的灵魂一旦脱离了躯体，货币就不复存在。抗战时期，国民党赵保原部发行的"莱阳地方经济合作社流通券"贬值严重，当地老百姓把赵保原的票子当冥币来烧，以祭奠亡灵，因为冥币纸比票子还贵，真是莫大的讽刺。中间阶层的商会等社会组织，在政府币信沦丧时，经各界团体公议，筹设公钱局，发行"公钱票"，流通市面，既挽救政府币信于既倒，也避免市场秩序之崩溃，发挥了在服务、沟通、公证、监督等方面的独特作用。

必须指出的是，商会等社会组织并不真正代表下层民众利益，却常利用其政府代言人身份，为己谋利。在下层民众眼里，这些在地方上握有实权的士绅富商又是什么样的人呢？与中间阶层不同，小商人及贫民没有自己的真正代言人，也没有自己的舆论喉舌，但中国下层民众却以一种诙谐而又特别的方式表达自己的爱憎和诉求，那就是民谣。一首民谣是："甲长修新屋，保长买田土。乡长开银行，县长起金库。官儿越大钱越多，坐地汽车嘟嘟嘟。羊毛出在羊身上，穷人落得没衣裤。"绅商阶层在20世纪30年代之后的乡村常以乡镇长、保甲长的身份出现，或者绅商推举代理人充当保甲长。这些保甲长与乡村贫民生活在完全不同的世界里："妮妮快点长，长大嫁给乡镇长。吃香的，穿光的，两边跟着挂枪的。妮妮快点长，长大嫁给乡镇长。坐汽车，嘟嘟响；骑洋车，披大氅；皮鞋底，喀喀响。"① 民谣似乎是唱出来的，其中却隐含着下层民众无尽的辛酸和血泪。

---

① 中国问题研究社编. 蒋管区民谣集 [M]. 沧州：华北新华书店，1947：26，35.

第六章　多元本位下社会组织与军阀

从民国初年到 1935 年法币改革前，中国的货币制度基本上是属于"多数发行制度"[①]。主要表现在：民初有中国银行、交通银行两行为名义上的中央银行，但发钞权并不统一，不仅因为外商银行在中国肆意发行外币，不受限制，而且国内也有不少华商银行，也取得发钞权。北洋政府时期，全国有商业银行中，取得发钞"特权"的银行就有 20 多家，尚有暗中发钞者不计其数。此外，各省还设立各自的省银行，与中国银行、交通银行为核心的中央银行系分庭抗礼。实际上，造成中国"多元本位制"的根源，是军阀割据的存在。

第一节　社会组织与军阀在胁迫下的合作

在北洋军阀统治时期，中国银行、交通银行沦为北洋政府的提款机，以至于发生 1916 年"停兑风潮"时，集中反映出两行存在着严重问题。中国银行、交通银行两大行的币信尚不足以维系，后来相继成立的中央银行（1928年）和农民银行（1933 年），也未能出其右。南京国民政府实现了名义上的政治统一，但实际上各派军阀势力并未削减。抗战爆发后，这种趋势更加扩大了。

一、商会沦为军阀筹款的工具

1913 年 7 月，李烈钧在湖口起兵，掀起了二次革命的战幕。据《大公

---

① 民初的货币发行状况，美国学者甘末尔称为"多元本位"，但民国十年银行公会"呈请确定发行制度"文中称"多数发行制"。见张辑颜. 中国金融论 [M]. 北京：商务印书馆，1930：108.

报》载："李（烈钧）于（八月）十日入省，商民惊惶无措，因李前已声明不以省会为战场，乃又穷蹙来归，初心顿负，带来军队纪律毫无，各街店肆一律闭市。嗣李出布告禁止乱兵扰害商民。然省城居民纷纷移乡避乱者，已十室九空矣。李向商会索款数十万元，商会以金融阻滞现款难筹，只得搜罗十万元与之，以免衔恨糜烂。"[①]

在军阀威压下，商会被迫发行地方纸币。1921 年，北洋陆军第七师吴新田驻扎在陕南时间较长，强迫当地人民种植大烟，并分摊到各户，借以扩大对烟亩罚款的收入。规定凡交纳田赋、捐税和烟亩款等，都可以油布票抵现钞，这是油布票在陕南的鼎盛时期。汉中大小商号发行油布票的难以计数，仅大商号估计就有三四十户。吴新田和当地大商号相互勾结，共同榨取剥削人民。当时商会会长杨子麟开设有京货铺、"瑞昌银号"及钱庄等，还包销美孚公司的煤油和英美烟草公司的香烟，以示其势力雄厚取信于人。1926 年，吴新田在汉中的中山街开设有"兴元银行"，发行纸币十万元，将搜刮民间的大量黄金白银尽入私囊，纸币则在杨子麟等商人的支持下流行于市面。1928 年，当吴新田下台前，"兴元银行"发行的纸币尚有 8 万多元没有兑换，吴以强迫手段召集商户分担收回。经多方威胁，有 8 家商户被迫答应代为兑换，吴以"兴元银行"全部财产和其他房产、田地和店铺作抵。吴新田仓皇逃跑后，商会不得不设立兑换处收回纸币。并另发行油布票。这些油布票直到1932 年尚未收兑完结，其流散部分给群众造成很大损失。1930 年，阎冯倒蒋，张维玺开赴前方，王志远又驻汉中。王与当时商会会长胡同轩勾结，再次发行油布票，叫商会"帖子"。[②] 由于吴新田的"兴元银号"滥发纸币，也使得陕南各地（包括洵阳县等地）的商号也纷纷仿效，发行大量的油布帖子，流通于市。这种帖子直到 1933 年仍有流行。[③]

1917 年 12 月至 1919 年 2 月，川军云集简阳县城，为应付军队强以军用票、浚川源券等换钱，县府决定，由商会制发 300 文、500 文、1 000 文钱票

① 佚名. 补纪南昌克复时之种种 [N]. 天津：大公报，1913 - 09 - 01 (9).

② 许建中. 油布钞在陕南发行流通情况 [Z]. 西安文史资料：第六辑，1984：144 - 145.

③ 张沛. 民国十八年陕西洵阳县蜀河镇发行的几种纸币 [J]. 陕西金融增刊（钱币专辑 11），21 - 25.

3 种，布告城乡，在县境内一律通用。后拨地方公款，在 1919 年 2 月前陆续收回。[1]

地方军阀借商会名义滥发纸币，搜刮民财。1919 年，因宜昌驻军领用的北洋政府有利库券在市面难以流通，宜昌驻军首领吴光新，请县商会组建公济钱庄，发行宜昌公济票，收回有利券。1920 年公济钱庄的发行权，得到北洋政府币制局认可，并成为宜昌驻军主要筹款办法。从此多次增发，漫无限制。[2] 地方驻军利用商会发行市票，如宜昌商会的公济票、枣阳商会的市票即属此类。[3] 这些商会不可避免地成为军阀和豪绅勒索商民的帮凶。1927 年春，张宗昌为敛财，张瑞堂以商会名义发行砀山商会流通券，票面承诺"完粮买物，一律通用，军事平定，即行兑现"。须知，前一年张宗昌发行的山东省军用票上，也有"军事平定，即日兑现"之语，说明张瑞堂的"商会流通券"不过是军阀军用票的翻版而已。[4]

北洋政府统治时期，由于军阀混战，民不聊生，典当业空前发展，日商猛增。再加上山东省印发的钞票和军用票证在青岛不兑现，而各种纸币充斥市面，民间典当商号亏蚀严重，无法维持营业，濒临倒闭。1925 年，全市仅剩的两家华商当铺为形势所迫，登报联合休业。胶澳商埠局得知后，急忙致函青岛总商会，要求商会出面，规劝华商"以时局为重，体察民情，务于近日开市营业"。由于日商资本雄厚，人多势众，使青岛华商典当业无形中归于日商的势力之下。1928 年，在胶澳商埠局的倡议下，民间商号谦益当成立，并相继开设了 5 个分号，形成一定规模，打破了日商对青岛典当业的垄断。[5]

1927 年砀山县长张瑞堂以县商会名义发行"砀山商会流通券"，现存实物中有一百文券一种，票背面印有"完粮买物，一律通用，军事平定，即行兑现"；方框两侧为"奉告诸君""不挂失票"。券上"军事平定，即行兑现"

①　田茂德，吴瑞雨．民国时期四川货币金融纪事（1911—1949）［M］．成都：西南财经大学出版社，1989：34．

②　张或定，张劲峰，张哨峰．一张经北洋政府批准发行的宜昌公济钱庄票［J］．中国钱币，2007（1）：56．

③　张通宝．湖北近代货币史稿［M］．武汉：湖北人民出版社，1994：105 – 106．

④　吴进．安徽砀山县商会铜元壹百文券简介［J］．安徽钱币，2006（3）：24．

⑤　青岛市志［M］．北京：新华出版社，2000：253 – 258．

表明该券发行的特殊背景。第二次直奉战争后，张瑞堂在砀山，以商会名义发行小额纸币铜元票，名为解决市面交易筹码不足问题，实为敛财手段。当时正值北伐战争，在河南的奉军发纸币以满足军需。商会称在市场恢复正常时，负责将所发票券收回。1927 年 6 月，张宗昌部在河南被国民革命军击败后，张瑞堂随之下台，流通券罢废。其他面额及发行量不详。[①]

在地方军阀逼迫下，四川涪陵县商会发行兑换券，名为"暂时调剂"，实为军阀筹措军费之用。1928 年，四川涪陵县商会组织发行的"涪陵临时兑换券"，面值"银洋壹圆"，背面："此券谨奉二十军军长杨（森）命令，因涪陵现金缺乏，周转困难，饬商会召集商号制发壹元券以便流通。此券票额以叁万张为限，俾免浮烂滥。此券由十四家商号认制，自行联号签字盖章，陈由商会查核注册，加盖检验图记，以示保证。此券每张记洋壹元，均无息，随时兑现，不得挂失止兑。此券在涪陵城内指定地点兑现。此券近因现金枯竭，暂时调剂，俟金融活动时即由发券各商自行加数收回。此券如有伪造者得送请军行两处究办。"[②]

湖南晃县龙溪口商会因军阀派款发行市票。湖南军阀蔡巨献于 1925 年招安两股土匪，并派驻龙溪口镇，强迫商会为蔡筹饷派款。因派款数额巨大，商会一时无法筹措。商会会长吴献卿出于无奈，经报请县政府批准，以商会名义，发行一种毫无物资保证的市票，在市场强制流通，人民深受其害。[③] 商会所发市票的实质是，军阀借欠商会，商会转欠于市面所致。河北省蔚县商会为供应军需发行"流通券"，时间不长，随后停废。1933 年日军侵占东北后，各军阀部队经常途经工驻扎蔚县，为方便军需供给，蔚县商会组织各商号商定发行蔚县地方流通券。因其面额小，而且为红颜色，俗称"小红票"。面额为 10 文、20 文、50 文、100 文 4 种。此券流通时间很短。1945 年，日军投降后，伪皇协军守城抗拒解放，胁迫商会供应军需，发行了蔚县流通券，面额有 10 文、20 文、50 文、100 文 4 种，流通时间仅

---

① 吴进. 安徽砀山县商会铜元壹百文券简介 [J]. 安徽钱币，2006（3）：24.

② 高文，袁愈高. 四川近现代纸币图录 [M]. 成都：四川大学出版社，1994：49.

③ 吴宝鉴. 晃县市票流通始末 [Z]. 新晃文史资料（第 2 辑），内部发行，1988：91.

两个月便废止。①

　　湖北阳新县商会与驻军勾结共同发行市票。民国二十年（1931年），湖北省阳新县商会会长易伯卿与二十六师郭汝栋师长勾结，以补助军需为名，发行一角、五角、一元、五元的临时补助券，不兑现金。民国期间，本县市场，市票泛滥，群众反映强烈，省府也再三行文，勒令禁止，并指名查办滥发者，但鞭长莫及，均无效果。② 湖北枣阳县商会发行角票，也是为了援济军饷。1927—1935年，湖北官钱局倒闭后；市场通用银两、银元及铜币，但数量甚少，不能适应商品交易的需要，于是各地商号在地方政府的支持下，争发纸币。据现存实物看，1930年枣阳县商会发行有一角、二角票，票正面有"湖北枣阳县商会""民国十九年印""积成拾张换洋壹元"，背面有"现因铜元缺乏，市面金融颇感困难，经各界联席会议决定，由商会发行角票维持市面，如有伪造追究惩办"。据湖北省民政厅长孟广澎于1933年《巡枣报告》记载："该地通行多系河南当五十文铜元，双铜元甚少，现在市面即河南铜元亦甚缺乏，找零甚觉困难，武汉各银行钞票辅币均可使用，县城商会前因援济军饷发行有一角、二角票共二万九千元。"据调查，这一时期仅城关商号发行市票的达19家之多，据不完全统计，全县有15个集镇，发行街票的达40家之多，用于集市找零（见图6-1）。③

图6-1　民国十九年（1930年）枣阳县商会壹角券

　　一些地方军阀不满足由商会等组织发行纸币，而专门成立由军阀自己控

①　蔚县志［M］．北京：中国三峡出版社，1995：382.

②　阳新县金融志［Z］．内部发行，1991：30.

③　枣阳财政金融贸易志［Z］．内部发行，1988：73.

制的钱庄，发行纸币。成都公济钱庄发行的铜元票就属于此类。

　　四川自辛亥革命之后，各个军阀为筹饷、扩军，竞相在所辖防区内广设捐税，预征田赋，滥发钞票。1923 年春，时任四川总司令兼省长刘成勋与一军熊克武，边防军赖心辉联合对二军杨森、黔军袁祖铭作战。后因军费奇绌，为补军济，刘成勋提出由成都官银号发行银元券 200 万元，票面分 1元、5 元、10 元三种，六个月后兑现。省议会初也反对，但在刘成勋压力之下得以通过，发行 290 万元。当时钱店不愿行使，多数停业。商会为维持市面兑换，减少纠纷，组成公济钱庄，呈准发行铜元 100 文、500 文、1 000 文纸币。"成都公济钱庄"铜元 500 文券正面左右有"执照"二字，为四川地区独有。"执照"原来是成都银钱业内部发行的票券，专用于银钱兑换的。"公济钱庄"铜元券流通不到一月，市面即发现大量伪票，商会决定先收回100 文票，省议会提出彻查发行额，银元券因此也受影响。1924 年 2 月，刘成勋、熊克武、赖心辉失败，银元券及"公济钱庄"铜元券均未收回，成为一张废纸。"成都公济钱庄"铜元券前后流通仅数月。刘成勋发行成都官银号银元券（商会发行"成都公济庄"铜元券）开四川防区制时期军阀自行发行货币之先河。①

　　有一枚大同县商会发行的银元纸币券（1928 年三元），背面印有章程，从中可以发现军阀混战的背景。

　　1928 年，大同县商会发行纸币。因大同县市面流通的纸币主要是山西省纸币，面值最低为伍元券，小额交易非常不便。大同县商会为了发展经济，繁荣市场，发行了"商会券"，从主币到辅币，最高面额均低于伍元券，以备市场交易中找零之用。民国初年，为了抵制外国货的倾销，迫使众商家推举大商号出面组织商会，提出团结应变的方式，并实施"解纷苏困、救争恤艰、遇重争则集议，间有事涉争执、设评论员以理之，评论员与理事人环坐一室，期无不尽之辞、不达之隐"的策略。大同县商会券发行额由商会控制，量入为出，并由殷实商户出资作保证，发行后未闻不能兑现之说（见图 6 - 2）。②

　　① 李玉清.〝成都公济钱庄〞铜元券 [J]. 江苏钱币，1999 (4)：28.
　　② 张志中. 收藏与鉴赏 [M]. 北京：知识出版社，1997：427.

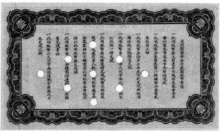

图6-2　大同县商会银元纸币壹圆券

大同商会三元券正面印"流通市面""救济金融"，背面框印《大同县商会发行银元纸币章程》，共七条，分列如下：

一、此项纸币因大同连年作战，损失綦重，由本会印制纸币，救济市面，暂维现状。

二、此项纸币分壹圆、叁圆两种，辅币分壹角、贰角、伍角三种。

三、此项纸币无论军士平民不到兑现时，只准购物，概不能强迫兑现。

四、此项纸币专为救济大同市面之用，不折不扣，到期一律兑现。

五、此项纸币与他种随时兑现纸币不同，兹为优待起见，遇有军人执持他项纸币，购买货物找零时，如不愿用此项纸币，各商号不得以此项纸币与之找换。

六、此项纸币由大同商行连头担保，到期负兑现责任。

七、此项纸币以大同市面恢复战前原状之日为兑现日期。

大同商会发行纸币的背景是军阀混战。1926年春，奉、直、晋联合反冯的战争爆发，奉军由大同进攻察绥。冯玉祥领导的国民军宋哲元、鹿钟麟部于4月至8月，合围大同城的晋军，为了阻止冯军进攻，阎锡山下令破坏大同一带的京绥铁路。1927年，大同商界、店员和市民三千余人捣毁市统税局，反对阎锡山的苛捐杂税。同年，晋、奉军阀又引发战争，奉军于9月12日进占大同城，经过反复拉锯战，1928年6月晋军复占大同。战争对经济的破坏显而易见，各派军阀忙于战争热衷的只是对百姓的掠夺，以维持巨额的军费支出。① 在这种背景下，大同县商会银元券走上前台，发挥救济市面的经济功能。值得一提的是，发行章程中对军人的优待条款，也折射出军阀混战时期军人的武力强权对社会经济的破坏之大以及对商人利益的影响之深远。

1925—1928 年，张宗昌滥发纸币造成严重的通货膨胀。此后，济南商会出面整理张宗昌的滥钞。

1925 年，张宗昌在济南设山东省银行，发行银元票（省钞）。1926 年又成立山东军用款管理局，1 月 7 日发行军用票 800 万元，票面分一元、五元、十元三种及角票。11 月 25 日又发行新军用票 1 025 万元。发行方式主要以支付军饷、军费方式投放市场。因不能兑现，商民不敢留存，缴纳赋税，张宗昌规定只准搭用三成，余七成必须交现洋（银元）。因此，市场流通更加困难，连张的部属也拒绝使用。军用票一再贬值，至 1928 年 4 月，与银元比价是军用票 1 元比银元 1 角。②

张宗昌为使山东省银行独揽发行钞票大权，搬出了已废止的北洋政府1920 年核准的"修订取缔纸币条例"，用以取缔发行纸币。除中国银行、交通银行、实业银行少数银行的钞票准予行使外，其余 80 余家银行，银号所发行的银元票、角票、钱票一律不准流通。张宗昌督鲁期间究竟发行了多少钞票，无从查考。仅知道 1929 年济南商会曾成立"金融维持会"，发行铜元票 6万吊，用以折价收回新军用票，结果仍是杯水车薪，收兑无几。③

同一时期，安徽亳州商会也在军阀胁迫下，发行钱票。1928 年，直鲁联军孙殿英部进驻亳州，在该县财政局设立粮秣筹备处，曾由商会会长蒋逊之出面发行一种壹千文面值的流通券，强行在市面流通，不久作废。④ 另一枚安徽亳县地方流通券实物，由县商会、地方财政局与临时军事招待筹借办公处共同发行，发行时间是 1927 年。正面：亳县地方流通券，城字第柒仟贰百柒拾号，凭券存铜元壹千文，中华民国十六年四月一日发。正面券名及面额文周边印有文字（如图 6 - 3 所示）。

---

① 李林翰. 多姿多彩的民国时期商会票 [J]. 文物鉴定与鉴赏，2013 (3)：86.
② 济南金融志 [Z]. 内部发行，1989：67.
③ 济南金融志 [Z]. 内部发行，1989：68.
④ 蔡小军. 安徽钱庄业及其票券琐谈 [J]. 安徽钱币，2006 (2)：23.

图6-3　安徽亳县地方流通券

"亳县地方流通券暂行条例：第一条，亳县地本贫瘠，连年迭受灾侵，民生凋敝，金融枯竭。现值大军云集，地方供应浩繁，不得已暂定发行地方流通券，以资救济而维市面。第二条，此项流通券限定铜元二十万串，券面价额每券五串者，印发二万张。一串者印发十万张。第三条，券由县商会、地方财政局会商临时军事招待筹借办公处，按照限定数目印制发行，并共同组织兑换所，暂设义仓旧址负责随时兑现，以固信用。第四条，流通券发行后，凡在本县境内，无论完粮纳税及市面交易，一律通用。俟军事结束即行收回焚毁。第五条，伪造此项流通券送县按律科罪。第六条，此项暂行条例，自呈准县署核定公布之日施行。"

山东临沂县政府与县商会为筹措驻军给养，于1926年联合发行不兑现钱票"临沂县通用票"。这是地方政府、商会在当地驻军的操控下发行的。

根据李银的研究，1925年11月，临沂参议会为筹集驻军给养，决议由县署发行不兑换纸币"临沂县通用票"，并以丁粮作抵押，待平安后收回。因为此票是为筹集驻军给养而发行的。根据现存实物及史料，"临沂县通用票"的发行时间应是1926年1月1日，5月、6月1日、7月1日，共四次发行。"临沂县通用票"的编码由冠字和数码组成。冠字由十二个不同的汉字组成，按顺序分别是：临沂县通用给养赈灾善后券。这些冠字暗含了此票发行的主要用途。归纳起来1月1日发行的"临沂县通用票"冠字分别是"临""沂""县""通""用"五字，6月1日发行的冠字是"给""养""赈""灾"四字，7月1日发行的是"善""后""券"三字。面额有一千文、二千文、三千文及五千文四种大票，皆为竖式。由于"临沂县通用票"盖有临沂县印和临沂县商会章，因此可以认为"临沂县通用票"是由临沂县署发行，临沂县商会具体承办或实施。"临沂县通用票"先是由地方印制，其印制单位及印制量不详。后来，县政府以"地方印制的纸币伪造较多"为借口，委托上海中华图书公司代印，先是印制了八十万吊，后又增至三百万吊。因发行过多，且不能兑换，因而激起商民不满，不久便贬值。据史料记载，1926年5月，县参议会曾经联合发行过"临沂县通用票"当十，当十五，当二十枚小票，为横式。1927年，奉军第四军军长方永昌驻防临沂，为了敛财以及军费开支，积极推行张宗昌所发的山东省军用票，以上海印制票价落为由，控制商会，取消全城钱庄，"庄票"跌价，直至贬值不用，此为"庄票"之大劫。从此钱庄纷纷倒闭。受此影响"临沂县通用票"逐渐退出流通领域。[①]

另据《临沂地区金融志》记载，"临沂县通用票"由临沂参议会决议呈准立案（1925年11月）："由县署印每张京钱一千文不兑换纸币，并以丁粮作抵，待平安后收回。"1926年2月，又续印每张京钱五千文不兑换纸币。同年5月，县府又联合发行当十、当十五、当二十枚小票，因为军队而发不兑换，激起商民不满，不久便贬值。同年，县政府又到上海印制八十万吊，后又增至三百万吊。其票样式：竖式纸币。长231毫米，宽83毫米，图案为临沂孔庙上城门，栏内横书"临沂县通用票"，并标明此币价值"九八京钱壹千文"；左为"民国十五年一月一日发行"（另一版为"民国十五年六月一日发行"）；下为横式小字"计当铜元肆拾玖枚"，还有临沂商会和临沂县印字样。1927年，奉军第四军军长方永昌来临沂驻防。1928年，方永昌责令临沂商会代销军用票3万元，勒令民众使用，以后方调走，军用票作废，商民受害。[②]

---

① 李银. 临沂县通用票 [J]. 中国钱币，2009 (2)：51–52.

② 临沂地区金融志 [Z]. 内部发行，1992：114.

　　江西景德镇总商会于 1928 年发行了一种临时流通券，券名为"江西景德镇总商会临时流通券"，面值有一元、三元、五元三种。一元票券正面印有"当现通用无折无扣""中华民国十七年印"等字样；背面印有发行说明："一本券系掉换迭次军队过境筹垫饷糈办理招待发行用旧之临时流通券，以归一律。一本券流通市面，抵当现金，买卖货物以及汇划兑票，一概通用。一本券按照迭次议决发行流通券总额印行，分为一元、三元、五元三种。一本券以本市抽收房捐内百分之十作为担保基金分期收回。一本券在本市区城以内行使，如有折扣情事，一经察觉，即请官厅从严处罚。一本券无论何人，如有伪造，查获送官，按律治罪。"正中盖一方大红印章"江西景德镇总商会关防"（如图 6-4 所示）。此种由景德镇总商会发行的流通券，从发行章程可以判断，这与很多商会发行的以满足市场找零的辅币券不同，是一种银元票。县当现金使用于市面，县买卖汇划兑票，一律通用。这是官票的典型属性。而发行目的是"掉换迭次军队过境筹垫饷糈办理招待"所发行过的旧票，以归划一。也即这是对历次发行的军用性质的钞票进行的整理，说明过去为垫付军费所发的钞票甚多。至于到底总额多少，该票背面的章程未加说明。

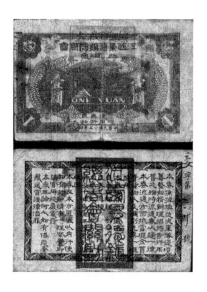

图 6-4　景德镇总商会临时流通券

1932 年刘和鼎部进驻福建省建瓯县，委派县长宋岱岚筹措军饷十万元，宋岱岚又交给建瓯县商会筹办，商会理事长潘培芳遂发行"流通券"，在当地流通。由于流通券面未印号码，名为十万，实则无数。次年，商会内部形成新旧两派之争，旧派以驻军首领刘和鼎、县长宋岱岚、商会理事长潘培芳等为代表，新派有以党部为靠山的商会成员涂梅三、周道辉等人。商会滥发流通券，在商界引起轩然大波，新旧两派也因此诉讼达数年之久，流通券几经"整理"，商会也几经选届，最终以新派获胜而告终。[①] 建瓯县商会的内部争斗，明为流通券，实际上，县商会已变成国民党各派争夺地方财权的主要阵地。

二、军阀筹款提现，商会收拾残局

缪新权认为，近代中国存在军队国家化向军队私人化过渡的趋势。到北洋政府时期，这种趋势表现得更加明显。"兵为将所自招，饷为将帅所自筹，兵随将转，兵权握于将帅手中。"[②] 各地方政府收入十分有限，经济因战乱而遭到破坏。中央收入锐减，地方政府也无力供养庞大的军队。军阀既成气候，裁军已然无望。只得允许各军阀就地取材，自筹军饷。因此，当地的工商户就会成为驻军勒索的首要目标，而商会等地方组织首脑也往往成为驻军的座上客。

1926 年，直鲁联军军阀张宗昌占据安徽蚌埠，建立以郝鹏为省长的"安徽省政府"后，为筹措军需，于 1927 年 1 月印刷发行临时代用纸币——"蚌埠流通券"，有当十铜元、双十铜元、五十铜元三种面值。1927 年 3 月 24 日，北伐军第六路军和第二路军击溃直鲁联军，张宗昌从蚌埠沿泗县北溃退逃山东，流通券随即停用。根据宋岗梧的研究，蚌埠流通券在市面仅行用一月余，且一经上市即遭商民抵制，开始尚打八折至九折，不到一月即遭拒用，流通极少。

后来，蚌埠总商会只得出面收拾残局。时任第三届总商会会长高蔚轩和

① 潘芳. 抗战前流通券的风波 [Z]. 建瓯文史资料：第 10 辑，内部发行，1987：98.
② 缪新权等. 北洋军阀军事经济史 [M]. 郑州：黄河出版社，1992：356.

中国银行蚌埠分行行长卢宠之等人筹借大洋 20 万元（部分是从中国银行借款），由总商会将流通券收回。随着战事平静，局面稳定，蚌埠总商会又与山东财政厅交涉，把钱兑回，发还商户。在蚌埠总商会的大力协调下，此事得已妥善解决。蚌埠流通券虽未标注发行机构，但从后期蚌埠总商会去山东财政厅交涉兑回银元推断，流通券应为安徽政府财政厅发行，主要通过地方商会大额摊派各商家，部分由军人入市强行使用。蚌埠总商会的积极参与该票券的善后整理，反映了在军阀巧取豪夺急筹军费的威压之下，地方商会对上迎奉军阀，对下调节经济纠纷维持市面的历史作用。[①] 这是蚌埠总商会为整理军阀纸币"蚌埠流通券"所做的工作。

湖北襄阳县商会经营鄂北地方钱号，被军阀屡次提取现银，导致钱号资金空虚，造成挤兑，被迫清理。襄阳县商会组织临时维持会进行善后清理。

鄂北地方钱号的来历：1927 年 8 月西北军方振武部驻襄，以襄樊金融枯竭、周转不灵为由，用大旺洲刘子琳遗产 2 000 亩为基金，设立"襄枣南宜四县钱号"，后改称"鄂北地方钱号"，地址在樊城前街。钱号开业后，发行"铜元壹串"市票流通于鄂北各县，继又发行有奖证券 12 万元以充实市票票本，同时办理兑换申钞，代汇军饷，发行工商贷款等业务。后来方军北调，钱号由樊城商会经营。1928 年 4 月，南路军岳维竣部驻襄，强行提取钱号现款 5 万元充该部给养。1930 年，萧之楚师驻襄，又向钱号借款 24 476 元不还。继而各机关、各商号挪借钱号款 7 万余元亦难收回，致使钱号票本空虚，不得不靠增发纸币来维持。1933 年，钱号又加印新票 7 万多串，虽被第八区专员公署收缴，但随后上市新票仍多。由于襄樊市票过多，金融紊乱，1933 年 9 月 12 日，国民党军事委员会武汉行营以蒋介石的名义电令取缔鄂北地方钱号，但县政府以钱号债款未收，市票无钱应兑为由，请求缓期关闭。次年，省民政、财政两厅行文，令钱号发还刘氏遗产，收回市票。4 月 2 日，市民闻讯持票挤兑，以致死伤数人。后由商会组织临时维持会，采取紧急措施：(1) 清理资产，以房、地契作抵押，向省银行借款 3 万元；(2) 索还借款

---

① 宋岗梧. 民国十六年蚌埠流通券考略 [J]. 安徽钱币, 2008 (3): 18.

52 000元（应还 7 万元）；（3）商户捐款 26 300 元（原摊派 7 万余元）；（4）省拨 24 400 元（其中公债券 1 万元，现款 14 400 元。此款系抵还萧师借款）。商会以上述款收兑钱号市票，当年已将大半收回。1937 年 9 月 26 日收兑工作结束，钱号停业。[①]

由上观之，由于民国驻军的流动性较大，每到一地，必在当地巧取豪夺。如滥发钞票，造成通货膨胀。留下的烂摊子，不得不由地方政府及组织出面，收拾残局。安康驻军控制县财政局，滥发钞票，扰乱市场，坑害百姓；安康地方绅商组织"商会钱庄"，独家发行票券，整理回收贬值的军用票，恢复市场秩序。

1929 年以前，安康驻军设的兴源银号、县财政局、私人商号九义堂等均各自发行纸币有利可图（县财政局发行的是"征粮券"，后又改发"有期券"票面均为一元），中小商铺见发行纸币有利可图，就群起效尤，一时间，理发店、熟食摊等竞相发行，充斥市面。这些票币纸质低劣、印制粗糙，多而又乱，刺激物价迅猛上涨，纸币很快贬值。市民怕受损失，不愿手头存留，得到票币就及时用出或兑换银元，街市经常发生挤兑。往往前钞作废，后票又起，改头换面再发新币，反复循环，货币更乱。

1929 年初，安康地方商绅为保护自身利益，欲收拾货币混乱局面，以商会名义，出面与安康县财政局联系，组织"商会钱庄"。开始有 24 家商号各设股金 100 元，作为开业基金，县财政局也将现金存入钱庄，以供支用。同时勒令禁止全县商户不得再发票币，已发行的限期收回销毁，只准商会钱庄独家发行油布钱票。初时面额为一串、二串，每 12 串折合银币 1 元，以一百文、二百文铜元为辅币，这样就初步统一了安康城的票币。钱庄开业时共发行布票 12 万串，折合银元 1 万元，次年又增印"当钱一百文"辅币券，与一百文、二百文铜元共同使用。县财政局将收入的现金存入银行，换取布票使用。当时钱庄筹措 1 万元银元作底封存，对市面流通的银行、布票、铜元，可在钱庄随意相互兑换，商民称便，信用颇著。[②]

---

① 襄阳县志 [M]. 武汉：湖北人民出版社，1989：386 – 387.

② 桑维明. 安康油布钱票的发行始末 [J]. 陕西金融增刊（钱币专辑 11），25.

前述安康地方商绅在 1929 年组织"商会钱庄"，发行油布票，初步统一安康市场货币混乱的局面，商会钱庄发行的布票，信用恢复，商民乐用。后因驻军张飞生的部队粮饷由地方负担，日夜催索，地方财政无法应付，就向钱庄挪借垫用，布票不够支付，就强令钱庄增加印制，扩大发行，并增大面额为三、四、五串。日夜印制，无限发行，致使布票很快贬值。开始 12 串（折银币 1 元）买大米 1 斗（40 斤），这时斗米卖到 100 余串。1931 年底，商会钱庄曾想挽回局面，取信于民，将开业时封存的 1 万银元开封收兑布票，比价是 200 串兑换银币 1 元，比开业时贬值十余倍，商民痛苦不堪。但政府将收回的布票并未销毁，仍挪用支付军饷，这时钱庄把银币兑光了，布票又要挪用，未兑完的布票商民上门要求索兑，政府欠商会钱庄的债务无钱偿还，商会钱庄因上述原因，宣告停业清理。商会钱庄仅存三年，遗留市面的布票自行作废，将贬值作废的损失全部转嫁于城乡广大商民，民众将手中作废的大量布票，缝枕头，作座垫、口罩等，当时安康流传一首歌谣："布票失效，害死老小，沿街摊贩，做个口罩。"① 这是商会钱庄受政府拖累而倒闭的典型案例。

湖北枣阳县城商会因援济军饷，发行大量角票，流通市面。1927—1935 年，湖北官钱局倒闭后，市场通用银两、银元及铜币，但数量甚少，至使货币缺乏，不能适应商品交易的需要，于是各地商号在地方政府备案支持下，争发纸币。据湖北民政厅长于民国二十二年（1933 年）巡查报告记载："该地通行多系河南当五十文铜元，双铜元甚少，现在市面即河南铜元亦甚缺乏，找零甚觉困难，武汉各银行钞票辅币均可使用。县城商会前因援济军饷发行有一角角票共二万九千元。"② 由上材料不难发现，湖北市票一度的超量发行，一是因为湖北官钱局倒闭，市场辅币奇缺，不得不由私商市票补足。二是军队频繁侵扰，地方不堪重负，往往现金被驻军洗劫后，市场不得不以市票来填补。

1926 年，包头商会发行的"包头善后流通券"就是在此种背景下问世

---

① 桑维明. 安康油布钱票的发行始末［J］. 陕西金融增刊（钱币专辑 11），26.
② 枣阳县金融志［Z］. 内部发行，1986：28.

的。1926 年冬，国民军由包头向西退却后，现洋提走一空，中、交银行钞票
也很缺乏。包头商会为维持市面，活动金融，请绥远都统商震核准，发行包
头善后流通券 80 万元。由商会主持按各行业殷实商号，分甲、乙、丙等级筹
措基金，如数把基金现洋积存在商会，作准备金。票额分 1 元、5 角、1 角三
种。发行流通券有两个好处，一面可以防止杂钞滥流，紊乱市面；一面可代
替现洋周行，难以外流，直至 1931 年才由商会陆续收回。对于人民并未受到
什么损失。① 我们可以大致梳理一下"善后流通券"发行来龙去脉：先有军
阀借欠银行，后有银行转欠市面，再由商会设法维持，于是"善后流通券"
就诞生了。

　　再看看崇阳县市票的发行，情况也大体相似：1934 年驻军携银元换防撤
走，所发"崇钞"现金空虚，不能兑现。崇阳县有私票、崇钞、流通券三种。
1926 年，崇阳商号发行私票达 200 余家，多数私票流通范围很小，著名的有
县城的陈永庆、白霓桥的饶正盛、大沙坪的华兴隆等。县城及白霓桥商号发
行的"期票"，是用浸过桐油的夏布印制，按不同颜色图案分为"花票""红
票""墨票"，面额有一串、二串、五串。大沙坪五户商店联合发行的"花
票"，系硬纸石印，分红、绿两种，加盖商号钤或印章，主要用于临时收购土
特产品，流通本省毗邻各县和江西修水等地。1931 年，取缔私票。1932—
1933 年，崇阳县商会以同业公会名义，允许各大商号发行二串文、三串文
"崇钞"共 3 万元，背面加盖商会钤记，交给驻军第八十五师在市面使用。商
号可持据向第八十五师驻汉办事处兑取银元。次年第八十五师移防，军商之
间互相推诿，持钞市民深受其害。1938 年 2 月至次年 4 月，县长郎维汉以财
政空虚为由，发行"流通券"20 189 元，券面有一角、二角、五角三种，既
无准备金，又不收兑。1941 年，专署责令收兑，仍不了了之。②

　　各路军阀为了敛财，还常私自发行货币，强制流通，对这些货币在行
使中引发的问题，市商会力图避免商家的损失，但又不能得罪军阀，为此
只能采取恰当的经济手段维持市面上的安定，协助其正常流通。如 1933 年

　　① 渠自安，刘静山. 包头的钱行业 [A]. 内蒙古文史资料选辑：第 33 辑，180.
　　② 崇阳县志 [M]. 武汉：武汉大学出版社，1991：342.

二十一军某师移驻四川成都后，士兵持粮税券、毫洋、重庆中国川康美丰券等在街面上购置物品。因这些纸币均非法定流通货币，遭到商人的拒绝，双方常起纠纷。成都治安维持会曾为此事函请督办刘湘暂缓行使这些纸币。刘湘却下令市商会对各种纸币承认并准其行使。市商会无奈，只能提出建立兑换机关，并由中、聚两行（中国银行和聚兴诚银行），负责垫款掉换，以利商民。①

综上所述，无论是军阀就地敛财，还是过境军队勒索，都造成了当地商民苦不堪言。以商会、同业公会为代表的地方组织，以解除民困为宗旨，整顿市场，清理残币，为恢复地方经济作出了巨大贡献。

第二节　社会组织对地方军阀的有限抗争

民国各个时期，军费开支都是各地方沉重的负担。1925 年，军费占岁入比重最低的绥远为 42%，最高的川边为 382.5%。在 26 个省区中，军费占岁入 50% 以上的有 24 个，超过岁入的有 14 个，超过岁入一倍以上的有 5 个。从全国军费开支占国家财政支出比重来看，北洋政府时期，军费平均每年约占当年支出 40%。抗战前占 30%～40%。抗战爆发后，军费大增，占国家财政支出的比重由战争初期的 60%，上升到最高时的 87%。② 在军费为主、战争为重的背景下，无论是中央，还是地方，筹措军费成为一切工作的重心。因此，围绕军费问题而产生的地方军阀与社会组织的关系就是一边倒的，前者对后者有压倒性优势。

一、实力不对等的抵抗

民初，各省建立军政府，内政混乱而腐败。地方工商业负担军政费用负担极大，造成了工商业萧条，各行纷纷歇业。商户被迫关门的举措也可以理解为是对军政府压榨地方的一种消极抵抗。

---

① 孙利霞. 成都市商会研究 [D]. 成都：四川大学硕士论文，2004：51.
② 龚泽琪等编. 民国军事经济史 [M]. 北京：海潮出版社，1993：94，287.

1913 年 8 月，李烈钧在湖口起兵发动二次革命后，"赣省自军界秉政，内政之腐败达于极点，正人贤士悉皆引退。欧阳武出省后，除商会外，无人维持。城厢内外，匪党潜滋，几至扰乱秩序。幸宪兵、巡警、商团联合担认巡查保护，又举程道存暂任民政长，地方赖以安谧云。又卫戍总司令廖伯琅，一面致商会辞职，一面布告通衢商会，公推第三团团长伍毓瑞接任。伍已于十五日受职，亲莅商会略谓：本城各商铺，多有闭门不事营业者，应一律照常开市，免致人民慌恐；否则，鄙人难以担负保护之责。商会答云：各铺家伙友均已下乡，当转饬召集来城，即行开市等语。此亦不过婉言答复之词"①。

同年 9 月，据天津《大公报》载："安徽中华银行基本仅有二十万金（元），乃发出纸币竟至七八十万金（元）。平时已形支绌，迨胡万泰宣告独立，即向银行支取现洋，不收纸币。风声传出，各居民铺户均纷纷持币往兑现洋，甚形拥挤。……胡万泰于独立之次日，即请商会总理蔡静堂到署，勒捐现洋二万助饷，蔡遂陈明商情困苦，恐无力输将。胡即云：尔等商人，实属不明大义，善于推诿，如不照捐，请君来做都督。蔡只得承认，遂请各业董分向各店写捐。胡次日即派兵士，到曾催欵，纸币一张不要，各店无不吞声饮泣也。"② 可见商会对军阀的抗争是相当无力的。面对军阀的咄咄逼人，会长只能破财消灾了。

北洋政府时期，各地军匪问题十分严重。由于农村经济凋敝，灾民流而为匪，成群结队，四处抢劫。而政府对各地匪灾并无有效之策。各地大小军阀则将招抚土匪武装看作扩充兵力的捷径。招匪为军带来更严重的后果，就是匪灾更加猖獗。中国成为一个兵匪莫辨的世界，兵匪已成一家。③ 他们四处抢劫，祸害百姓，形成"兵灾"。

根据北平郊外的乡村家庭调查，在 1926 年前受兵灾的损失，64 户家庭中曾受损失者计 52 家，共计 5 548 元，损失不满 10 元之家数占大多数，损失超过千元者有两家富户（见表 6 – 1）。

---

① 佚名. 补纪南昌克复时之种种 [N]. 天津：大公报，1913 – 09 – 01（9）.
② 佚名. 安徽金融恐慌之始末 [N]. 天津：大公报，1913 – 09 – 20（9）.
③ 龚泽琪等编. 民国军事经济史 [M]. 北京：海潮出版社，1993：136.

表 6 - 1 1926 年前北平郊外 52 户受兵灾损失统计表

兵灾损失	家数	兵灾损失	家数	兵灾损失	家数
5 元以下	19	50 元	1	200 元	1
5~9 元	8	60 元	1	400 元	2
10~14 元	6	90 元	1	420 元	1
15~19 元	1	100 元	1	1 215 元	1
20~24 元	5	150 元	1	2 000 元	1
25~29 元	1	170 元	1	合计 5 548 元	合计 52

资料来源：李景汉. 北平郊外之乡村家庭［M］. 北京：商务印书馆，1933：116.

为了避免土匪、散兵骚扰地方民众，一些商号等商业组织采取应对之策。厦门民信局发行的"山票"就是一种避免匪劫的办法。

1918 年以后，本省军阀混战，治安不宁，闽南民信局为避免土匪抢劫，曾发行过一种类似本票或钞票的"山票"解付侨汇。这种"山票"在厦门兑现，实际上是毫无准备金，由民信局任意发行，后来"山票"演变为民信局套用侨款的一种主要方式。[①] 后因民信局大肆投机"山票"，给华侨造成重大损失。

厦门民信局"山票"只是民国私票的一种形式，往往因滥发而造成地方民众受损。但它毕竟是由商户发行的，数量还是有限，损失也不会是影响全局的，一般不会造成灾难性的后果。如果发钞者是地方政府，或政府的某些机构，影响要较商号大得多。

1940 年 6 月到 1941 年 7 月，文登县非日伪占领区内共流通 5 种货币，分别是国民党文登县政府发放的地方流通信用券、商号私钞、法币、北海币、郑维屏印发的第七区地方流通券。以下是在 20 世纪 40 年代初期山东文登县境内流通的五种纸币（如表 6 - 2 所示）。

---

① 厦门金融志［M］. 厦门：鹭江出版社，1989：43.

表 6 – 2　　　1940 年 6 月至 1941 年 7 月文登县流通的 5 种纸币情况表

发行者	货币名称	货币种类	流通数量
文登县政府	文登县地方流通信用券	1 元、2 角、1 角	20 万元
各私人商号	钱票、角票、兑换券等	1 元、5 角、2 角、1 角	28 万元
国民政府	法币	100 元、50 元、10 元、5 元、1 元、5 角、2 角、1 角、5 分	100 万元
抗日根据地	北海银行	5 元、1 元	15 万元
郑维屏	第七区地方流通券	1 元、2 角、1 角	150 万元

资料来源：文登市志［M］. 北京：中国城市出版社，1996：552.

这五种货币中，文登县地方流通信用券占总流通额的 6.39%。而郑维屏的流通券占 47.92%。郑维屏在 1936 年任山东威海警察局长，后任代理专员。他在威海期间发行了第七区地方流通券，数量巨大，是文登县政府发行钞票的 7.5 倍，也是该县地方各商号发钞的总和的 5 倍多，甚至是国民政府发行的法币的 1.5 倍。如此巨额的发钞以满足军费需要，不仅造成了物价飞涨，也破坏了当地经济发展。

私票扰乱币制，官票摧残经济，作为"第三部门"的社会组织，在混乱之中担当起临时的社会管理之责，有效地维持了市场的秩序。

四川宣汉县洋烈场协商会发行了一种铜元券，该券呈请县政府备案，系得到县政府批准了的。批准的理由是"剿匪大军云集，铜币缺乏"。1934 年，四川宣汉县洋烈场协商会呈县府备案，发行面额一千文、二千文铜元券，其中一千文 2 万张。一千文铜元券正面红色，印有"洋烈场协商会""中华民国二十三年印""壹仟文辅币券"等字样，以及火车头图案。背面为蓝色，印有："一、为剿匪大军云集，铜币缺乏，调剂钞票行使起见；二、经地方议决，呈准县政府备案，发行当贰百文五枚之铜元券二万张；三、本券照额定价依十足通用，凡买卖交易一切支付不得拒绝；四、本券专换钞洋，以资流通周转；五、本券兑换地点洋烈场兑换处。"并加盖"洋烈场协商会"及乡长秦志和等印章。①

在同样的背景下，四川开江县则是由财政科，而不是商会，来发行铜元

_____

① 肖光庆. 民国时期川东北各地发行的地方钞票［J］. 中国经济史研究，1995（4）：72.

券，流通市场。1933 年 12 月，以开江县商会解体，现金枯竭，剿赤大军云集，市面流通的现金全是十元、五元纸币，现金交易找补困难，而时常发生纠纷，提出议案，在开江县政会议通过，由财政科发行面值当二百铜元十枚的铜元券 1.8 万张，面值当二百铜元五十枚的铜元券 1 800 张。①

但如果不是因为军情紧急，一般情况下，由商会呈请县政府发钞是不容易被批准的。下面这个例子就是在没有商会统一管理的市场上私票流通的情形。湖北谷城县仙人渡镇的钱票"满天飞"，破坏了金融，扰乱了市场。

1929 年以前，湖北谷城县仙人渡镇商家纷纷印发钱票，既多又乱，叫作"满天飞"。因为没有商会的统一管理，当时由该地"清乡保卫团"，全权代理商会的职责。为解决团兵的日常开支，由时任团董的茹树堂向县府呈请发行流通券，即保卫团在县政府备案。而仙人渡各商户又在保卫团登记，不管有无准备，商户出票有求必应。出票各业之中，有卖豆腐的祝久如，有卖馍的杨顺兴，有本来无此打算的也开始出票了。在买卖时，卖主首先问买主是什么钱色，假如是银元、铜元，湖北省和鄂北（一串文）的钞票，再就是老河口和谷城两商会（一串文）的钞票等，均以正常的价格评议。若是仙人渡各行业所出的流通券（除杨顺兴、李长源、日新长三家外）其余概行抬高价格，宁可有货不出售，不愿要仙人渡"满天飞"的纸票。由于清乡保卫团管理无序，市场交易愈加紊乱，每逢集市，为票子发生纠纷、打闹的事情随处可见，整个市场混乱不堪。②

由于军阀或地方驻军拥有武装力量，对地方上发号施令，地方社团组织不敢不为。在湖北查禁"市票"的过程中，地方驻军往往令行禁止，收效极佳。湖北多地曾因"市票"治理困难而闻名。但有些地方仍取得了成效，如市票发行量最大的沙市，范石生部驻扎时，正值沙市市票信用崩溃，范乃扣押各市票发行者，"限期兑现"，并令"商会调查各发票者之资产，以防持票者之损失。……后饬令将收回之票，切角毁灭，于是沙市市票之祸根完全铲

---

① 肖光庆. 民国时期川东北各地发行的地方钞票 [J]. 中国经济史研究，1995 (4)：72.

② 赖铭斋. 1929 年仙人渡各行业滥发纸币的情况 [Z]. 老河口文史资料：第 15 辑，内部刊印，1984：68.

除"① 在范石生部的武力介入下，湖北沙市的市票得到了彻底查禁。

驻军对当地商民的侵扰所造成的损失尤甚于土匪。即使是作为中间派的商会，也不能在军人那里讨到半点便宜。

廖季华回忆其父在 20 世纪 30 年代当沙市商会会长时，有这样一段描写："父亲也常为洽商募捐摊款，要求当局维持商场秩序，奔走于荆沙官署，故而这些军政要员也多是我家的常客。喝酒打麻将之余，也商讨一些事务，主要离不开要求减税，保护商民经营等。北洋军阀以后的川军多在沙市筹饷，商会要担任'军差'任务。军差办不好，散兵游勇骚扰市面，甚至打家劫舍，生意就做不成了。独立第十四师师长夏斗寅在撤离沙市时，需要一大笔军饷，因沙市一时难以筹集，他就把父亲抓去关了起来。后经全市商界人士担保，夏斗寅才把我父亲放了出来。等我父亲把军饷筹集齐了后，夏斗寅就带领部队开到湖南岳阳去了。"②

在军阀当道的时代，商会只得在军阀政客与商户间奔走，"洽商募捐摊款，要求当局维持商场秩序"，即花钱买个安稳，以防"散兵游勇骚扰市场"。最遭的事情是好不容易筹积的款项被军阀拿走，此军阀撤了，彼军阀又至，如此下去商界何堪重负！

二、有效的对抗

商会对军政府的申诉多半不能成功，但也有"反对有效"的例子。

1916 年 5 月 6 日吕公望任浙江省都督并省长。其时，浙江财政厅欲发行"浙江军政府军用票"，得到吕都督的批准，并委托上海商务印书馆印竣，总额为 200 万元，面额分一元、五元、十元 3 种。但今天所见仅有五元 1 种。该票正面印有吕公望的头像。据《大公报》载，财政厅长莫永贞与中国银行行长金谨斋妥商，在清和坊中国银行内附设军用票发行处，并在浙江总商会开会集议发行办法。而此时，杭州总商会接到吴兴商会等发来的函件，称："兹阅报载，北京通电各省军督，非有中央命令第三款不得发行军用票及他债票

---

① 谢也青. 沙市金融状况之过去及现在 [J]. 汉口商业月刊，第一卷，1934（7）.

② 廖季华. 我的父亲廖如川和裕成美钱庄 [Z]. 沙市文史资料（2）：281.

之语……然金融为商界命脉所系，即如前次中交两行停止兑现风潮，我浙虽转圜迅速，但影响所至，百业顿滞，钞票信用，迄难恢复，此皆见诸事实，无庸讳饰者也。今报章所载之事，岂非绝端反对，设或发行，商业立毙，实有不堪设想，应请预为擘画，设法阻止，以维市面。"① 总商会准吴兴商会函，并转呈财政厅长莫永贞。

后来，此军用票果真未能发行。这与总商会的函文及报界呼声有没有关系呢？

据吕公望之子吕子韬回忆，该军用票印竣后，因省参议会未通过而停止发行。这一事实说明：军政府的行为与决策尚能受省参议会的制约，也说明吕公望并非是独断专行的省督军。② 结合《大公报》杭州总及吴兴等商会的函文，不难看出，对于"浙江军政府军用票"，当时各商会及其代表的商界是竭力反对的，而总商会及商界显然在民国初年的省参议中尚有相当的话语权。

1920 年在江苏南京发生的事情与浙江的相似。据天津《大公报》报道，江苏南京驻军持国库券购物与商店冲突，商会出面协调，代表商界向政府申请勿发有期国库券，以防驻兵扰乱市面。南京总商会向省府呈文："近日宁垣市面，有驻宁十六师兵士，持定期有利国库券，向钱店、商号兑换现钱，暨购买货物。各商号因一时无从取现，未敢收受，致启争端，商情惶恐，请保护前来。"江苏李督军和齐省长十分重视商会所反映的情况，于是立即致电中央，并称："查此券曾以人民信用如何为最要问题，电达院部有案。今既发生困难，碍于流通，不得不设法妥筹，以维现状，当饬地方官厅与该师官长商妥，将初级军官及因兵夫所领库券，共计券额二万余元，由财政厅酌备现金收回存储，其余库券仍由该师各官长收存，不再使用，免滋事端。苏省库空如洗，商业多艰，维持金融，最关紧要，察看目下商情，此项库券势难强以收用。此后驻苏军队，所需饷项，应请拨发现金，勿以库券搭放，以重军精而顺舆情，敬此电陈希鉴察云云。"③

一些地方军阀一方面借口整顿金融，操纵市场，滥发钞票，再任意宣布

①　浙商请阻止发行军用票 [N]．天津：大公报，1916 - 06 - 23（10）．
②　吕子韬．一张五星级的军用票 [J]．世纪，2002（4）：56．
③　苏省电请勿发有期库券 [N]．天津：大公报，1920 - 02 - 02（3）．

钞票作废，以达到搜刮民众的目的；另一方面，他们还仰仗武力，欺压百姓，以致民不聊生。

福建省福清县就曾发生过当地驻军因横征暴敛而激起民变。由于各省防军的粮饷是自筹的，驻军的军政费用就得靠就地取材了，这就直接加重了当地老百姓的负担。1931 年 10 月，林靖部（福建省防军第二支队）至福清县第一天，地方财政就先垫付了军费四千元大洋。林靖还组织一个筹饷委员会，以仙游籍秀才王清祖为主任。王任职后，擅立田亩捐、房捐、灶捐、赌捐、营业税等名目，到处设立捐局、税所，进行横征暴敛。林靖部在福清所使用的敛财手段层出不穷。除所谓"正式"的筹饷外，还进行如下敲诈勒索：第一，在海口镇设立检查处，检查来往船只，抽收货捐船捐，多者百余元，少者数十元不等。第二，林靖驻扎福清时，以清理全县金融为名，取缔私商发行的票币，肆意勒罚。当时全县大商铺以各自牌号发行票币的有 30 多家，林发出布告，限 10 日内取回票币，并借机勒罚，每家数百、数千元。限期缴交，稍迟人遭捆打，财物被劫（另一说"稍迟交纳，即施吊打"）。全县 30 多家票商先后倒闭，影响所及，众多依靠票商贷款进行经营的小商小贩，也相继闭门停业。林靖部企图在逼倒各票商后，大量发行"军用票"，进行更广泛的掠夺。对林靖部的暴行，人民忍无可忍。1931 年 12 月，福清龙高半岛爆发了一场自发的大规模的农民除暴驱暴运动，当地人称为"打兴化兵"事件①，后人称为"龙高民变"或"龙高暴动"。事变时，民军在龙田文昌阁内曾发现大量准备发行的军用票券。②这是人民自发反抗地方军阀暴行的义举。

地方自治力量对军阀最有效的抵抗的例子，当属河南宛西自治了。宛西地方精英坚持自卫，力拒外压。

宛西自治领袖彭禹廷曾多次严厉斥责国民党驻军骚扰地方的不法行为，并责令没有镇平民团的同意，任何军队不准过境。河南驻军樊钟秀部在宛西扰民，曾被民团包围缴械，自此过往宛西的军队鲜有扰乱地方者。1934 年，时任河南省主席的刘峙，视察宛西各县，欲查办地方精英领袖别廷芳，解除

---

① "兴化兵"即指林靖部，因为林靖部士兵大多来自莆田、仙游，而莆、仙隶属旧兴化府。

② 林筹等. 莆仙民军林继曾的兴亡 [M]. 福建文史资料：第 4 辑，厦门：福建人民出版社，1980：138.

地方武装。但由于别廷芳一面表现殷勤，一面严加防范。当刘峙看到宛西各县的常备民团训练有素，人人皆兵，动辄能动员数万人，只好作罢。① 宛西四县（内乡、镇平、淅川、邓州）匪灾繁发，在地方精英的组织下，四县在剿匪活动中协同作战，先后对万人以上的土匪进行了大规模清剿，共歼灭土匪六千余人，有效地维护了宛西地方社会秩序的稳定。② 正是由于宛西民团在自卫方面的突出表现，使国民党上层对宛西自治从排斥转向容忍，也使宛西自治在经济、文教方面得以全面展开的重要前提。

在社会秩序得到安定后，以别廷芳为代表的宛西自治首领，开始了为地方经济发展筹集经费，他们设立金融机构，发行货币是重要的手段。1927 年，内乡成立金融流通合作社和借贷所，一面吸收存款，一面贷款扶持农工商业。1931 年，镇平自治委员会建立农民借贷所和信用合作社，向农民贷款，同时开展储蓄、汇兑业务。邓县曾于 20 世纪 30 年代建立过农民信贷所。1932 年，内乡县民团司令部还印制"内乡金融流通券"在内部流通，全盛时期曾流通整个南阳地区及相邻的陕东南、鄂西北地区。③ 宛西各县设立的金融机构，发行地方金融流通券，为他们筹集到了大批建设资金，对发展地方经济起到了一定的积极作用。

综上所述，军阀及驻军的供给体制就是就地取材，不论是临时过境军队，还是常驻武装，都竭尽全力地去勒索当地人民，造成民众负担沉重。有的只能消极抵抗，如关门歇业了事，有的则奋起抵抗，如大规模的民变事件。但这种力量强弱极不对等的对抗的结果，多半是以社会组织的妥协而告终。

① 张宜和. 我所知道的别廷芳［M］. 郑州：河南文史资料：第 47 辑，中国文史出版社，1993：51.

② 南阳地区地方史志编纂委员会. 南阳地区志［M］. 郑州：河南人民出版社，1994：881.

③ 王正旭，刘绍明编著. 南阳历史货币［M］. 北京：科学出版社，1998：176.

第七章　多元本位下各社会组织的对内对外关系

小区域货币是民国时期多元本位体制的一个子集或分支，如前文分析，小区域货币是脱胎于纷繁复杂的多元本位体制之中，因而不可能完全脱离其母集而独立存在。所以，在多元本位的视角下分析当时社会组织及其与各方关系可能更加全面而不失偏颇。需要指出的是，分析商会与同业公会的关系时，鉴于其与货币的联系，以下仅讨论金融业同业公会，其他同业公会则不作展开。

第一节　社会组织与银钱业的关系

从理论上说，有实力的钱庄才能入钱业公会，银行则加入银行公会，这些行业组织都是商会的成员单位。民国初期，中国还没有银行公会时，钱业公会的影响和势力就很大了。如1929年湖南省银行刚成立时，为了及时获取金融信息还限低身份加入了长沙"钱业公会"，说明长沙钱庄在金融界的实力和地位是举足轻重的。① 实际上，成员单位与其所加入的行业组织之间并无严格意义上的上下级关系，即便受到行业规范的制受，也只是一种行业自律行为，这是典型的社会自组织管理模式，其特点是协调、规范和服务，而非行政命令。

---

① 沈泓. 钱庄票收藏与鉴赏［M］. 长沙：湖南美术出版社，2011：44.

一、商会与银行的关系

从河北省银行委托天津县商会代为发行辅币券一事来看，他们的关系更像是一种平等基础上的协作关系。

1930 年 8 月 18 日，天津县转发河北省银行委托各县商会代为发行辅币券规则函并附规则，该函中首先说明了委托商会代发辅币券的理由。河北银行辅币券，"自发行以来，准备充分，十足兑现，流通畅利，信用昭然。惟当开办之初，仅于平津保三处推行，其余各县尚付阙如，兹以各县大都现金缺乏周转不灵，而当地土票又为法令所禁，为谋应社会需要调剂地方金融计，在各县发行辅币券实不可缓，业由敝行呈明财政厅，凡未设有办事处各县，拟即将辅币券委托各该地商会代为发行，订有委托发行规则及互兑办法即日实施。相应检同规则办法函达查照，至希贵政府商同商会筹备一切，并认订代发数目剋期见复，俾利进行"①。

"河北银行委托各县商会代发行辅币券规则"如下：

第一条　本行为调剂各县当地金融及整理印制起见，委托各县商会，代为发行本行辅币券。

第二条　各县代发行辅币券应即加印某县字样。

第三条　各县应用发行辅币券额数，应由县政府与商会商定，函知本行注册，得以分批领用，惟每批最少以一成为限。

第四条　各该县应用辅币券，应由各该县商会出名，连同领用辅币券之在会殷实商家副署负责请领。

第五条　各该县辅币券，即请托各县商会连同领用辅币券之在商会殷实商家共同负责发行。

第六条　各该县已发行辅币券，即应由各该县商会连同领用辅币券之在会殷实商家共同负责兑现。

第七条　各该县发行之辅币券均可照纳各项税捐。

第八条　各该县请领辅币券，应照每次请领总额提交现金十分之三，作

---

① 天津商会档案汇编（1928—1937）［M］. 天津：天津人民出版社，1994：695.

为本行代为保管准备金之一部分，自收款日起，本行给予月息五厘。

第九条　前条下余十分之七现金应留各该本县，作为随时兑现之用，惟此项十分之七辅币券，本行于二个月后，得收代发行各商家月息五厘。

第十条　各该县印字辅币券，暂以在各该本县为行使范围，一律完全兑现。

第十一条　各县商会代发行辅币券时，应参照本规则及互兑办法，与本行订定合同。

第十二条　本规则施行期间暂以一年为限，并呈报财厅备案。①

到 1930 年 9 月 19 日，河北省财政厅再次训令各县长："据政务视察员报告，各县滥发土票者，仍复不少，亟应及早禁止发行，以维钱法，而利金融。除分行外，合亟令仰该县长即便遵照先令各令，切实奉行，立即督饬财务局长及商会，将境内所出土票查明确数，分期勒令收回，由县监视销毁。并将遵办情形先行具报，毋再视为具文，切切此令。"② 河北省财政厅的训令表达了省银行委托各县商会代发辅币券的目的：为防止商号滥发土票，由商会统一发行辅币券，以便流通市面。如果说省银行的委托仅是合作，省财政厅的训令则是授权，商会代政府银行发行辅币，充分反映了商会作为"第三部门"的优势。这种优势体现在：商会作为市场的直接管理者，最了解市场的真实状况，既方便政令贯彻，又能下情上达，避免了政府管理的无效和市场行为的无序。不得不说这是省财政厅一石二鸟的明智之举。

1940 年前后，安庆地区各县发行的辅币兑换券，亦由商会盖章，统一印制与管理。不过这是在 1935 年民国政府实行币制改革后的事。为解决辅币不足的矛盾，允许安徽地方银行发行的一元以下的辅币券。后来日军占领芜湖，安徽地方银行的辅币券也停止发行了，这时安庆地区市面小额辅币周转十分困难。为了满足城乡找零的需要，安庆地区 7 县财委会于 1940 年发行了一种面额在 5 角以下的地方兑换券。据《太湖县志》载，抗战爆发前，太湖县殷实富户自发辅币兑换券，在市面流通。1940 年前后商号兑换券停发。同年，

①　天津商会档案汇编（1928—1937）[M]．天津：天津人民出版社，1994：696．
②　财政厅令各县县长抄发河北银行委托各县商会代发行辅币券[J]．河北省政府公报，1930（785）：7．

太湖县财委会呈经省财政厅批准，印制辅币二角券 2 万元，一角券 5 000 元，由安徽省地方银行太湖办事处发行。1941 年太湖县财委会印制黑色五角流通券 6 万元，盖有财、商两会会长图章，在县内完粮纳税一律通用，由征收机关及地方银行汇送财委会兑换法币。随后因两会会长易人，又发行一种红色五角兑换券。①

根据收藏者的资料，这些地方兑换券有潜山、岳西、望江、怀宁、桐城、宿松、太湖 7 县的 1 角券，宿松县的二角券和太湖县的五角券。其中 1940 年"太湖县兑换券"一角券，票面印"完粮纳税一律通用"，并正背面右侧分别有"财委会章"和"殷赉丞"签名，左侧分别有"商会之章"和"陈锡蕃"签名。这说明此券由县财委会和县商会联合组织发行。此券版式发行量较大，在安庆地区内各县均有类似的兑换券。

1941 年"太湖县地方临时流通券"伍角券。正面为黑色，印有"县商会主席陈锡蕃"，并盖有"商委会章"及"完粮纳税一律通用""中华民国三十年"字样。背面为枣红色，印有该流通券发行办法说明："本券暂时流通办法：一本券系临时流通性质，俟奉到中央及省地方银行印制一元、五元或十元钞票颁发到县，即行收回。一本券所收基金由财商两会负责保管，凡军民人等持本券换取法币时，须凑齐五十元或一百元方能兑换。"② 1941 年 1 月，汪伪发行"中储券"后，安庆 7 县财委会发行的兑换券，经短暂流通后便陆续收回。

由贵州总商会参与发行的滇军"尾巴票"，因不兑现，在市场流通时，贬值严重，并造成市场混乱。1923 年，唐继虞率滇军攻占贵州，为缓解军政急需，以全省验契税 80 万元作保证金，利用唐继尧主政贵州时发行"贵州银行兑换券"，加贴附张，并加盖"贵州省长""贵州善后军政督办""贵州财政司""总商会"等印章，以振币信。流通到市后，因其加贴附张形如尾巴，老百姓称为"尾巴票"，虽明文规定该票与银元等价流通，因不兑换，一元券在市场上仅值三角左右。其时，滇军有队人马驻扎贵州遵义县高坪区，滇军强

① 太湖县志 [M]. 合肥：黄山书社，1995：418.
② 吕长礼. 安徽地方纸币和商会票及私票 [J]. 安徽钱币，2004 (2)：32 – 33.

行用"尾巴票"购买物品，商民拒收或只降价收受，常发生争执。①

1925 年初，因铜价上涨，铜元外流及熔铸现象严重，导致市面辅币紧缺。遵义县市面日常交易极为不便，往往因无辅币找零补尾而放弃生意。为维持地方正常贸易，解决市场辅币紧缺的矛盾，由遵义县商会会长王梦久提议，会同县经费局筹集一万元大洋，委托县城的"全林斋"书画社，石印印制了五种面额的铜元票，蓝色的面额有"十文""二十文""五十文"三种，红色的面值"一百文""二百文"两种，正面盖有"遵义县商会""遵义县经费局"的朱红印章及"泽润民生"字样，背面印有条文规定：限在县境内流通，不得私印、仿印。由县经费局办理具体发行事宜。该券发行有准备金作保障。随时兑现，商民乐意收纳，给市场商品交易带来了方便。数月后，国民政府进行币制改革，推行法币，禁止其他货币流通，该票即收回，自始至终未贬值。②

以上事例中，贵州总商会、省长和省财政司等部门的印章同时出现在"尾巴票"上，仅向社会传递出"此票已得到各官府及社会各界的认可且流通勿误"的信息，但实际投入流通时，民众却并不买账。而作为总商会下属的遵义县商会，却真正发挥了作为社会自组织的管理职能，说明了总商会离官衙较近，已俨然成为政府职能部门的一分子，而县商会则较好地保持其独立性和自治性。这从一个侧面看出，贵州总商会与各县商会之间名义上有隶属关系，实则联系并不紧密。

20 世纪 30 年代，山西省各县银号发行兑换券应该是山西的一大特色，这与阎锡山在山西推行他的一套自治理论有关。

民初，山西省钱铺、银号、钱庄、当铺、商会、布庄、粮号等几乎都有私票发行。后来各县商号又发行地方流通券和兑换券。以县银号为例，阎锡山执政山西时期，将全省金融机构分三级，一为山西省银行分支机构；二为县联合社；三为县银号。阎锡山倡办县银号（1932 年）。民国二十二年（1933 年）在本区成立的县银号有永和县银号、乡宁县银号、曲沃县银号、

---

① 遵义县金融志［Z］. 内部发行，1992：62.
② 遵义县金融志［Z］. 内部发行，1992：63.

洪洞县银号；到民国二十四年（1935 年）又增设：翼城县银号、大宁县银号、吉县银号、蒲县银号、安泽县银号、石楼县银号、襄陵县银号。当时本区共成立县银号 11 家，占全省银号的三分之一，资本额 10 万余元，占全省总资本的四分之一。①

县银号的资金来源，除向山西省银行借二成准备金外，其余由县地方分期筹募，筹募办法：有的是按田亩摊派；有的在田赋项下附征，有的是由地方教育基金提拨，有的是由商会筹集，情形较为复杂。实际上是以虚设县银号的名目，将所筹资本交私商代办。方法是由县长会同地方士绅筹足应筹的资本，呈请省经济建设委员会印制县银号应发兑换券，招县城殷实商号包办，按章订立合同，定明双方权利义务，即按资本给予私商一定利益，赔赚与政府一概无关（见表 7－1）。②

表 7－1　临汾地区各县银号概况表（据国民政府营业部 1935 年统计）

县别	成立年月	资本额（元）	兑换券发行额（元）
永和县银号	1933.7	5 000	6 000
乡宁县银号	1933.7	11 100	5 000
曲沃县银号	1933.11	15 000	25 000
洪洞县银号	1933.12	24 000	24 000
翼城县银号	1935.4	11 000	12 000
大宁县银号	1935.5	5 000	—
吉县银号	1935.6	5 000	—
蒲县银号	1935.7	3 000	—
安泽县银号	1935.8	5 000	5 000
石楼县银号	1935.8	—	—
襄陵县银号	1935.7	6 000	1 430

资料来源：临汾金融志［M］. 北京：方志出版社，2005：62.

抗日战争爆发后县银号陆续关停。据《曲沃县志》载：曲沃县银号从成立至 1937 年，5 年共发行名为"曲沃流通券"的山西省银行兑换券 10 万元，

---

① 临汾金融志［M］. 北京：方志出版社，2005：61.
② 临汾金融志［M］. 北京：方志出版社，2005：62.

面额分一角、二角、一元 3 种。又据 2001 年 6 月 12 日《临汾日报》登载，有"临汾县银号兑换券"一元券（1934 年印）和"霍县地方流通券壹圆"券等票券的发现。^① 这些实物票券的发现，对历史资料有个有力的印证和补充。

山西省各县银号与各该县商会的关系密切。如上所述，县商会筹集资金，并呈请省经济建设委员会印制县银号兑换券，实际上山西各县私商银号发行的小额辅币已被纳入阎锡山自治计划之中，成为其实践的一部分，而且县银号小额辅币也是阎锡山控制下的货币金融体系的一部分。县银号钞票是辅助晋钞并为后者服务的。

1939—1940 年，安徽当涂县商会发行过一种分币流通券。这种"当涂县分币流通券"，正面印"大洋壹分""当涂县公署""当涂县商会"，并印当涂县古城门图景。此券是抗战时期日伪统治下当涂县发行的。流通使用期间在1939 年下半年至 1940 年上半年，流通地区主要在当涂城关，十公里附近乡镇也可见到。在日伪占领下，当涂是"三不管"区。当时伪政权县知事张星侪、警察局长张四朗、商会会长吴玉冈等县内头面人物一经聚谈，即为"最高决策"，他们也是直接执行者。加之"解除民瘼"的理由，此券因此迅速流通使用了。此券印行总额，估计约为十万张，发行量不大。流通市面时，物价尚且稳定，因铜板、分币，市面绝迹，一分票券还有购买力。商店找零，常用此券。此后随着物价上涨，分币就失去价值，自然退出流通。^② 与上文所述的贵州遵义县商会发行临时辅币券一样，是县商会发挥了社会自组织的管理功效。在抗战大背景下，县府、警局、商会等聚谈磋商形成"最高决策"，这就是自治的模式，无须向上级呈准汇报。

二、商会与钱庄、公钱局的关系

商会与钱庄的关系，可从福州钱庄向总商会等几种社会组织缴纳费用一事看出些端倪。

1906 年，福州除银元之外，钱庄发行代替银元的"台伏票"，考其票名，

---

① 临汾金融志［M］. 北京：方志出版社，2005：41.

② 胡溥泉. 当涂通货史话［M］. 安徽文史资料选辑：第 28 辑，合肥：安徽人民出版社，1988：113－114.

"台"指福州南台，"伏"与"佛"谐音并为"佛"之缩写。光绪年间，福州南台盛行由香港输入的银币，称为"佛头角"。福州南台钱庄以"佛"作为"台伏"之含义，所以"台伏票"即福州银元票之意。

1925 年，"福建官银号"倒闭，福州发行台伏票的钱庄有 45 家，每家资本由三、四万元到十万元。发行台伏钱庄须向福州总商会交纳注册费 600 元，向金融维持会交纳股金 3 000 元，向钱业研究所交纳会费 300 元，此外还要承担闽省当局的各种摊派款项。[①] 以上几项，除向闽省当局所缴纳的算是摊派的费用外，其余三项是一种管理费，也可以理解成是服务费。向商会缴纳会费自不必说，向金融维持会交股金应当是一种集中现金管理的制度，因为"台伏票"是以银元为本位的兑现货币，为防止挤兑出现，成立维持会集中财力，并扮演着"最后贷款人"角色就变得十分必要。而钱业研究所则完全是服务费，因为研究所要调查市场行情，并实时发布，没有经费来源是不可能完成的。

抗战时期，有些江苏等地的小钱庄，受制于资金少、业务量小，无力向官府申领营业执照，因为正式的申请并由政府颁发执照需要缴纳大笔费用，只好就近通过县商会，申请伪县政府发个营业执照，在当地挂牌开业，其实只是个"地下钱庄"。这也是基层商会因地制宜地采取的自组织管理方式。商会能结合当地特色，接纳这些"草根"钱庄入市，的确是一种比较"接地气"的做法了。

商会与官钱局的关系则更特殊一些，因为许多商钱局是由商会自己设立的。

清末民初，由商会筹设"官钱局"等机构，负责兑换、发行铜元票。1908 年天津市面上的铜元比 1903 年贬值一千余文，使各阶层民众和商人都"不堪其累"。为此，天津商务总会总理王贤宾根据当地的实际情况草拟了《挽救铜元危机办法三条》，其中一条是筹设官钱局，行使银元、铜元、纸币，"准由各商民用铜元向钱局兑换两等纸币，以资津埠流通"[②]。这些措施都得

---

① 福州金融志［Z］. 内部发行，1995：55.
② 天津市档案馆. 天津商会档案汇编（1903—1911）［M］. 天津：天津人民出版社，1989：361.

到了地方官府的支持，因而得以顺利推行。而商会此举似有一种做公益的
性质。

　　此外，许多县的商会都开设过各类钱局，并发行在当地流通的纸币。山
西徐沟县的钱局称济徐公钱局，附设于徐沟商会之内，该局成立于1914年3
月，主要业务是发行钱票，以弥补现钱的不足。发行的钱票有一串、二串两
种。采用新式票面[1]，由天津北马路加藤印局承印。据说发行额达一万串以
上。[2]"附设于徐沟商会之内"就说明是由商会自设的。湖北沙市商会也组织
公钱铺并发行市票。1914年，沙市商会组织公钱铺，在得到官方批准后，发
行市票，流通渐广，其式样与台票（湖北官钱局发行的官票）相同。1922年
5月10日公布的银钱兑价为：官票3.8钱，市票3.695钱，铜元3.685钱。
可见那时市票虽因信用关系比官票价值稍低，但因使用方便却比铜元价高。[3]

　　湖北省麻城县"麻票"的流通是在湖北官钱局倒闭之后发生的，反映了
"私票"与"官票"的此消彼长的关系。根据"麻城镇发行市票商号统计表"
可知，1926年前后，麻城镇发行市票共计105家，其中杂货店20家，粮行7
家，药店、花行、糕点、广货、饭店、豆腐店各5家，甚至鸦片烟馆和油条
店也发市票。[4] 市票在湖北又有私票、小票、花票之称，指未经政府批准而私
自发行的纸币。麻城县的市票（称"麻票"）盛行的背景是：1926年，官钱
局倒闭；随后武汉现金集中；1927年，汉钞停止发行。也就是在湖北市场大
量缺乏官票的情况下，商民团体，乘机谋利，滥发市票，流通全县。此时是
麻城县市票最盛的时期。湖北省政府于1930年9月令民政、财政两厅会同各
县取缔市票。次年又修正《湖北省各县市票取缔暂行规则》，指令各县切实取
缔，如收兑期满，再发现有市票流通的，即向该县长是问，轻者记过罚俸，
重者呈请撤惩。[5] 此后市票逐渐没落。

---

① 即横式，类似银行钞票。传统钱票为直式，印刷与手写相结合，由商号盖印章。
② 日本同文会. 中国分省全志・第十七卷・山西省志 [Z]. 山西省地方志编纂委员会，1992：
486.
③ 陈培曾. 二十年代的沙市票潮 [A]. 沙市文史资料：第2辑：97.
④ 麻城县金融志 [Z]. 内部发行，1987：5-7.
⑤ 麻城县金融志 [Z]. 内部发行，1987：4.

第二节　商会与同业公会的关系

清末，清政府推出"新政"，推出了一系列有利于民族工商业发展的措施。1903 年成立商部，次年商部制定《商会简明章程》26 条，全国各地普遍成立了商会组织。1915 年北洋政府公布《商会法》及实施细则，1918 年公布《工商同业公会规则》及《施行办法》。1929 年 8 月，国民政府相继颁布新的《中华民国商会法》和《工商同业公会法》。这说明各个时期，商会与同业公会都在政府相关法规的管理之下，但都没有明确界定商会与同业公会之间的隶属关系。

一、金融业同业组织的演变

（一）商帮

在清代中期，典当、钱庄和票号等中国传统的金融业已形成一定的规模，与其相适应的行业组织也出现了。早期商人组织往往以乡缘关系为纽带，形成地域性的商帮、公馆等，靠集群的力量为行业团体成员服务。"会馆，最初多建在大都市里，是官员们为在同乡中实现互助自卫之目的而设立的。后来商人们以此为楷模，也建立了自己的行会。"① 自卫仅是最初商帮为在异地生存而产生的最原始的需求。随着其发展壮大，必然就有了联合起来和互相协作的愿望。到了近代，"帮"的称呼已十分普遍。民国初年，汉口工商业的"商帮"很多。"谓帮者，皆同乡商人相结合而成一团体，各冠以乡里之名。在汉口，著名者为四川帮、云贵帮、陕西帮、山西帮、河南帮、汉帮、湖北帮、湖南帮、江西福建帮、广帮、宁波帮等。是等商帮为唯一之商会机关。"② 典当业是中国最古老的金融行业之一，明末清初，各地典当业日渐发达，既而典当业的商帮亦多。徽帮典当商人势力跨长江南北。乾隆以后，"江以南皆

---

① ［美］玛高温. 中国的行会［M］. 彭泽益主编. 中国工商行会史料集（上册），北京：中华书局，1995：5.
② 民国《汉口小志》卷八《商业志》. 37－38.

徽人，曰徽商。江以北皆晋人，曰晋商"①。票号以山西人开办的最为典型，也以地域为帮。"票号多统称为山西帮，唯此乃广义的派别。实则就其内部组织及地点关系而分之，可分为三派：一为平遥帮，一为太谷帮，一为祁县帮，均系发祥之所在地而得名也。因各有帮，故其势力各有一定之范围，实际上相互关系，亦各有不同。"其实所谓商帮，一般内部并无明确的帮规，却常常存在互相竞争的关系。虽然"帮"在内部的协调、管理上发挥了一定作用，但内部成员关系并不融洽，组织系统也不牢固。因此，商帮实际是个内部极为松散的组织，或者说并非严格意义上的行业组织，仅是商人组织的初始形态。

（二）工商业行会

一般认为中国工商业行会，一为会馆，一为公所。前者属于同乡的集会，后者属于同业的集合。②典当业的同业组织出现较早，但明代是否已有典当业同业组织，尚有争议。清代，广州已出现了典当同业组织。"广州在清雍正十一年（1733 年）前即成立有典当业行会，并建有会馆作为集会议事和办公场所。……北京典当业行会，始创于清嘉庆八年（1803 年）九月，初名'公合堂'，后改为当商会馆。"③钱庄的行业组织大致也出现在清代。乾隆年间，上海钱庄业已具有相当的规模。1776 年钱庄业已有公所的组织。④对外通商后，上海的钱庄迅速增加，钱业组织随之发展起来。开埠后，上海钱业分为南北两市，分别成立了南市钱业公所和北市钱业会馆，但仍有内园作为整个上海钱业的总公所。随后，其他地方相继也出现了钱业公所。咸丰年间，天津成立了钱业公所。并在同一时期，汉口也出现了钱业公所。票号的同业组织出现晚于钱庄，1873 年前后，重庆已出现了票号的同业组织。光绪五年（1879 年）上海成立了票号业公所。光绪二十九年（1903 年）十二月初十日，北京成立汇兑庄商会。⑤在各金融业同业公所里，帮的势力依然存在，如在上

---

①　曲彦斌. 中国典当史［M］. 北京：九州出版社，2007：164.

②　彭泽益. 中国工商业行会史料集（上册）［M］. 北京：中华书局，1995：182.

③　曲彦斌. 中国典当史话［M］. 沈阳：沈阳出版社，2007：74.

④　中国人民银行上海分行编. 中国钱庄史料［M］. 上海：上海人民出版社，1960：3.

⑤　商部甲辰年纪事简明表［N］. 申报，1905 – 3 – 4.

海钱业公会中，宁绍帮一直发挥着巨大的作用。①

归化城的商业社会组织，往往以各种"社"或"行"的形式存在，归化城主要的"社"有"十五社"和"社外九社"；还有社外各"行"。

归化城"十五社"，"社"即含同业公会之意，与中国各地的"帮"、福建的"郊"、广东的"行"同义。各社都有自己的章程，从公会会员中选举熟悉商务、有声望的人担任社头。通常每社有社头三人至七人，每年更换一次，或每一票期（三个月）更换一次。社头的商议事项主要是调解纠纷、救济会员、制定商业常规、同衙门进行交涉等，会员每年聚会一次。十五社包括醇厚社（洋货铺）、聚锦社（粮食批发商）、青龙社（面粉及纸张业）、福虎社（碾房）、宝丰社（钱铺）、集义社（皮靴铺）、威镇社（粉皮房）、聚仙社（茶馆）、仙翁社（饭馆）、兴隆社（往来于各地的行商）、毡毯社（织造绒毯业）、衡义社（皮行）、集锦社（在内蒙古各地从事行商活动，称"营外路"）、当行社（当铺）、马店社（骡马等经纪人组织）。十五社之上，还有"乡耆公所"，是由十五社组成的公所，由社员选出乡耆四人，总理所务，任期一年。公所每月招集会议，讨论商务，处理会员间纠纷，并代收捐税，制定商业规章等。商业规章包括雇工使用、买卖价格、货款支付以及其他手续费、回扣、度量衡等相关制度。

归化城除了十五社外，还有"社外九社"，即未加入乡耆公所的商户组织的公会，包括铁行社（锻冶业）、福兴社（牛羊店）、福庆社（驼店）、生皮社、金炉社（金属品制作）、染房社、蜡行社、药行社、煤炭行社。此外，还有社外各行②、八大庄口③、四大店口④、三大号口⑤、家哒子行⑥，等等。

归化城商贾云集，店铺众多，常立有"交易常规"，如日常交易的货款支

---

① 刘俊峰. 近代中国金融业同业组织的早期形态及发展演变述论［M］. 徐秀丽，郑成林主编. 中国近代民间组织与国家，北京：社会科学文献出版社，2014：237-243.

② 社外各行指山货行、银匠行、杂营行、西营驼户等。

③ 归化城把茶庄、布庄、票庄、羊店、京货店、府庄（山东东昌府人杂货店）、谷庄（太谷商人钱行）、口庄（张家口商号）称为八大庄口。

④ 指通顺、长泰、东升、奎隆四家货店，均属于聚锦社。

⑤ 三大号口指集锦社的大盛魁、天义德、元盛德三家商店，均从事口外生意。

⑥ 家哒子系内蒙古地方的总称，内蒙古各地商人来归化城进行贸易时，均到此行找通晓蒙语的中国人"通事"（翻译）商量，请求斡旋。

付日期，有两种方法，一是票期，二是"八个驴子"。所谓票期，即严格的货款支付期限。一年分为四票，结清所欠货款。其具体日期，原则上每年十二月二十五日前后，由各社社头推举的代表与四名乡耆在乡耆公所会商决定。但据说实际上多半由通晓金融情况的钱铺代表来决定。从历年的情况看，票期大致在正月、四月、七月、十月的中旬前后。超过票期拖延清偿的，须支付一票期内的利息，但不得超过下一票期，以免损伤商店信誉。"八个驴子"也是一种货款清付期限，即除四次票期外，在下余的八个月，即在二、三、五、六、八、九、十一、十二各月，以一个月为期结清货款。如二月十五日成交的货物，以三月十五日为货款支付日期。此名称来源于运输行业。上述两种结算方法，采用哪种，由双方约定。① 归化城的"社"或"行"，从名称看仍属于旧式行会之列，但是已经制定了严格的商业规章，是同业公会的早期形态。

（三）同业公会

清末民初，传统的行会组织纷纷改组为具有现代性的公会。传统行会与现代性的同业公会在制度功能方面存在着一系列的差异，彭南生曾作过总结（见表7-2）。

表7-2　　传统行会与现代同业公会在制度功能系统方面的比较

制度功能系统	行会	同业公会
组织功能	习惯与习俗	制度与规范
经济功能	非资本主义	资本主义
社会功能	伦理与道德	理性与功利
政治功能	在商言商	在商亦言政

资料来源：彭南生.中国近代商人团体与经济社会变迁 [M].武汉：华中师范大学出版社，2013：21.

总之，新式同业公会是产生于资本主义经济基础上，也是为资本主义发展服务的；旧式行会是建立在封建经济的基础之上，两者有着本质上的不同。众所周知，票号随着清朝的灭亡而走向衰败，因此其同业组织既然没有得到

① 日本同文会.中国分省全志·第十七卷·山西省志 [Z].孙耀，孙蕾，仁平译，山西省地方志编纂委员会办公室，1992：454-460.

发展。典当业则走了完全不同的道路，民初，浙江典当业出现了跨地区联合的趋势。1913 年 6 月，江苏全省典业公会召开成立大会。其成立的目的是解决营业困难，增强与政府谈判的筹码，充分体现了同业公会"在商亦言政"的新思维。1915 年 6 月，浙江全省典业公会在杭州成立。再看钱庄业的同业公会，钱庄业同业公会最具代表性的是上海钱业组织。随着鸦片战争后的五口通商，中国内地钱庄与外国洋行及银行打交道的过程中，不断发展壮大，并走向联合。1917 年 2 月，上海南北两市钱业为"互通声息"，决定成立上海钱业公会，同时制定《钱业公订同行规则》以规范上海钱业市场。① 厦门于光绪二十八年（1902 年）成立华洋钱庄公会，会员 30 多家。

银行业同业公会的兴起。自 1897 年中国通商银行成立后，到 20 世纪初，中国民族资本银行有了显著的发展。截至 1911 年，中国有本国银行 30 家。1912—1927 年，新设银行多达 313 家。② 出现了民族资本创办银行的热潮。1915 年，北洋政府颁布《银行公会章程》，在此基础上，银行业同业公会纷纷成立。1918 年上海银行公会成立。1919 年北京银行公会成立。1920 年汉口银行公会成立。同年，天津、杭州、济南、蚌埠、广州等地相继成立银行公会。1920 年底，第一届全国银行公会联合会会议在上海召开。③ 可见，银行业同业公会成立晚，但起点高，受西方新式组织的启发，发展势头良好。

20 世纪 30 年代后，国民政府强力介入，金融业同业公会被迫改组。1929 年，南京国民政府颁布《工商同业公会法》，次年又颁布《工商同业公会法实施细则》，两部法则表明了国民政府改组同业公会并加强监管的态度。对此，以上海银行公会、钱业公会为代表的银钱界，对国民政府的政策十分反感，起初采取观望态度。之所以反感，是担心政府势力的介入，会让同业公会这种自治组织行使自主权和自治权。但全国范围看，到 1931 年底，银钱业改组已成定局，银钱界只能接受现实了。④

---

① 中国钱庄史料 [M]. 上海：上海人民出版社，1960：646.

② 杜恂诚. 民族资本主义与旧中国政府（1840—1937）[M]. 上海：上海社会科学院出版社，1991：159.

③ 全国银行公会联合会纪事 [N]. 申报，1920 - 12 - 10（10）.

④ 刘俊峰. 近代中国金融业同业组织的早期形态及发展演变述论 [M]. 徐秀丽，郑成林主编. 中国近代民间组织与国家，北京：社会科学文献出版社，2014：252.

1929 年国民政府颁布了新《商会法》和《工商同业公会法》，在全国形成了松散的商人组织的网络。值得注意的是，它们并没有形成上下级的隶属关系。根据上述法规，同业公会隶属于当地政府，由当地政府认可并发证备案，它与商会的关系，仅仅是派代表参与商会的议事活动。省商会联合会乃至全国商联会，则是以各级商会为代表的讨论更大范围的商业事务的商业团体。①

下面以江西铜鼓县商会、同业公会为例，说明这些工商业组织的运行及相互关系情况。

1940 年成立铜鼓县商会，改组为理、监事制，第一届理事会理事长的邱守三，监事会常务监事邱飞池。任期均为四年。商会控制雄厚商业资本，直接间接影响地方政治经济活动。北洋军阀时期，县公署办公经费、职员薪俸，经常不能按时领支，屡要依赖商民协会垫支周转。因此，公署办理政务，常得事先争取商民协会支持，避免出现阻力。商会往往攫取一地的经济管理大权，一有急需，均可权宜挪用，事后归垫。因此，商会的财政势力，雄踞于各群团之首。

商会对保护商民利益，排难解纷方面，起着一定作用。抗日战争时期，军队来往频繁，常是商会出面接洽，安排驻扎公宇，避免影响商店营业。1944 年冬，下仓街理发师邹长发，在为国民党驻军一连长理发时，与其发生纠纷。最后由商会出面，宴请该连长并道歉赔礼了事，免了理发师一场横祸。

1938 年商会筹委会拥有会员 138 人，1944 年只有会员 40 人。1946 年有商户 474 户，绝大多数都非商会会员。因为入会，一要在本地当坐商三年；二要填报经营行业规定数额的固定资本。报了固定资本，入会后就依此按月缴月捐（会费）；同时，国民党政府各种赋税捐款，均向商会下达指标征收，商会即按所列固定资本均摊缴付，小本经纪人负担不起。所以，宁可当城市贫民，而不去做商会会员。商会会员多是官商经理、大店老板。②

铜鼓县同业公会：1929 年国民政府颁布《工商同业公会法》，规定"原

---

① 张芳霖. 市场环境与制度变迁：以清末至民国南昌商人与商会组织为视角 [M]. 北京：人民出版社，2014：187.

② 铜鼓县志 [M]. 海口：南海出版公司，1989：146.

有工商同业团体，不问其用公所、行会、会馆或其他名称，均应在本法施行一年之内依照本法收组成立同业公会。""在同一区域内各种工商业者有七家以上发起组织，经官署核准即可成立"。同业公会实行理事、监事制。1939年2月至1944年，先后成立绸布业、药业、五金皮革业、南杂业、烟酒业、旅栈业、纸张业、屠宰业等同业公会。同业公会是县商会团体成员。因各行业多小本经营，参加公会须缴月捐，均摊会务经费，多出一种负担。因此，公会成立之初，参加者寥寥。抗日战争爆发后，国民政府指示公会宗旨为矫正本业弊病，增进公共利益，平推抑物价，协助抗战，履行人民应尽义务。颁布《非常时期职业团体会员强制入会办法》，规定"凡拒绝入会之各业人员或下级团体，应由各该业团体，限令加入，逾期仍不遵令者，立予警告。警告之日起十五天内仍不接受者，由该团体呈请主管官署，予以罚款或停业处分"。

1946年7月，各行业店主入会成为有选举和被选举权会员者，统计绸布业41名，南杂业25名，五金皮革业10名，国药业7名，烟酒业27名，旅栈业36名，纸张文具业4名，屠宰业8名。①

二、金融风潮中银钱业公会与商会的关系

银钱业在商会中居于重要地位，商会历届领导层都有银钱业代表人士席位。保定银钱业分钱铺（钱庄）、银号两部分。银钱业在保定工商界中，占经济比重较大，所以在保定总商会也居于重要地位。商会历届领导层都有银钱业代表人士席位。如元吉银号经理梁润亭曾任过商会会长职务，他是保定经济界的权威人士之一。其次如本立源经理杨质明、益恒昌银号经理杨耀真先后担任过商会常委、常务理事等职务。②

商会与银钱业虽非隶属关系，但两大商业组织来往密切。钱业首领大都担任商会会长一职。上海总商会：金融业、银钱业在上海总商会内保持举足轻重地位，金融界银行界的头面人物严信厚、朱葆三、傅筱庵等"连绵不断"

———————

①　铜鼓县志［M］. 海口：南海出版公司，1989：147.

②　晓舟，恩厚. 保定的票号和银钱业［M］. 河北文史集粹·经济卷，石家庄：河北人民出版社，1991：237.

（《历史档案》1982 年第 4 期，《中华全国商会联合会章程》）地担任着总商会重要职务，掌握会务。钱业领袖秦润卿曾长期被选为总商会副会长、会长等职。金融业、银钱业在上海商会组织中居于重要地位，既是由金融业、银钱业在社会经济中的"枢纽"地位所决定，又是由上海的东亚金融中心地位所决定，也是由上海金融业、银钱业自身的财力和社会影响力所决定。①

有的商会内设钱业公所，便于了解金融市场行情，商讨行业事务，制定相关决策。

山西永济县商会有会员 90 余名，会议有年会和职员会，职员会每月举行一次。商会代售印花税票，推销公债，代垫募捐款，办理还本付息业务，负责发放牙帖等。会内设有钱业公所，协商决定货币行情。此外，在运城设有安邑县商会，会员有 140 余人，职员会议每月举行两次，钱业公所成员会议常在该商会举行，已成定例。② 晋城县商会内设钱业公所③，由隆泰荣、太原、兴隆昶、泰兴成四家钱铺合伙组成，每五天开会一次，根据太原、开封两地总商会的来电，共同商定货币行情。④ 山西蒲州商会内设钱业公所，每五天召集各钱行开会一次，参考太原、潼关等地商会拍来的电报作出决定，但实际上有"机关行情"和"流水行情"两种，按议定的行情执行的，只有机关行情。所谓"机关行情"，指为军队、衙门等机关办理货币兑换时的行情。"流水行情"则是对一般商民实行的货币兑换行情。后者一般比照前者由各家钱铺随意决定。⑤

商会与钱业公会除了组织事务上的关系外，还有一些业务上的分工。如与钱业相关的汇划、利率等具体的金融业务，则由钱业公会直接负责。但在一些涉及货币金融重大问题时，则商会决策，由钱业公会协助解决。1908 年

---

① 姚会元. 上海近代商会在稳定金融中的作用 [J]. 学术月刊, 2000 (5)：42.
② 日本同文会. 中国分省全志·第十七卷·山西省志 [Z]. 孙耀，孙蕾，仁平译，山西省地方志编纂委员会办公室，1992：445，447.
③ 1914—1928 年，撤销泽州府，府治风台复称晋城。
④ 日本同文会. 中国分省全志·第十七卷·山西省志 [Z]. 孙耀，孙蕾，仁平译，山西省地方志编纂委员会，1992：449.
⑤ 日本同文会. 中国分省全志·第十七卷·山西省志 [Z]. 孙耀，孙蕾，仁平译，山西省地方志编纂委员会，1992：503.

2月25日，天津商务总会为天津商埠交易一律改用银元或银元纸币，拟定银市规章。其第一纲《通行银元零角纸票》内容如下：

　　一、零角兑换大元行市无常，有时十角零几兑换大元一枚，有时十一角零几兑换大元一枚。故上年各行商卖货改用银元，虽零角亦按大洋核算，以免彼此亏耗。此次通行零角纸票，原为接济商民使用起见，自应按照大元核算，以免零整兑换行市亏耗。惟票上应印明大元零角字样，以昭核实。

　　二、此项纸票如取小角者，按照大元行市加数，并须将零角加数字样印明票上，以昭公允。

　　三、选择津埠殷实各银号银行，一律开写此项零票，以济周转。

　　四、各银行银号开写零票，不分期赴商会互换，以免观望而昭核实。

　　五、此项零票既须辗转使用，应工精纸良，以示郑重而辨真伪。

　　六、此项纸票如有匪徒及俗称大小口袋借端滋扰，准由该号报告商会，送请地方官究治。

　　七、此项纸票如有匪徒伪造，应由该号查明确实，报告商会送请地方官从严治罪。

　　八、市面零角小票不多，现行小票，请饬造币厂添铸零角小洋，发兑开写小票之家，以备支取而防架空。

　　九、此项纸票如遇倒闭，应照升任督宪袁表批定大元票荒闲章程，列于官洋各款之先追缴。①

　　由于商会联系各业形成了广泛的网络体系，因而可以更方便地协调各方利益，并形成共识。

　　有时事务需要商会与同业公会合作，共同完成。如发行钞票之事。1932年，山西平定县商会与平定首饰业同业公会共同发行的5角银元支票，名为"支票"，实为钱票。钱票背面左右分别盖"平定县商会章"和"平定首饰业同业公会"红色方章。这张票券，虽为"支票"，但印制样式与流通纸币完全一样，并没有支票应有的附联或骑缝章。票上印的"凭票即付""每拾角兑现银壹圆""维持市面"等文字，与一般纸币所印完全相同，是作为纸币流通

---

　　① 张景月，刘新风主编. 商史通鉴［M］. 北京：九洲图书出版社，1996：1397.

的。采用支票形式的纸币，与国民政府集中纸币发行权政策有关。1929 年 1 月，财政部发布公告：取缔地方钱庄、商号私发纸币，并勒令限期收回。但边远地区，市场辅币奇缺，加上私发纸币的利益所在，私票不可能禁绝。为逃避政府检查，就出现了五花八门的票券。此券以支票冠名，却印有"见票即兑"，说明在小范围内可能流通。支票发行的背景与 20 世纪二三十年代晋钞大幅贬值有关。从 1929 年到 1932 年，阎锡山筹集"倒蒋"军费，曾滥发纸币，致使晋钞贬值严重，地方商会主持下的行业公会以自身实力为兑现保证，发行流通券，以抵制晋钞。①

另外，江西都昌永平镇商业公会发行了一种临时流通券，由该会出基金并负责兑换。1941 年，江西都昌县永平镇商业公会发行临时流通券，有一元券，面券为横式，正面印"商业公会临时流通券""都昌永平镇""壹圆""留神细看"。背面印文字："一、本会鉴于地方元票缺乏，金融流通颇感困难，印发此币以资调剂。二、准备基金由本会负责兑换，力求信用，但须凑足十张兑付国币十元，灯下不付。"背面印章有"崔家集"字样。说明此券在永平镇崔家集流通。镇商业公会应是类似于镇商会的组织。

总之，在一些通商大埠常设有总商会，下设钱商公会或钱业公会。商会与钱业公会常对发行钱票的管理负有共同之责，有时相互协调，有时分工明确。

第三节　商会与士绅的关系

自古以来，"士为本""商为末"的传统社会阶层划分，到了晚清民国时已发生了巨大的变化。商人地位的攀升和晚清商会、商部的成立，已经在一定程度上体现着财产取向在社会结构变动中的特征，这使士绅与富商原本清晰的界限变得十分含混。"因商而绅或由绅而商的社会流动，使得财富与功名共同成为社会结构重构的重要因素。"②

① 赵人民. 新发现的民国商会纸币"广成楼五角银元支票"[J]. 江苏钱币，2000（2）：23.
② 王先明. 士绅构成要素的变异与乡村权力 [J]. 近代史研究，2005（2）：255.

一、绅商走向联合之路

中国自古官与商的关系不相融洽。"自西人请弛海禁，南北海口遍立埠头……而渐有官商一体之意。然非各路剿荡发匪饷项支绌，借重殷商捐垫巨款，则商人尚不免市侩之羞，终不敢与大员抗礼，故商人之见重当自东南收复之日始也。"① 这说明商人地位的变化，大致始于咸同之际清政府镇压太平天国起义时期。此后，"官商一体"在互相依赖又互相竞争中逐渐发展。到晚清时，清政府在中央设立商部，在地方允许成立商会、银行公会、教育公会等民间团体，人们逐渐将其看作对公共事务拥有合法发言权的精英人物的团体。这种官商一体的社会精英，逐渐演变成新绅士阶层或"绅商"阶层，他们逐步取代了封建地主阶级的旧绅士，在地方自治（政治）、经济、文化和公益事业中发挥着日益重要的作用。

晚清时，绅商不论在谘议会还是商会、自治活动中，都是积极的倡导者和实际把持者。以南昌绅商为例，宣统元年（1909 年）江西成立谘议局，其中就有两位是商界总理或协理，一是邹安孟，法部主事，南昌商总会第二届总理；一是熊元锽，主事，南昌商总会第一届协理，其余还有不少以绅士身份出现的商人。民国以后，其中的不少人弃官从商，成为商界的领袖。②

民初，绅商把商会看成是商家利益的代表者。北洋政府时期的军人政府，"国内农工人数虽众，然怵于军威，束手无策，故能以明白之形式，表示其憎恶官僚恶劣行为之意者，厥为中国商人，盖无钱则军人将一事不可为也"，但是"今北方商人被逼出资，以供北方政党之挥霍；而南方商人，则辅助南方党派。双方商人年出巨资，而未得丝毫之报酬。今已至矣，中国商人久受苛敛，解囊输助，而当道一谋不展，一事不办，无以苏商困，无以增国福"。商人所奉献的资金，反用于与其期望相反之途，绅商在报上呼吁南北商民，应

---

① 经元善. 居易初集（卷2）. 转引自马敏：晚清"绅商"阶层的形成，周积明等编. 中国社会史论（下卷），443.

② 张芳霖. 市场环境与制度变迁：以清末至民国南昌商人与商会组织为视角 [M]. 北京：人民出版社，2014：175.

"聚于一堂彼此了解而成中国政治上之真势力"①。这是绅商在军阀政治的威压下被迫走向联合的表现，他们迫切地希望通过商会、同业公会等商会团体，以集中力量，表达自己的诉求，并维护自身的权益。他们团结在商会、公会等社会组织周围，形成了一个利益的共同体，以对抗军阀的强权政治。

济宁县由"四大金刚"控制的商会发行"利济钱票"，反映了绅商与商会关系的紧密。

1924 年，军阀混战，社会动荡，造成济宁县市面商业萧条，农业破产。是年春季，豫军的李季才、马及第等部来济接防，一时大军云集，照例由地方供应军需粮草。济宁县商会会长吕静之为应付这一局面便想出了以商会的名义筹备发行"利济钱票"，流通市面，购买物资。于是，吕静之同前商会会长、济丰面粉公司经理、萃丰钱店、德基布店东家刘韵樵，恒豫钱店、豫丰典当铺的东家王慕周，双盛杂货庄、宝元钱店的东家刘子玉（当时称济宁"四大金刚"），在南门大街路东成立"利济钱局"。派商会头面人物朱伯棠为经理，主持发行钱票。第一批发行额为 60 万吊。② 面额有一吊、二吊、五吊、十吊四种。

"利济钱票"的发行，一无资金，二无实物作抵押，完全是以票兑票，空对空。据 1936 年出版的《全国银行年鉴》记载，民国初年济宁流通的钱票只有 120 万吊左右，而利济钱票竟发行到 1 950 万吊。③ 所以问世之后，济宁市面马上通货膨胀，物价上升。平时每元银币兑换现铜元一吊八百文，如用银币一元兑换"利济票"则达三十二吊之多。这样就给奸商、市侩大开方便之门。特别是"四大金刚"各人都开设商号若干处，于是他们趁火打劫，利用"利济票"囤积货物，收兑他们自己所出的"钱票"。所以利济钱局第一批所出的 60 万吊钱票，便很快地全部抛入市场。商会和"利济钱票"操控于几大富商手中，对济宁市场呼风唤雨。为了他们的需要，一批二批……无限量地继续印刷发行。后来有的经办人员谁愿意发票，只要在票面的编号前加上自

① 商民与时局关系之外论 [N]. 申报，1919 – 03 – 06. 转引自张芳霖. 市场环境与制度变迁：以清末至民国南昌商人与商会组织为视角 [Z]. 北京：人民出版社，2014：147.

② 袁静波. 济宁"利济钱票"充斥市场见闻 [Z]. 济宁文史资料（第 3 辑），1987：103.

③ 济宁市金融志 [M]. 济南：山东人民出版社，1995：63.

己名字的一个字作记号，就可以任意印发。最后连"利济钱局"自身也不知道究竟发行了多少数量的票子。①

直到1928年3月，国民革命军北伐部队方振武部进驻济宁城后，面对纸币影响而造成商业凋敝、市场萧条的情况，出面组织地方人士成立了"清理利济票委员会"，处理各项善后工作。但是"四大金刚"吕（静之）、王（慕周）、刘（韵樵）、刘（子玉）等，所开各号占据利济票的绝大多数，他们事前已将本店的现款资金逐步抽出，全由"利济票"周转顶补。"商民怨声载道，自发组成商民协会和'讨债团'，游行示威，要求兑付。"② 在清理过程中，如果照数兑现的话，他们各商号的库存货物及所有的游资全部补偿亦不足半数。最后这四家的各商号同时宣布歇业。由清理委员会监视并研究将各家的房产、土地、家具等，按七折八扣分给众债主抵偿。而散落在社会上的一部分"利济票"则全部坑了民众。所以利济钱票通胀后，当地流传着这样的民谣：

民国十三年，百姓真可怜。军队勤换防，官府常敛钱。粮草给养天天催，大小纸票满天飞。有"利济"、有"益农"、军用票、省银行，样样俱全不兑现。七折八扣不算亏，末了坑下一大片。③

士绅与商会的关系还反映在商会与财政局的联系。

"士绅的成员可能是学者，也可能是在职或退休的大官。传统士绅的资格是有明确规定的，至少必须是低级科举及第的人才有进县和省衙门去见官的特权，这就赋予他作为官府与平民中间人的地位和权力。"④ 士绅是居于官民、官商之间的群体；商会也是居于官民、官商之间的组织，因此士绅自然最可能把持商会大权，成为商会的首领。

20世纪20年代末，区公所乃是农村政治上中心的机关。区公所可以说是新添出来的农村政治机关，它介于县政府与乡镇之间，一切县政的设施，都

① 袁静波. 济宁"利济钱票"充斥市场见闻 [Z]. 济宁文史资料（第3辑），1987：104.
② 济宁市金融志 [M]. 济南：山东人民出版社，1995：63.
③ 袁静波. 济宁"利济钱票"充斥市场见闻 [Z]. 济宁文史资料（第3辑），1987：105.
④ 周荣德. 中国社会的阶层与流动：一个社区中士绅身份的研究 [M]. 上海：学林出版社，2000：5.

要通过了它才能到达地方。30 年代中期，华北各县不但用人权操在当地绅士手中，财政权也操在当地绅士手里。河北省多数县分向例将地方经常预算决定于全县行政会议，又其临时开支决之于县政会议，官不能主，上不过问。[①]在民国政制重建中对于县域权力的分割，许多县区地方"财政局"完全落在士绅们的手中，"所有一应钱粮国税公共借款均须由他们经手；而所有的公款得分别存放在他们的私人银号中"[②]。士绅们一手把持着财政局等地方财权，一手把持着商会等民间经济组织，两者互为表时，最易达成利益一致。

这就不难解释，为什么很多票券上都有"财政局"和"县商会"同时出现的"好戏"，因为财政局与县商会不过是士绅们的左右手罢了。士绅群体是农业社会的产物，乡绅更是地方上的权力核心。一些士绅，"在商会、教育、官粮局等县区机构出任公职的经历，与地方士绅名流交织成势力网络，形成影响县域政治的集团力量"[③]。因此，从钱票的角度看，钱票发行者的主流自然是士绅这个群体。他们在官商两端行走，且游刃有余。

在 20 世纪初的自治运动中，地方士绅已经深深地卷入征集与动用地方税款的工作。他们向地方商业与服务业征收各种杂税，并把所收税款用于新组建的县警察机构和新式学校。地方取自商业的捐税大多避开县衙，"由士绅管理和不经官吏之手"[④]。地方自治机关"四局"，使地方士绅的权力实际获得了民国政府的认同。在《内政部第一期民政会议纪要》中，有江西省政府民政厅长所提请省政府核准备案的《关于清乡剿匪办法案》，其内容为：（1）遇必要时，靖卫队部及总团区团甲牌，均可遴选地方公正绅商辅助办理。（2）各区团款，准提用原有公款，如有不足时，得召集地方绅商会议通过。（3）抽收绅富米谷等捐，须由地方绅商会议通过，拟具章程，呈由县长转呈该省政府民政厅核准后，方能开始征收。（4）各县靖卫队官兵薪饷，以地方原有警备队、自卫军等公款拨充之，如有不足时，得召集地方绅商会议，就

---

① 王先明. 士绅构成要素的变异与乡村权力 [J]. 近代史研究，2005（2）：263.

② 悲笛. 动乱前夕的山西政治和农村 [J]. 中国农村（第2卷），1936（6）.

③ 王先明. 士绅构成要素的变异与乡村权力 [J]. 近代史研究，2005（2）：281.

④ 张玉法. 中国现代化的区域研究：山东省（1860—1916）[M]. 中国台北：中研院近代史研究所，1982：458.

地方筹给。该提案明确认可士绅具有参政权和议政权，这是与官权相辅的另一种重要权力。由此看来，晋省各县"士绅会议"作为士绅权力发挥作用的通道。①

二、绅商利用商会等组织发展壮大

地方士绅利用权势，与商户相互串通，印发票子，强迫百姓收受。

江口商会在会长廖哲夫任期内，曾利用"公成""宝康"的两块招牌印制票子。这两种票子没有储备，全靠强制发行。当时，在江口流传一首歌谣："公成、宝康，百姓遭殃，若要兑钱，给你一枪。""李顺成"兄弟6人，经营花行、广货、缫丝、土布、染房，初期由老大李吉成当家，最后是老六李旭初主持。他们发行的票子名曰"李顺成"。1926年因与士绅谭子桃发生诉讼，谭发动谭姓族人挑起一场挤兑风潮，不仅将李吉成揪到商会，而且搬走了店内商品，最后又卖掉了一栋房子，才算把挤兑风潮平息下来。从此，李家元气大丧，生意一蹶不振。②

士绅阶层开始呈现出商业化特征，传统的文化权威和社会教化功能弱化。"差不多的绅士，在县城内一定开设着'银号''花店''洋货庄'之类，自然有的是因为他有许多的商店而做了绅士，也有的在做了绅士之后，才一下大开其商号起来"。"个人权力的有效性依赖于他所处的社会结构和社会关系的强度，要想使个人权力有效，就必须把他组织到社会的集团或制度的模式中去"③。从传统社会对于公共领域的占据，到民国政制重建中对于县域权力的分割，许多县区地方"财政局"完全落在士绅们的手中。"所有一应钱粮国税公共借款均须由他们经手；而所有的公款得分别存放在他们的私人银号中"④（详见第5章）。

马克斯·韦伯说，"贵族权力的支柱是财富"。在近代中国，绅士的权力

---

① 王先明. 士绅构成要素的变异与乡村权力［J］. 近代史研究，2005（2）：282.

② 张仲甫. 江口商户自发"票子"见闻［Z］. 枝江文史资料（第5辑），1990：31.

③ ［美］安东尼·M. 奥勒姆著，董云虎、李云龙译. 政治社会学导论——对政治实体的社会学剖析［M］. 杭州：浙江人民出版社，1989：234.

④ 悲笛. 动乱前夕的山西政治和农村［J］. 中国农村（第2卷），1936（6）.

支柱同样是财富。因此，商会与绅士之间就有了很多共性。商会与绅士的关系，本质上说商会是绅士的商业结盟组织，依靠群体力量来维自身利益，比单个要更有威力。他们既代表民意来对抗自上而下的强权压榨，又代表上层来对百姓进行横征暴敛。表面看来，绅士及其代表的商会，都居于中间阶层，或走中间道路。史靖在探讨绅权的本质时说："具有决定和周旋抗衡这两种不同的运用的姿态。当其对社区之内决定一切的时候，他是一方的领主，可以主宰乡民的祸福。当其向官府周旋抗衡时似俨然为地方为人民争权利谋幸福，因此我们极易把绅士当成中间人物看待。""各地省县参议会诸公不断提出申诉以至于抗议，要求减低三征的负担。名义上都是为了'以苏民困'，固然三征真的取消了人民的生活当然可以改善很多，不过实际上三征政策也同样不利于绅士地主阶层。"① 因此，从本质上来看，绅士仅把"以苏民困"挂在嘴上，并不真正代表百姓利益；而更多的时候是作为官府的代表来达到征敛的目的。往往他们自称的"中间派"不过是一种生存法则，抑或"宦术"而已。

三、商会逐渐成为小区域货币管理的核心

为什么商会成为小区域货币管理的核心机构呢？让我们看看国家—市场—社会三分法以及三分法下的民国货币体系构成，最后分析商会在其中的角色定位便知一二。

从市民社会理论出发，民国时期的国家—市场—市民社会结构大致是：国家的民主共和国取代清王朝的帝制，国会成为国家的权力核心，但军阀当道，国会形同虚设。省政府与中央貌合神离，军阀混战地方割据。市场是半封建半殖民地状态下的经济形态，即封建土地所有制基础上商品经济有了较大发展，逐渐形成了商人阶层，但商人的整体利益并不能得到保护，反而受到封建势力和帝国主义列强在华势力的双重压迫，在这样的基本生存状况下，民族资本主义和中小商人只能在内外势力的夹缝中求生存，为此他们必须走

---

① 史靖. 绅权的本质 [M]. 费孝通等著. 皇权与绅权，上海：生活·读书·新知三联书店，2013：199.

向集体协作的道路，建立一个能代表其集体利益的组织来维护其基本的生存权利，以达到内聚而外抗，发展壮大的目的。民国时期各种社会组织的蓬勃兴起，便是这种社会力量发展的典型表现形式。

国家的权力掌握在军阀手中，他们并不代表商人的利益，商人虽然捐助了大量的资金，最后仍然令其失望。军阀投靠的是帝国主义列强，是列强在中国的代理人。以绅商为代表的民族资产阶级的利益也得不到保护，他们代表的是中国国内市场的基本力量，但受到排挤。下层民众生活贫困，农民、手工业者、小商人，生存状况堪忧。中间力量正在发展，但力量仍然较弱。从财政经济角度看，军阀代表的国家权力，只注重财政收入，不关心经济发展和民生；只关注外国主子的眼色，不关心国内民众的疾苦。

在以上基本的政治生态下，货币的结构便成了国币、省钞、地方钞的多元发行格局，着眼点全是财政收入，市场处在另一个极点上，与国家财政货币遥不可及，这就是市场体系下的货币构成，即钱庄票、银号票、商号票等各色"私票"，这是市场的内生货币。货币体系中已经形成了势不两立的两种货币势力，官票与私票。这是国家—市场的对立在货币体系内的表现和反映。当这两种势力对垒并僵持，使矛盾无法化解的时候，走中间道路的绅商利益的代表组织商会便可居间协调，成为各方利益的斡旋人和调解者。

官票、私票形成了上下两层的货币结构，前者代表财政体系的国家政权利益；后者代表商品流通市场的内在需求，并成为下层民众的利益载体。官票排斥私票，历届政府三令五申要求禁止私票，但禁而不止，这就是长期两种利益的对峙了。商会票的出现，代表"公票"，既非官票，也非私票，居间协调，反映了绅商的中间路线，也的确在某些时候得到了政府的默许或批准。

必须指出的是，绅商不代表所有的商人阶层；同样地，商会也不代表商人阶层的整体利益，利用商会的职权之便，牟取私利的事情也较为普遍。

第八章 社会组织
对小区域货币管理的效果

民国时期，当政府的"官票"体系出现危机时，即出现"政府失灵"时，市场便自发产生了"私票"，以解决市场交易的媒介缺乏问题。但市场自发的"私票"也会出现超资本发行而无法兑现的问题，且私票盛行也产生了市场价值尺度不统一的混乱，这是"市场失灵"。于是由第三部门的社会组织，在相关法规的框架下，从公正的立场出发，参与到货币问题的管理中，有效地维护了地方经济秩序。但社会组织在处理相关经济问题时，常受到行政职能部门的干预和压制，使其缺乏应有的独立性。

第一节 社会组织的积极作用

以商会、钱业同业公会为代表的社会组织在小区域货币的管理中发挥着积极的作用，主要表现在区域商品市场上缺乏足够的辅币时，由商会等自组钱局发行辅币券，或由商会等负责统一管理印发辅币券，在一定地域内流通。根据 1929 年《商会法》，明确商会"以图谋工商业及对外贸易之发展，增进工商业公共之福利为宗旨"外，"遇有市面恐慌等事有维持及请求地方政府维持之责任"。商会在地方金融出现恐慌时，协调各方，协助地方政府，对恢复金融市场秩序，作出了重要贡献。

一、保证市场之需 维护钱票信誉

（一）为适应市场需要补充官票之缺

早在清咸丰年间，在苏州地区，"钱庄银号鼎盛，林立市肆。对活泼金融，尤有杰出表现。钱庄兑换能满足市井生活需求，发行纸币能满足工商交易"。到光绪年间，苏州、江宁分别设立官银钱局，发行官钱票。各省亦然。市场上便有官票与庄票的并行流通。"官票与庄票发行，同时在当地有不同之成就，且各具特色。同时为当地两大金融支柱，各具信用支持者。钱庄发行纸币，为活泼地方金融这一种民间创作，亦为当时铜钱与制钱缺乏下之一种产物。""官票与庄票发行，各具行使区域，同时为流通货币，各具兑换价值，为地方金融活动作不同之服务，与地方市肆交易中作不同之贡献。"① 这说明，在清朝中晚期，钱庄发行的庄票不仅得到市场的认可，也得到官方的承认。官票发行之初，与"钱庄发行竞争"，但更多的是互补关系。民国以后，由于商会等社会组织的兴起，商会管理下的钱票与官票的关系也是辅助、协调多于竞争的关系。

在政局动荡、官票不能正常流通时，由商会组织发行临时票券以维持市面。1920 年前后，随着湖南银行、中国通商银行相继倒闭，以及中、交两银行在长沙办事处的撤销，湖南境内暂无银行。于是曾流通一时的市票又重回市面。"商会乘机恢复市票，以各商号在省城警察区域房屋不动产契据送交商会作为担保，发行银元票 50 万元，一百枚、二十枚、三十枚、五十枚的铜元票 1 100 万串。"② 于是各种市票又在市面流通起来。

1926 年北伐期间，湖北官钱局因其纸币无力兑现而倒闭，官钱局纸币难以流通。湖北诸多市镇大量出现私商发行的钱票，为维护市面稳定，鄂城县华容镇商民协会发行一种信用券，流通于市，并称"现因铜元缺乏，钞票难以折零，本会招集全体商民一致议决，暂出壹角小票，以便周转流通，壹角可兑铜元三十，拾张准换国币壹圆，亦俟铜元充足，照市价收兑"③。在同样背景下，1927 年砀山县商会发行的流通券，明确"完粮买物，一律通用，军事平定，即行兑现"。商会称在市场恢复正常时，负责将所发票券收回。实际该流通券仅流通数月就被废止。④

① 黄亨俊. 江南裕苏官银钱局史 [J]. 舟山钱币，1995 (1)：17.
② 李维成. 解放前湖南纸币之祸 [M]. 湖南金融百年，长沙：岳麓书社，1999：130.
③ 张或定. 湖北鄂城县商民协会信用券为商会票 [J]. 江苏钱币，2006 (3)：35.
④ 吴进. 安徽砀山县商会铜元壹百文券简介 [J]. 安徽钱币，2006 (3)：24.

　　商会为维持市面发行临时纸币。这是民国早期的主要方式。由商会直接发行更为普遍。民国初期，哈尔滨地区的私帖因政府严禁而基本消失。但1918年前后，因辅币奇缺，私帖再起，但已非私人商号发行制钱帖和铜元帖，"而是一种市帖性质的、由滨江商会发行的临时辅币券"。① 1929年，齐齐哈尔黑河总商会发行纸币，以维持地方金融。"松黑航行因时局关系，齐齐哈尔黑河关之陆路交通亦几不可能。该地方之总商会为维持地方金融，决定发行十万元之纸币，以为流通货币。惟当局以为有紊乱金融之危险。俟交通完全恢复，取明令禁止之方针，又总商会方面决定以商会之财产充当其资金云。"②

　　（二）核准商户资质，维护钱票信誉

　　在政府三令五申仍不能禁止私商钱票流通时，政府采取限期收回之法。在过渡期内，仍暂准合规的商户发行钱票，并要求当地商会核准商户的资质，并制定相关准则，如由殷实铺户担保、发行量与资本的比例、发行者报商会注册登记以及如何回收等。

　　清末至民国十年（1921年），淄博县境内流通的钱票主要由商会、钱庄及商号发行。其中钱庄发行的钱票主要由商会统一管理。商会规定发行者要具备两家铺保，发行量不得超过资本的半数，经向商会申请，钱票上印有"商会备案，承保盖章"八个字，始得发行。③

　　在威海境内，1920年后，由于银元数量有限，又无角、分币，货币周转不灵。于是，凡有3 000元以上资本的商号均可发行纸币，共有104家，金额高达200多万元。这些商人生意一旦蚀本，则立即闭号潜逃，将负债转嫁于劳动人民。后来商会规定：只准按资本的15%，并经商会盖章及有三家连环铺保者，才能发行纸币。④ 据《牟平县志》记载："民国以来，铜元禁运，时感缺乏，钱庄各号又以纸币代之，每张兑换当十铜元百枚，初则漫无限制，亦无实在之担保。民国十二年（1923年），经商会拟具章程，呈请县署核准，由钱商取具不动产抵押，及二人以上之保证，经商会审查许可，加盖印证，

---

① 哈尔滨市志·金融志 [M]. 哈尔滨：黑龙江人民出版社，1995：537.
② 黑河总商会自发行纸币维持地方金融 [J]. 东三省官银号经济月刊（第1卷），1929（6）：4.
③ 淄博市志 [M]. 北京：中华书局，1995：1891.
④ 威海市志 [M]. 济南：山东人民出版社，1986：366.

始得照数发行，此次印发之数，竟达八十万缗。"① 1928 年初，山东当局为实行取缔滥发纸币维持金融，特令历城县总商会、商埠商会，调查发行纸币银号，并设法限制。商埠商会召集发行纸币的商埠德昌、义昌、顺昌、天祥、益聚、兴业、文记、文记恒、同茂恒 9 家商号开会，协商办法，以便向官府呈报，当经议决，凡欲继续营业者，须遵下列四条：（1）须殷实铺保三家；（2）入商会；（3）即日上关交易；（4）资本数目与发行纸币数目，报告商会注册。以凭转呈省政府。不欲继续营业者，则须一律规定期限迅速清理云。②

商会对入会商户及各行业的具体情况较了解，能制定出合乎实际的规章，也易于落实。

《高邑县志》记载："国家发行各种银辅币既不适用，仅赖铜元为辅助货币。于引换场合及零星日用，仍感困难。各县商会为活动金融计，发行角票纸券，本邑商民亦多使用。然外来角票情势不无阻隔，金额是否准备，票额有无限制，倘发生意外，鞭长莫及，等于废纸，亏损商民，伊于胡底？爰于民国十五年，由商会负责，择本地殷实商号，再觅连环铺保，察看资本，与以限制，准其发行角票。邻县角票亦暂一律通用。计本县发行角票者，共四十一家，总额为一万八千七百圆，分一角、二角二种，其邻县角票行使于境内者共有十万元之谱，亦分一角、二角二种，兑换银币，辅助铜元，信用能守，商民便之。"③ 台江县钱庄放款，主要靠发行钱票和吸收存款。一有风吹草动，"存款户和持票人立即向钱庄挤兑，称为'滚钱票'。凡被挤兑钱庄，若经过'钱业研究所'和商会登记，且有可靠准备金，则钱庄可请钱业研究所出面调解，并进行审查，如确无亏空，由钱庄同业协助收兑，直到挤兑风平息"。④

二、保护了地方商户的利益

行业组织所定的规章对同业成员都有约束力，成员都要严格遵守。否则

---

① 宋宪章等修，于清泮等纂. 民国《牟平县志》卷五，政治志，实业，民国二十五年铅印本。
② 各埠金融 [J]. 银行月刊：第 8 卷第 3 号，1928，3：2.
③ 民国《高邑县志》卷四《金融十六》，1937：58.
④ 《台江区志》，http：//www. fjsq. gov. cn/showtext. asp？ToBook = 3052&index = 536，2009 年 12 月 4 日。

会遭遇"同盟绝交"。晚清时期"行会"所定的规约,同业各店均须遵守。如果某店违反了行会的重要规则,或其他不名誉的事,行会议决予犯者以"除名"处分时,全体应与该店绝交,违者受罚,这叫作同盟绝交。一般而言,除名是行会对犯规者制裁的极点,因为受除名后,将失去任何方面的保护。"东既无以为生,西亦难以作活,结果诚不堪闻问。"① 工商业组织不仅能规范行业内部的管理,还能有效地维护本行业的共同利益。

商会是商人自己的组织,维护商人利益是其宗旨。抗战爆发前,河北怀来县新保安镇市场极为繁荣,每天贸易吞吐量之大被称为"饱山饿城"。该地四方商人云集,交易有条不紊,这要归功于在工商业管理中发挥了重要作用的商务会。商务会的主要工作是:负责向商户摊派公款;向商户传递行情;处理商户之间的纠纷。由于该地有大量商铺发行"铺票",因此商务会的重要任务就是:决定商户的铺票分配和银额。据记载,新保安镇发行铺票的商号有 16 家。各商号铺票由商务会统一到北京印刷,并使各商号的票券在市面通用。对每家商号印制发行额由商务会决定。并规定在流通中如有的小票损坏不能再用,经出票商户整理后送交商会监督焚烧。这不仅扩充了商户的经营资本,也控制了过度发行的风险。发行铺票商号如有倒闭,商会负责督促商户兑换收回。如有亏损过大,均由各大商号共同分担。②

从湖北公安县商会在民国初期的运行情况可知基层商会的一般职责。1913 年,成立公安县商会,会长彭生甫,后多次更换。1925 年,成立闸口镇商会,申津渡、斑竹垱、黄金口相继成立商会事务所。县、镇商会除主持商务外,还参与当地的政治社会活动。抗日战争时期,各级商会名存实亡。抗战胜利后,各级商会组织又逐渐恢复。县商会设会长(后为主席)一人,副会长一人,师爷一人,工作人员四人,商丁一人。县商会负责管本县小集镇商会事务所,管理市场交易活动,稽查度量衡器及物价,配合政府督催商人缴纳税款、杂捐、物资、承担杂务;调解各同业公会之间的矛盾、纠纷;负责向上级组织、当地政府报告情况,并接受和完成他们交给的公事公务。此

    ① 全汉升. 中国行会制度史 [M]. 北京:百花文艺出版社,2007:149.
    ② 许子臣,王彦儒. "七·七事变"前的新保安镇 [M]. 河北文史集粹·工商卷,石家庄:河北人民出版社,1991:268.

外，还有权向当地同业公会、会员、行商摊派收缴商会的活动经费。① 这些都体现了商会在"联系商情、调查商业、维持商务、开通商智"方面的基本职责，还能促进工商业公共福利的改善，维持工商界的共同利益和基本权益。

在军阀混战的背景下，商会为保护商人权益，常与各派军阀据理力争。1917 年底至 1919 年初，川军云集简阳县城，为应付军队强以军用票、浚川源券等换钱，简阳县府决定，由商会制发三种辅币钱票，在该县境内一律通用。后拨地方公款，在 1919 年 2 月前陆续收回。② 以商会票券应对军用票之策应是权宜之计。

1918 年，湖南督军兼省长谭延闿在原湖南银行永州支店设立新币经理处，发行湖南银行大洋票和小洋票。并在郴州、衡州、武冈、洪江等地设"湖南银行新币兑换处"。因在永州、郴州等地发行量不大，流通无阻。但 1920 年初，在武冈发生了挤兑新币风潮。谭延闿进入长沙后，新币经理处随迁长沙。由于湘军不断扩大，军需处需款甚急，挪用军饷，新币发行额猛增，新币流通顿成阻滞之势。1920 年 7 月，长沙商会呈请谭延闿饬令财政厅设临时兑换处，使"公家之信用大昭，市面之金融益活"。谭即令财政厅组设新币经理处进行兑换。长沙新币经理处每日派人在钱业公所收兑钱店收回的新币，日收新币 1 万余元，仍难以为继。同年 10 月新币经理处停止对长沙钱业公所的收兑后，改由长沙总商会汇总各店所收新币，送造币厂换取领铜元的"信条"，5 日后兑付铜元。就是在这样的背景下，长沙总商会成为湖南银行（永州）新币兑换的重要机关。"总商会承新币经理处之请托，凡各大商家所存新币，请由商会代收，送交新币经理处，发给造币，发给铜元信条。由各大商家偕同商会派员直接向造币厂领取铜元，以免拥挤。已见昨报，北各大商家送新币往商会者络绎不绝。手续纷繁。昨由商会拟订兑换铜元规则数条于后。（1）凡缴票者，以一百串起码，但均须或成百或六百串，以便装成整箱，分送各处。（2）凡缴票者，每元须预缴手续费铜元一枚。（3）取铜元时，由各业推举经手一人，日将各店收条汇齐交会，另换总收条。（4）由各业经手人

① 公安县志［M］. 上海：汉语大词典出版社，1990：389.
② 田茂德，吴瑞雨. 民国时期四川货币金融纪事（1911—1949）［M］. 成都：西南财经大学出版社，1989：34.

于本日早到会，同往造币厂领取铜元。经送各业公所分配。（5）会中分送铜元月立脚簿，由各业公所盖印，以便换回总收条。"①铜元票兑现时，由商会汇总各业之票，集中兑现铜元，并收取一定的手续费。商会如同早期的票据交换所了。

三、整顿钱票的主要依靠力量

商会作为准权力机构，又是官府政令下达的中转站，并服从政府管理各商发行事务。

清末，黑龙江绥化县市场上没有货币发行机构，市场流通的是由南方铜钱和现银。1886 年后，各大商号开始印发纸币商帖，即"私帖"。1893 年，通判禄祥到任后，为防止私帖泛滥造成混乱，下令在城乡各处发行"公议会帖"。这是一种由各大工商组织共同筹议发行的纸币。既满足市场筹码之需，又解决私帖滥发的弊端。由此，各镇"公议会"有资本的也大量发行纸币，造成了货币的大幅度贬值，最毛时每两现银可换得"会帖" 40～50 吊。至1900 年前后，公议会帖便作废。1904 年，广信公司和黑龙江省官银号成立，发行"官帖"。于是，绥化市场上官帖、商帖、银元等货币并行流通。1908年，黑龙江绥化县市场流通的货币比重是：官帖 60％，商帖 20％，铜货10％，其他货币 10％。② 这是早期由工商业组织出面发行"公议会帖"的一次尝试，但时间不长，主要是官帖占领市场主体后，公议会帖便逐渐退出。

宣统三年（1911 年）苏州总商会就担当了政府与商界的中间人角色。是年，武昌起义的消息传到苏州，"人心惶恐，省城现货久缺，民间日用所需，不敷周转"。苏州钱业公会呈请苏州总商会，"拟请贵会赶印钞票 20 万元，暂济眉急，注明只准流通，不能取现，俟市面平靖，再行收回，以昭信用"。苏州总商会随即将钱业公会之意转呈苏州知府。数日后，苏州知府回复总商会，"允认现洋 20 万元"。③ 苏州总商会的积极联络和多方斡旋，使苏州市面的货

---

① 佚名. 金融问题与商会 [J]. 湖南：实业杂志，1920（36）：4.

② 绥化县志 [M]. 哈尔滨：黑龙江人民出版社，1986：234.

③ 章开沅，刘望龄，叶万忠主编. 苏州商会档案丛编（第一辑）[M]. 武汉：华中师范大学出版社，1991：1290－1310.

币短缺危机得到缓解。

1916 年，湖北各县因官票充斥，铜元缺乏。"以票兑钱折扣甚巨，故持票购物商店皆不肯找零，市面停滞，百物昂贵，民生困迫日甚。"于是各城镇商会、大商店，遂有发行小票，以活动市面。不久，一般商民纷纷效尤，除武汉以外行用小票的，有 50 余县，发行额计在 200 万以上。"除商会勉能兑现外，商店则动辄倒塌，而此镇行至彼市，折扣短水犹其次者，人民受害无穷。"① 此时，商会的"公票"与"私票"是并行流通的。

20 世纪 20 年代，湖北市票的发行范围和数量如何？北洋军阀时期，除武汉三镇基本上未发市票外，其他地方市票则呈蔓延之势。② 各单位、组织或个人所发行的市票数量不等，少则数百串，多则上百万串。一般来说，物资流通量较大的商埠，市票发行量也较大，僻远乡村则较少。像老河口镇，其作为鄂西北地区的一个重要商埠，市票发行量也就比较大，该镇商会 1928 年先后 4 次发行市票，"共发行八十万串"③。设在鄂西北另一个重要商镇——樊城的鄂北钱号，市票发行量则高达"一百二十万串"④，流通范围甚广。市票发行量最大的商埠要属沙市。沙市的大小商店几乎都发市票，1925 年的发行量就达 3 500 万串，到 1927 年秋以后则猛增到 7 500 万串，有相当数量流通在周围乡村⑤。若将江汉平原诸县的市票综计在一起，其数量可能接近于 1926 年湖北官票的发行量。⑥ 由此可见，商会发行的市票占此时市场市票总额的大部分。

20 世纪 20 年代，另一个发行私票较多的典型区域就是徐州。1926 年，徐州地方对该地发行纸币的商家进行了一次整理，有 18 家因为有确实担保，故仍准其发行，如果换发新票，必须经商会盖戳。未经允许发行的商家须于半个月内收回所发行的纸币，并规定了收回的 10 条办法，如发行要有六成现金交给当地的中国、交通两银行，另备有四成保证金，且准用不动产契约代

---

① 鄂省小票之近闻 [N]. 天津：大公报，1916 - 9 - 2 (6).
② 张通宝. 湖北近代货币史稿 [M]. 武汉：湖北人民出版社，1994：105.
③ 湖北省民政厅编印. 湖北县政概况 (第四册) [Z]. 1934，7：1194.
④ 湖北省民政厅编印. 湖北县政概况 (第四册) [Z]. 1934，7：1101.
⑤ 谢也青. 沙市金融状况之过去及现在 [J]. 汉口商业月刊 (第一卷)，1934 (7).
⑥ 张通宝. 湖北近代货币史稿 [M]. 武汉：湖北人民出版社，1994：100.

替现金。① 整理滥发钱票，处理倒闭钱庄善后事务，地方商会被委以重任。同样是在 20 年代，邳县城乡集市贸易大额用中、交两银行钞票，商店所发行的钱票则是辅币。各商店出票互相代兑，一时间"邳县竟成了纸票的世界"。1930 年，邳县政府大力整顿，"限令商店收回，已经发行的钱票，改由商会发行，有一千文、伍百文、二百文、一百文几种；并设立兑换处，由商店用现金购买流通市面，商会则以四成现金作固定准备金，六成放款，票价赖以稳定"②。

1929 年，汕头银庄保证纸币发行过滥，广东中央银行汕头分行拟请依照前国币管理委员公署核定取缔办法，组织审查机关进行整理。汕头市和省财政厅商讨具体整理办法：在未实行取缔办法以前，唯有切实复查产价，先为治标之处置，应先由该分行会同市府及汕头总商会共同组织委员会，从事复查，银庄发行数目不得逾保证资产七成。如查有发行纸币超过所定标准，即令加具相当保证，不能加缴，则将所发纸币照保证产价七成之额缩短，以杜滥发，而免流弊。③ 此时，汕头商会充当整理地方币制的执行机关，发挥着重要作用。

据 1930 年《河北省政府公报》载："省政府第五二一三号训令。内邱县市面现金缺乏，土票各类太多等情，到府合急令仰该厅转饬该县长认真整顿为要等因，奉此查中县地方商号不准擅发纸币。早经财政部通令有案，何以该县商号尚敢发行？该县长亦不加取缔，以致该县金融受其影响。奉令前因合行令仰该县长详细查明，督同商会规定取缔办法，陆续设法收回，以维金融，并将办理情形具报查核为要，此令。中华民国十九年八月，河北省工商厅印。"④ 1937 年，福建省《闽政月刊》称："顺昌二区署，因该区大干镇私发角票者，有陈盈源等二十家之多，特令同区商会先备国币一百元，往上列各铺户兑换私币，然后汇集系何家所发者，即赴该家兑换法币，并将原有角

---

① 戴建兵. 江苏私票 [J]. 江苏钱币, 2000 (2)：20.

② 行政院农村复兴委员会编. 江苏省农村调查：民国二十二年 [M]. 北京：文海出版社, 1999：70.

③ 训令汕头总商会派员来函共同组织纸币保证审查机关 [J]. 汕头市政公报, 1929 (49).

④ 河北省工商厅令内邱县县长督同商会规定取缔土票办法 [J]. 河北省政府公报, 1930 (745)：15.

票剪角，以杜再发。以一百元输流兑换，务使各家全数角票兑净剪角面后止。此法施行，该镇角票日见减少云。"①

由上可知，在各地区整理货币市场秩序时，都不同程度地发挥了地方商会的协调职能。

四、被夸大的"恶名"

"私票"一直被官方禁止，理由是："一纸空据，代表金银，既侵纸币之特权，更滋架空之弊害""物价腾贵，民生困穷""滥发票纸，流弊无穷"，因此"设法限制，以维圜法，而保市面"②。这是1910年度支部颁发《取缔纸币条例》的缘由。

先看一下由一些地方精英自治下的货币流通状况。别廷芳在河南宛西实行的自治，是"以自卫促自治，以自治达到自富"为目的的一场现代化实验，实践证明是卓有成效的。其在金融方面的基本措施是：尽力吸收外资，严防资金外流。为此，他大量种植鸦片倾销。而且修好公路，保护行商，以便增加税收。境内人民不准穿洋布，也不准吸纸烟。别廷芳建立金融流通合作社，以贷款扶持农工商业。他在宛西境内发行"内乡县金融流通券"，时称"公鸡票"。"该纸币是具有相当的信用的。在国民党所发纸币不断膨胀的情况下，他的纸币终其身价值未变。"③

再从各县私票占市场总流通货币的比例来看，私票的流通量并不大。日军占领山西后，日伪为统一占领区货币，设法禁止晋钞和各种私商杂票流通。1937年11月至12月期间，日伪第一次收回晋钞约130万元，第二次收回晋钞157万元。此外，晋北各县当铺及粮店所发行之私帖70余种，数达11万~12万种之多，日伪设法禁用。④ 由此可知，私帖只占收回晋钞的4%左右。

---

① 顺昌二区收回大干镇私票办法 [J]. 闽政月刊（1卷）. 1937（2）：8.

② 徐沧水编. 民国钞券史 [M]. 上海：上海银行周报社，1924：73.

③ 别光典. 河南内乡土皇帝别廷芳 [M]. 文史资料选辑（第38辑），北京：中国文史出版社，1963：182.

④ 刘敬忠. 华北日伪政权研究 [M]. 北京：人民出版社，2007：246.

　　还可以从浙江省温州各县流通的货币（1939 年）找到进一步的佐证。国民政府虽统一了币制，各种杂钞仍盛行于市场。据 1939 年浙江经济统计，温州属各县各种货币流通状况见表 8－1。

表 8－1　　　民国二十八年（1939 年）温州各县各种货币流通情况表　　单位：元

县别	瑞安	平阳	永嘉	泰顺	乐清
通货流通总额	530 000	1 000 000	10 000 000	326 000	1 135 000
法币	400 000	700 000	8 000 000	210 000	1 000 000
省钞	15 000	—	50 000	2 000	—
中中交农四行角券	50 000	100 000	500 000	25 000	80 000
本省地方银行角券	50 000	150 000	1 100 000	9 000	50 000
他省地方银行角券	8 000	50 000	—	30 000	—
铜元	5 000	—	200 000	—	5 000
其他货币	2 000	—	150 000	50 000	—
他省角券不能通用	同上	同上	同上	同上	同上
硬币流通	无	无	无	无	无
金银存量	—	—	金约 280 两 银约 1 300 两	—	约值五万元

　　资料来源：温州市金融志［M］．上海：上海科学技术文献出版社，1995：96.

　　表 8－1 数字，在 1 299.1 万元通货中，法币仅为 1 031 万元，其他各种杂币 264.6 万元，占总量的 20.36%。多头发行至使流通紊乱。另外，私营行庄都可以发行银行券、本票、计条（大额钞票），发行额视情况而定，一般可占资本额 20% 左右。[①]

　　许多地方在商会的有效管理下，私票的信誉得以维护。由于政治动荡，物价上涨，统一货币不能正常流通，政权更迭后出现货币真空，铜元等金属币严重不足，大额官票不足，市场缺乏找零。有时在官票信誉大减，不能正常流通时，商会票也可成为市场流通的主角。从广义上来说，由商会、行会、商民协会、准商会组织直接发行的，受军政当局委托发行的，联合公私机构发行的，验证担保发行的，参与发行收兑的纸币均属商会票。从地域来看，

────────

① 温州市金融志［M］．上海：上海科学技术文献出版社，1995：96.

商会票流通范围较窄，一般在势力和影响所及的县乡区域间流通，而且往往仅能部分地履行货币职能，是小区域流通货币的一个门类。商会除自己发行纸币外，还对下辖各商号加强组织管理，制定章程来加以约束，以避免发钞杂乱无序和滥发无度。为了保证兑现，商会对商号的资质加以严格界定，并作出连环担保的规定。发制小票的商号如有倒闭，商会负责督导商户兑换收回。如有亏损过大，则由各大商号共济分担。在商会的管理监督下，商号发行的纸币信用得到了加强。①

河北元氏县商会盖章的私商钱票，被视为一种"官票"。纸币作为流通手段，"无消耗，易携持"，在商旅往来中发挥着日益重要的作用，"而能持片纸以周转千万里内外国者，惟信用。信用强弱视资本，资本充斥，所行必远，而商业乃可以推扩"。②

为了保证纸币信用，有些县纸币是由商会直接发行，大多数则由各业发行，但需得到商会的批准、注册，由商会加以管理。据元氏县志记载，民国初年，国家定银元为本位，小洋铜洋为辅币，元氏辅币少，制钱渐销毁，市面周转不灵，城乡各商号或私人印刷一角、二角、三角三种角票（名为私票）流行市面，作为找零之用，民皆称便。但是随后许多行商小贩并无资本，以角票易于行使，遂滥发角票借图渔利，而每届年关，往往倒闭，人民受害者颇多，私票遂失信用，地面辅币仍然缺乏，交易找零实属困难。③ 1927 年 1 月，元氏商会呈请县长整顿市面，对于角票予以限制，凡经商会承认加盖商会钤记角票（以下称为官票），准予交纳税一律通用，如无商会钤记，不准行使，并规定章则，"凡经商会盖章，须检查商号成本与所出相抵，始准发行，并须有两家以上商号连环作保，否则不予盖章"。此后私票渐少，官票畅行，商民利便，发票商号间有倒闭者，则商会责令铺保垫款代为兑现，人民未曾受丝毫损失。"迄今元境辅币虽缺，然周转便利者，皆官角票之效果也。"④ 相对于自由发行的商号钱票，商会钱票还是较有组织的，且信誉要高于私商钱票。

---

① 李林翰. 多姿多彩的民国时期商会票 [J]. 文物鉴定与鉴赏，2013 (3)：84–88.
② 天津商会档案汇编 (1903—1911) 上 [M]. 天津：天津人民出版社，1989：665.
③ 张学军，孙炳芳. 直隶商会与乡村社会经济 [M]. 北京：人民出版社，2010：109.
④ 王自尊修，李林奎等纂. 元氏县志 [A]. 行政·自治，民国二十二年铅印本.

第二节　社会组织货币监管的局限性

以商会、钱业公会为代表的社会组织，在小区域货币管理中扮演着重要的角色。但也因为商会等社会组织并非官方机构，而有时受政府委托参与管理，具有半官方性质。且这种委托并不是官府与社会组织之间稳定的联系。商会与各同业公会之间也没有稳定的上下级关系，而是分别隶属当地政府管辖。加上商会仅对入会会员有约束力，对非会员则没有约束力。这就使得商会、钱业公会在监管效力上存在很大的局限性。随着国民政府强化对各社会组织的控制，其影响力日渐减弱。

一、商会监督流于形式

大量发钞商号游离于商会监管之外，造成币制更加混乱，以及物价上涨。商会管理名存实亡。

有些县商号发行的虽经商会注册登记，但监督却流于形式，几同无人监管之势。1918—1933 年，郯城县出"门头票"的商号较多，马头镇有 43 家，郯城镇 21 家，重坊、涝沟、红花埠也有 10～20 家，甚至一些小商贩也效法印刷。商号出门头票，须向当地商会注册登记，验讫发行。县城商号所出面额多为 2 000 文，马头则大多为 1 000 文。所发之票，用于收购农副产品，或以货币形式在市场兑换流通。一些资本雄厚、信誉较好者已流通省外，农民也当货币储存。繁盛间县内门头票多至百余种，几有取代通币之势。但也有商号为骗取资本，向商会谎报资金，超额数倍、甚至几十倍发行，以至于无力收兑，信誉日落。加之商号间相互倾轧，致使门头票经营险象环生。1935 年，县城南关菜市街杨茂德杂货店，因生意萧条，无力收兑其票，全家弃店逃亡；同年县府门前"瑞丰永金"杂货店，也因信誉低落，持票人蜂拥挤兑，最后将店内货物哄抢一空，店主逃之夭夭。此后日军侵占，工商萧条，各店所出票券均成废纸弃市。①

---

① 郯城县志 [M]. 深圳：深圳特区出版社，2001：457.

　　20 世纪 20 年代中后期，钱庄发票逐渐增多，进而形成各行各业滥发纸票的混乱局面。1926 年，山东省银行下令整理铜元票，并颁布"稽核铜元票章程"；1929 年 1 月 3 日，国民政府财政部函令各省取缔地方银行、钱庄、商号私发纸币，市场货币紊乱状态稍有改变。1933 年，山东民生银行、山东平市官钱局发行角票，取代"私票"在市面流通，加之省当局严厉取缔"私票"，当地钱庄及工商业者发的钱票被逐渐收回。① 山东牟平县，民国初年，庄号发钞漫无限制。自 1923 年始，商会呈请县署核准，庄号若发行钱票，须取具不动产抵押，以及两人以上担保，经商会许可，方得发行。但实际上，不受商会监管的庄号仍然很多。"不在商会范围以内之乡区，仍系自由滥发，多不点现，非以票换票，即折价付钱。"②

　　自商会取得辅币券发行权的商号，仍私自印发大额纸币。1935 年以后，山东威海市面流通的有中国银行代中央银行印发的纸币，以及鲁、沪、津行纸币。由于市面角券缺乏，同年，商会呈请批准聚丰银号等四家，将封存之角票：五角、二角、一角三种，共 37 500 元，发行市面。各银号钱庄借机私自发行一元、五元券钞票。③ 这是超越权限的发行，给市场造成了混乱。

　　河北各县私商发钞较多。根据《河北省工商统计》（1929 年）统计，有 43 个县共计 976 家商号发行纸币，遵化、蓟县、平山、栾城四县最多，13 个县未报发钞家数。由商会管理和控制商户发钞的县有 33 个，占 56 个被调查县总数的 58.93%。标注为"自由发行"状态的有栾城、卢龙、深县、南宫和内邱五个县。但即使有商会参与监管的县仍有大量私商不受商会监控。④ 1937 年 3 月 6 日，长沙《大公报》载："平江全县各地，经县商会批准的公版票有 700 余家，数额达 20 余万元以上；私版票更无法限制。"⑤县境金融市场，极为混乱。这说明各县境内还存在大量不经商会批准、肆意发行的商号。

　　造成私商"自由发行"的原因，概括起来有以下几点：首先，有些县政

---

① 淄博市志［M］. 北京：中华书局，1995：1891.

② 宋宪章等修，于清泮等纂. 牟平县志（卷五）［A］. 政治志，实业，民国二十五年铅印本.

③ 威海市志［M］. 济南：山东人民出版社，1986：365.

④ 张学军. 直隶商会与乡村社会经济（1903—1937）［D］. 石家庄：河北师范大学博士论文，2007：72.

⑤ 平江县金融志［Z］. 内部发行，1994：66.

府直接发行钱票，更多的是地方各级政权机关组织发行地方性货币，暂时流通市面，商会都无权干涉。其次，一些军政合一的地方政权，发行地方性货币，商会更是不敢过问。最后，即使是县商会主管地方货币的地区，仍有大量乡村集镇等下层市场的商号私自发钞，难以监管。

二、造成币制更加混乱及通货膨胀

山东威海，在 20 世纪 20 年代，商会开始整顿商号钱票，须经商会盖章及有三家连环铺保者，才能发行纸币。但因发行纸币的商号，有的没有确实准备金，有时三家连环保同时倒闭，加上商会未能完全照章办事，所以，闭门潜逃、转嫁负债的情况时有发生。如城里东北隅居民顾元中存有通利银行钱票 50 元，经理刘福堂硬不给兑换。[①] 商会未能完全履行其职责，造成了私票问题更加严重。

1921—1927 年，湖北红安县私商发行市票，由县商会备案以管理市票。县商会亦自发市票，流通于市。市票，也称辅票、私票。1921 年前后，辅币极缺，商民为经营方便或扩充资本，发行市票。面额分 100 文、200 文、500 文、1 串文，以 1 串文最多。发行市票要筹准备金，3 家商号担保，经县商会备案后方可发行。持票人凭票在一定范围可以买货，也可到发行商户兑取银元。发行商户倒闭，由担保商承兑。县城商户发行市票的有 37 家。县参议会、救灾委员会、县商会等分别发行流通券。1927 年黄麻起义后，国民党驻黄安军队激增，支出浩繁，商会发行的流通券不能兑现，商会会长吴青山成为被告，县政府被迫将吴扣押，吴遣子到省府活动，谎称发行流通券用于军事开支，吴被保释，流通券变成废纸。[②]

20 世纪 30 年代，湖北来凤县境内流通着大量的市票。该县货币市场完全是自由发行的状态，商会票与其他票币也是自由竞争的关系。来凤县内市票流通始于民国初年。1926 年秋官票告废，铜元缺乏，市场货币不敷流通，各种市票充斥市场。来凤县市票大致分为三类：一是县商会、县财委会于 1934

---

① 威海市志 [M]. 济南：山东人民出版社，1986：366.
② 红安县志 [M]. 上海：上海人民出版社，1992：495.

年发行的"公票";二是各商户为扩充资金而自行印制的私票,1935 年在全县商会市票整理委员会登记发行市票的商号达 67 家之多,连炸油粑粑的也发行面额为一文的票子;三是外地流通本县的市票,如驻恩施的"靖国军"司令唐克明印发的"恒南票""保和票",还有恩施、咸丰,湖南永顺、龙山等大商号印发的票子。市票多以"文"或"串"为单位,少数为银元票,面额以"元""角"为单位。发行者多无基金准备,又无确定担保,常出现卷逃倒闭之事,造成金融紊乱,百姓受损。直至 1938 年湖北省第七行政督察专员公署三令五申禁止,并派员监督收缴焚烧后,始逐渐减少,法币普及之后才完全禁绝。①

有些地方县政府与商会合谋发行纸币。湖北秭归县县长发行市票,中饱私囊。1933 年 10 月,湖北省政府遵令收缴市票载:业经禁绝者有嘉鱼等 26 县,尚未具撤者计有……秭归、长阳等十余县(湖北省政府呈报取缔各种市票情形)。1934 年初,秭归县县长李九皋呈:"皆因属县地方财政困难,无法维持。由县财委会、县商会联席会议决议印刷临时存单六千元,以资周转。"3 月 24 日,绅士李亚云、皮秋宾、韩明钦、向雅卿等八人在题为《贪劣勾结,违法殃民》一文中,呈控县长李九皋及县财委会滥发纸票,同时指控出纳主任刘鼎五,在经办印刷过程中,为李私印四千元,刘本人又私印一千元,所发之票毫无基金之准备,强行勒逼行使,官吏勾结,投机私营,中饱私囊。②

湖南省酃县商会会长,利用职权滥发流通券,在酃县境内造成物价飞涨,影响极坏。1936 年,陈书鼎接任酃县商会第二任会长,他在任职期间,伙同该会财务谭功杰,以商会名义,发行"流通券",票额为一角、二角两种,对外宣布总发行一千元(实际多少无人得知),限于在酃县境内流通使用,不到两个月物价受到波及而猛涨。县政府下令责成商会迅速回笼券票,限期兑换,中止使用。只兑换两天,会长、财务避而不见。居民、商贩蒙受巨大损失。陈、谭下台。③

河南泌阳县商会会长也利用管理该县钱票之机,大量发行钱票,牟取私

①　来凤县志 [M]. 武汉:湖北人民出版社,1990:262.

②　秭归县金融志 [Z]. 内部发行,1988:19.

③　酃县金融志 [Z]. 内部发行,1993:40.

利。民国元年，县城有些商行自行发行钱票，沙河店、羊册、官庄、牛蹄等集镇较大商店亦有钱票发行。面额多为一串（即一千文），石版印刷。印制粗糙，纸质柔软，容易破损，如遇商店倒闭，钱票成为废纸。1923 年，泌阳县商会会长王炳南利用职务之便，印制约一万串"花版"票，发行后携款逃离泌阳，钱票无处兑现，成了废纸。1927 年以后，县商会尽力纠正发放钱票弊端，实行"质押票制"，规定凡发行钱票的商店，事先需向县商会申请，提出发行数额，同时呈缴土地红契（盖有县政府印的土地契约），根据其土地数量，允许发行相应数量的钱票。如遇商店倒闭，商会可将其土地拍卖，收回钱票。初发行时，钱票和铜元等值，后银价一再上涨，铜价一再下跌，钱票也随之贬值。商店以少数银元，回收大量钱票，从中获得厚利。①

在江西九江，花票的发行也是极其混乱的。花票为地方政府、公团、商号等非银行机构所发行的银元票或铜元票。光绪九年（1883 年）二月《申报》刊文："九江钱店均出花票，城乡通用，票发大钱一串，认票不认人，凡客之持银换钱者，兑现钱少，而兑花票者多，以便携带。然店与客虽有利而亦有害，利在通用钱票生意活动，害在钱店亏闭，则花票落空，此九江历年之积弊也。"1933 年九江商会发行铜元花票多达 3 020 万枚，江西地方政府于 1934 年 10 月 1 日禁令取缔花票，限令两个月内收回，否则以扰乱金融妨碍币制论处，从此花票逐渐绝迹。②

三、对商人利益的保护每况愈下

伴随着商会等社会组织在政治上地位的下降，其对内部成员的利益保护及权益申索效果也在逐步下降。以商事裁判权为例，早期商会被明确赋予商事裁判权。清政府在 1904 年颁行的《商会简明章程》就规定："凡华商遇有纠葛，可赴商会告知总理，定期邀集各董秉公理论，以众公断。如两造尚不折服，任其具禀地方官核办。"③后来各商会成立伊始，都在商会章程中明确

---

　　①　泌阳县志 [M]. 郑州：中州古籍出版社，1994：485.
　　②　九江金融志 [M]. 南昌：江西人民出版社，1995：69.
　　③　东方杂志（第 1 卷），1904，3（1）. 转引自王仲. 民国苏州商会研究（1927—1936 年）[M]. 上海：上海人民出版社，2015：303.

了商会具有对商事纠纷的仲裁权。《上海商务总会暂行试办章程》规定商会宗旨之一为"维护公益、改正行规，调息纷难，代诉冤抑，以和协商情"。[1] 苏州商务总会在 1905 年创办之初也阐明了"调息纷争"系商会的宗旨之一。其商会章程第 48 条规定："在会之人因商业纠葛，本会当为之秉公调处，以免涉讼。"[2] 民初的实践也证明了各地商会的确在商事仲裁中发挥了极其重要的作用。但南京国民政府成立后，对社会加强了控制，对商会的司法权重点进行了剥夺。国民党在地方建立起党、政分立的行政机构，执行国民党意志的党部对地方有一定的干预力，同时倡导组建商民协会对劳资纠纷进行调解。这样，商会的商事裁判权就逐步被分散、削弱，直至"商会商事裁判权的沦丧"。[3]

清朝晚期，"同盟绝交"不仅是行会制裁会员的手段，而且是用来与外间人员或官厅对抗的有效武器。外国商人有雄厚的资本与强大的国家为后盾，但若与中国的行会抗争，会受到中国行会同盟绝交的礼遇，结果往往失败。1883 年，汉口的外籍茶商与华籍茶商起了争执，外商议决不买，华商议决不卖，茶业公所并发出通告，与外商完全断绝经济关系。华商方面的制茶工厂、贩卖所、经理人、装卸货工人等，凡与茶业有关系的人员联络一起，做大规模的同盟绝交运动，结果外商颇受损失。[4] "中国官厅一向有其专制的威力，但若遇到行会的同盟绝交（此处应作同盟抵制或罢业），也不得不屈服。讨平'长发贼及回匪乱'后，威望赫赫的左宗棠，做两江总督时，因经费缺乏，新发盐票十五万道，但因湖广盐商的反对，只发行了三万道便告中止。清末湖广总督张之洞，为财政上的便利计，实行鸦片专卖，后因湖北鸦片商人的反对，亦告中止。"[5]

辛亥革命后建立中华民国，颁布《临时约法》，在中央设立国会，地方设立省议会。1917 年 2 月 20 日，山东督军张怀芝下令济南戒严，派军警逮捕革

① 天津商会档案汇编（1903—1911）.97.
② 章开沅等编．苏州商会档案丛编（第一辑）[M]．武汉：华中师范大学出版社，1991：27.
③ 王仲．民国苏州商会研究（1927—1936 年）[M]．上海：上海人民出版社，2015：306.
④ *Chinese Maritime Customs*. Shanghai, Decennial Reports, first series, 1882—1891：169.
⑤ 全汉升．中国行会制度史 [M]．北京：百花文艺出版社，2007：150.

命党人。5月2日和17日，以张怀芝为代表的督军团两次面见黎元洪，要求对德作战，并继而要求解散国会、修改约法，均被黎元洪拒绝。5月22日，山东省议会议长及绅学界代表在济南面见督军张怀芝，斥责其呈请解散国会、修改约法的行为，并警告：督军倘再发生种种违法之通电，我鲁省绅民即不复承认公为本省督军。①

总之，商会在民国时期的对钱票的监管，不仅体现在时局变迁剧烈时期发挥过渡的作用，也表现在空间上的纽带作用，即联系官商、沟通上下的作用。作为政府的辅助机关，商会的社会职能表现出阶段性特点："一是随政府干预程度的强弱而变化，政府弱时强，政府强时弱，成反比关系；二是随政府经济形势的急缓而变化，危机时期作用显著，平常时间则少有作为。"② 并且从长期趋势上看，商会对区域货币及金融业的管理作用呈下降态势。必须指出，以商会为核心的社会组织在调动社会资源解决危机方面也存在着成本高、效率低，其内部缺乏民主，互相之间协调困难，都不同程度地降低了其运行效能。这就是萨拉蒙称为"志愿失灵"的现象，也就是第三部门存在的制度缺陷。

余　　论

民国时期的货币体系是上下分层且相互隔绝的，也是政府的财政体系为核心和以市场为核心的两级对立体系。自明清以来的大额用银、小额用钱的两制就清楚地表明，这种上下分层的货币体系是继承了封建经济的衣钵。但到晚清民国商品经济的冲击下，这个陈旧的货币体系已不适应新的经济发展的需要，在新旧交替的转型时代，已经变得千疮百孔了。从经济学角度分析，政府失灵是表现之一。

政府为什么会失灵？因为失信了，过度发行透支了政府的收入，更透支了政府本该有的公信度。虽然金融学的基本原理告诉我们，银行所保有的准

---

① 山东济南金融渐活动 [N]. 天津：大公报，1917 - 06 - 19（6）.
② 施正康. 近代上海金融业同业组织的效能 [M]. 近代上海金融组织研究，天津：复旦大学出版社，2007：280.

备金都只是其发行额的一小部分，而非百分之百，如果恶意去挤兑，任何一家银行（包括运转正常的）都将无以应对，并终将被挤倒。但是维持一定的法定存款准备率是现代银行体系稳定运行的重要原则，或者说不低于一定的准备率是央行货币制度的底线。可省银行的主人——军阀、官僚们——把银行视为其摇钱树，早已没有什么底线了，却还迷恋其武力和强权的淫威。1927年2月，直隶银行由于滥发纸币，在天津遭到市民的挤兑。以褚玉璞为首的直隶省政府，"一面延长钟点兑现，一面枪毙挤兑者二人"。军阀怒杀挤兑群众，但次日挤兑依旧。于是他们又玩弄起欺骗的把戏，凭借其撑控的舆论喉舌《大公报》等，大肆宣传直隶银行资金充足，且运转良好。但数月之后，褚玉璞不得不承认：用胁迫、吹嘘和抵押省政府的过渡性（从中国银行等）贷款不足以拯救省银行纸币的被削弱了的可信度。① 市场是诚实的，几无准备的滥发无度，终将无法掩盖物价的狂涨。当金融风潮退去的时候，谁是裸泳者，一目了然！

哈耶克曾指出，中央银行垄断货币，阻碍了货币的竞争，也剥夺了人们对最优货币的选择权。"政府的货币发行垄断权不仅剥夺了我们获得一种良币的可能，也摧毁了唯一能使我们借以发现什么才是良币的过程""我们从来不准进行货币试验，我们从来没有获得机会去搞清楚什么样的货币才是最佳货币。"②

历史的经验表明，在政府的垄断统治之下，货币的动荡和由此引发的周期性经济衰退比在自由银行制度和私人货币时期要更加明显。美国货币史就是一个很好的例子。从1839年到1913年，即从美国第二银行的结束到美国联邦储备银行的建立，流通中的货币大都是私人银行券。其优劣良莠不齐。许多东方银行券被视为"好似黄金"，因为可以兑现成黄金。许多西方银行券，却被折价发行，其对需要资金的企业主提供资本。当然，一些货币发行者欺骗公共，但其对整个经济的负面影响甚小。从1840年到1913年，每隔20年左右，就有一次所谓的"恐慌"带来了经济萧条。但美国历史上竞争性

---

① ［美］史瀚波. 乱世中的信任：民国时期天津的货币、银行及国家—社会关系［M］. 上海：上海辞书出版社，2016：150.

② ［英］弗里德里希·冯·哈耶克. 货币的非国家化［M］. 北京：新星出版社，2007：190.

货币发行时期正好就是美国经济高速增长时期。从美国内战到美国联邦储备系统的建立，美国人均年收入增长 10%，就比其他任何时期都高。联邦储备系统建立以来，国家垄断货币，但经济的稳定性远没有达到。1913 年的物价指数是其 76 年前（1837 年）的物价指数的 87%，其间任何时候都没有超过100%。而其 76 年后的今天，物价指数是 1913 年的 854%。两个时期比较，今天在失业率和产值下降方面，经济衰退程度远远超过过去。1913 年以前的20 年中，有 1 748 家银行倒闭，而 1913 年以后的 20 年里，共有 15 502 家银行破产。①

实践表明，政府在解决市场失灵、调动社会资源方面，的确能发挥出高效率来，但也同时引发一系列的问题，如垄断、寻租、竞争不足带来的资源浪费和配置效率低下等。因此，如何动员社会组织参与，发挥社会组织的协调作用，弥补政府管理的不足，是政府应当采取的正确举措。民国政府在不同时期，也表达了重视社会组织的态度，如倡导地方自治，制定相关《商会法》等一系列的社会组织的法则等。但到 20 世纪 30 年代中后期，"寓保甲于自治之中"的做法，暴露了国民政府加强对社会组织的控制的思想是根深蒂固的。

民国时期，由于军阀混战和政局动荡，赋税负担日趋沉重，加剧了农村经济的破产和社会危机的恶化。社会组织的发展，顺应了时代发展的需要，它们自发组织起来，表达各群体的愿望和诉求，并积极参与到社会治理的过程中，在政局变动和权力真空时期，成为维持地方经济秩序的主导力量。但是，以商会为代表的社会组织，自始至终未得到政府的足够重视，且随着国民政府对地方控制的强化，社会组织在政治、经济等方面的地位都大大下降了，其参与、协调社会治理的能力也大打折扣。

---

① Richard W. Rahn, "Private Money: An Idea Whose Time Has Come", Cato Journal, Vol. 9, No. 2 (Fall 1989), p. 356.

参考文献

一、档案资料

［1］河北省西北部流通货币调查［A］. 辽宁省档案馆日文档案，财经类，2019.

［2］黑龙江将军衙门档案［A］. 黑龙江省档案馆，全宗号 20，目录号 7，案卷号 1275.

［3］天津商会档案汇编（1928—1937）［M］. 天津：天津人民出版社，1994 年版.

［4］天津商会档案汇编：1903—1911（上）［M］. 天津：天津人民出版社，1987 年版.

［5］昆明市档案馆. 民国云南省商会档案卷宗［A］. 第 32－25－450 卷.

二、近代报纸和杂志

［1］《大公报·天津版》（1911—1936 年）.

［2］《经济旬刊》.

［3］《钱业月报》.

［4］《银行杂志》.

［5］《本市铜辅币被搜罗殆尽》，《商业月报》1939 年第 19 卷第 7 期.

［6］《财厅呈报取缔台山县银钱行号商店发行兑换凭票办法》，《广东省政府公报》1933 年第 223 期.

［7］《财厅订定办法廓清各县花票》，《经济旬刊》1934 年第 3 卷第 5 期．

［8］《财政厅令各县县长抄发河北银行委托各县商会代发行辅币券》，《河北省政府公报》1930 年第 785 期．

［9］《财政厅令涿鹿县政府案据商业钱局呈请取缔商会流通券》，《察哈尔省政府公报》1937 年第 1059 期．

［10］《否准吉安县商会发行铜元票并应收毁已发行者》，《江西省政府公报》1933 年第 73 期．

［11］《河北财政公报》，第 52 期，1934 年 1 月．

［12］《河北省工商厅训令第 692 号》，《河北工商月报》第 1 卷第 11 期（1929 年 8 月 5 日）．

［13］《河北实业厅取缔行唐商会角票》，《中央银行旬刊》1932 年第 4 卷第 8 - 9 期．

［14］《黑河总商会自发行纸币维持地方金融》，《东三省官银号经济月刊》1929 年第 1 卷 6 期．

［15］《江西建设银行发行铜元票》，《中央银行旬刊》1932 年第 4 卷第 8 - 9 期．

［16］《金融问题与商会》，湖南《实业杂志》第 36 号（1920 年）．

［17］《鲁商会呈复调剂金融之办法》，《银行周报》1925 年第 9 卷第 42 期．

［18］《绍兴钱业限期收回角票》，《中央银行旬刊》1932 年第 4 卷第 8 - 9 期．

［19］《市商会会同银钱业统筹救济市面办法》，《商业月报》1939 年第 19 卷第 7 期．

［20］《铜辅币缺乏市商会电请财政部补救》，《商业月报》1939 年第 19 卷第 7 期．

［21］《商会电请缓办永汉马路》，《民生日报》1913 年 7 月 1 日．

［22］《五月二十七日省会速记录》，《民生日报》1913 年 6 月 3 日．

［23］湘省禁止滥发纸币［M］．银行周报，1933 年第 17 卷第 8 期．

［24］《训令汕头总商会派员来府共同组织纸币保证审查机关》，《汕头市

政公报》1929 年第 49 期.

　　［25］《纸币流通之消息》,《民生日报》1913 年 5 月 31 日.

　　［26］《众矢集的之胡督》,《民生日报》1913 年 6 月 21 日.

　　［27］悲笛:《动乱前夕的山西政治和农村》,《中国农村》第 2 卷第 6 期, 1936 年 6 月.

　　［28］罗子为:《邹平私钞之面面观》,《乡村建设》旬刊第 4 卷第 29 期 (1935 年 6 月).

　　［29］秦德纯:《训令河北银钱局据商会呈以小数铜元票市乡极感缺乏请迅饬赶制多量小数铜元票》,《北平市市政公报》1936 年第 337 期.

　　［30］颂皋:《上海发行辅币问题》,《东方杂志》第 22 卷第 10 期 (1925 年).

　　［31］佚名:《汉口钱业公会发行流通券》,《银行周报》第 8 卷第 40 号 (1924 年 10 月).

　　［32］谢也青:《沙市金融状况之过去及现在》,《汉口商业月刊》第一卷第七期, 1934 年 7 月.

三、县志和县金融志

　　［1］安陆县金融志 ［M］. 内部发行, 1987.

　　［2］安陆县志 ［M］. 武汉出版社, 1993.

　　［3］长沙市金融志 ［M］. 内部发行, 1997.

　　［4］长沙县志 ［M］. 生活·读书·新知三联书店, 1995.

　　［5］崇阳县志 ［M］. 武汉大学出版社, 1991.

　　［6］福州金融志 ［M］. 内部发行, 1995.

　　［7］富阳金融志 ［M］. 方志出版社, 1997.

　　［8］公安县志 ［M］. 汉语大词典出版社, 1990.

　　［9］广灵县金融志 ［M］. 中华书局, 2003.

　　［10］贵州金融志编纂委员会. 贵州金融志资料, 第 12 辑, 1990 年 2 月 5 日内部发行.

　　［11］哈尔滨市志·金融志 ［M］. 黑龙江人民出版社, 1995.

［12］红安县志［M］. 上海人民出版社, 1992.

［13］桦川县志［M］. 黑龙江人民出版社, 1991.

［14］怀化地区金融志［M］. 北京出版社, 1993.

［15］桓台县志［M］. 齐鲁书社, 1992.

［16］吉水县志［M］. 新华出版社, 1989.

［17］济南金融志［M］. 1989 年内部发行.

［18］济宁市金融志［M］. 山东人民出版社, 1995.

［19］简阳县财政志（1911—1985）［M］. 简阳县财政局, 1986.

［20］九江金融志［M］. 江西人民出版社, 1995.

［21］来凤县志［M］. 湖北人民出版社, 1990.

［22］临汾金融志［M］. 方志出版社, 2005.

［23］临沂地区金融志［M］. 内部发行, 1992.

［24］鄞县金融志［M］. 内部发行, 1993.

［25］栾城县志［M］. 新华出版社, 1995.

［26］蒙城县志［M］. 黄山书社, 1994 .

［27］泌阳县志［M］. 中州古籍出版社, 1994.

［28］沔阳县金融志（1840—1985）［M］. 内部发行, 1993.

［29］明水县志［M］. 黑龙江人民出版社, 1989.

［30］内江地区金融志［M］. 四川大学出版社, 1998.

［31］内邱县志［M］. 中华书局, 1996.

［32］南阳地区志［M］. 河南人民出版社, 1994.

［33］宁乡县金融志［M］. 1994 年内部发行.

［34］平江县金融志［M］. 1994 年内部发行.

［35］青岛市志［M］. 新华出版社, 2000.

［36］邱县志［M］. 方志出版社, 2001.

［37］思茅地区金融志［M］. 云南民族出版社, 1998.

［38］绥化县志［M］. 黑龙江人民出版社, 1986.

［39］太湖县志［M］. 黄山书社, 1995.

［40］郯城县志［M］. 深圳特区出版社, 2001.

［41］铜鼓县志［M］．南海出版公司，1989.

［42］万县地区金融志［M］．四川人民出版社，1992.

［43］威海市志［M］．山东人民出版社，1986.

［44］蔚县志［M］．中国三峡出版社，1995.

［45］温州市金融志［M］．上海科学技术文献，1995.

［46］文水县商业志［M］．内部发行，1994.

［47］五常县志［M］．黑龙江人民出版社，1989.

［48］婺源县金融志［M］．内部发行，1989.

［49］昔阳县金融志［M］．内部发行，2005.

［50］浠水县金融志［M］．湖北人民出版社，1993.

［51］淅川金融志［M］．河南人民出版社，1988.

［52］厦门金融志［M］．鹭江出版社，1989.

［53］襄阳县志［M］．湖北人民出版社，1989.

［54］兖州县金融志［M］．漓江出版社，1992.

［55］阳新县金融志［M］．1991年内部发行.

［56］宜昌县金融志［M］．1990年内部发行.

［57］宜都县金融志［M］．1982年内部发行.

［58］益阳地区金融志［M］．湖南地图出版社，1993.

［59］远安县金融志［M］．1990年内部发行.

［60］岳阳市金融志［M］．黄山书社，1994.

［61］运城地区金融志［M］．海潮出版社，1999.

［62］枣阳财政金融贸易志［M］．内部发行，1988.

［63］枣阳县金融志［M］．内部发行，1986.

［64］淄博市志［M］．中华书局，1995.

［65］秭归县金融志［M］．内部发行，1988.

［66］自贡市金融志［M］．四川辞书出版社，1994.

［67］遵义县金融志［M］．内部发行，1992.

［68］任守恭纂：《万全县志》，卷三生计，民国二十二年铅印本.

［69］王自尊修、李林奎等纂：民国《元氏县志》，行政·自治，民国二

十二年铅印本.

[70] 魏永弼纂:《柏乡县志》，卷四金融，民国二十一年铅印本.

[71] 林翰儒编:《藁城乡土地理》，上册货币，民国十二年石印本.

[72] 宋宪章等修，于清泮等纂: 民国《牟平县志》卷五，政治志，实业，民国二十五年铅印本.

四、文史资料

[1] 别光典. 河南内乡土皇帝别廷芳 [J]. 文史资料选辑（第 38 辑），中国文史出版社，1963.

[2] 陈培曾. 二十年代的沙市票潮 [J]. 沙市文史资料（第 2 辑），年代不详.

[3] 陈亭琼，周定富. 建国前在祁阳流通的市票 [J]. 祁阳文史资料（第 5 辑），1988 年内部发行.

[4] 陈子量. 云南商会 [J]. 云南文史资料选辑（第 49 辑），1996 年内部发行.

[5] 胡溥泉. 当涂通货史话 [J]. 安徽文史资料选辑（第 28 辑），安徽人民出版社，1988.

[6] 纪华. 天津商会谈往 [J]. 中华文史资料文库·经济工商编（第 13 卷），中国文史出版社，1996.

[7] 贾汉卿. 归化金融史话 [J]. 中华文史资料文库·经济工商编（第 14 卷），中国文史出版社，1996.

[8] 金庆范. 旧中国货币紊乱之一例 [J]. 佳木斯文史资料（第 6 辑），1987，3.

[9] 赖铭斋. 1929 年仙人渡各行业滥发纸币的情况 [J]. 老河口文史资料（第 15 辑），内部刊印，1984.

[10] 李然犀. 清末天津"钱鬼子"揭秘 [J]. 文史资料存稿选编精选（8）：旧时经济摭拾，中国文史出版社，2006.

[11] 林筹等. 莆仙民军林继曾的兴亡 [J]. 福建文史资料（第 4 辑），福建人民出版社，1980.

［12］刘志贤，茆修文．阜阳通货面面观［J］．安徽文史资料选辑（第28辑），安徽人民出版社，1988.

［13］渠自安，刘静山．包头的钱行业［J］．内蒙古文史资料选辑（第33辑）．

［14］汕头市金融志编写组．汕头的七兑票、白票、商库证及银庄［J］．广东文史资料（第69辑），广东人民出版社，1992.

［15］孙学慧．万全流通的货币［J］．河北近代经济史料：交通金融邮电，河北人民出版社，2002.

［16］佟常存．清末民初一面坡商会发行的辅币［J］．黑龙江尚志文史资料（第三辑），内部发行，1985，9.

［17］吴宝鉴．晃县市票流通始末［J］．新晃文史资料（第2辑），内部发行，1988.

［18］晓舟，恩厚．保定的票号和银钱业［J］．河北文史集粹·经济卷，河北人民出版社，1991.

［19］许建中．油布钞在陕南发行流通情况［J］．西安文史资料（第六辑），内部发行，1984.

［20］许子臣，王彦儒．"七·七"事变前的新保安镇［J］．河北文史集粹·工商卷，河北人民出版社，1991.

［21］袁静波．济宁"利济钱票"充斥市场见闻［J］．济宁文史资料（第3辑），内部发行，1987.

［22］张淑岱、徐彰国．汕头金融沿革概述［J］．广东文史资料（第20辑），内部发行，1965.

［23］张宜和．我所知道的别廷芳［J］．河南文史资料（第47辑），中国文史出版社，1993.

［24］张仲甫．江口商户自发"票子"见闻［J］．枝江文史资料（第5辑），内部发行，1990.

［25］郑学长．夏茂发行钞票概况［J］．沙县文史资料（第五辑），内部发行，1986.

五、著作

［1］《孙中山全集》，第三卷（1913—1916），中华书局，1984.

［2］《孙中山全集》，第五卷（1919.1—1921.11），中华书局，1985.

［3］《马克思恩格斯选集》第1卷，人民出版社，1995.

［4］安阳鹤壁钱币发现与研究编委会：《安阳鹤壁钱币发现与研究》，中华书局，2003.

［5］陈海忠：《近代商会与地方金融：以汕头为中心的研究》，广东人民出版社，2011.

［6］陈金华等．民国时期祁阳流通的市票［J］．湖南金融百年，岳麓书社，1999.

［7］陈子明：《陈子明文集（7）》，（香港）世界华文传媒出版机构，2010.

［8］戴建兵：《中国钱票》，中华书局，2001.

［9］费孝通等著：《皇权与绅权》，生活·读书·新知三联书店，2013.

［10］冯筱才：《在商言商：政治变局中的江浙商人》，上海社会科学院出版社，2004.

［11］高文、袁愈高：《四川近现代纸币图录》，四川大学出版社，1994.

［12］葛宝森：《保定商会研究（1907—1945）》，河北大学2011年博士论文．

［13］龚泽琪等编：《民国军事经济史》，海潮出版社，1993.

［14］郭荣生：《中国省银行史略》，台湾文海出版社，1975.

［15］河北省金融研究所：《晋察冀边区银行》，中国金融出版社，1988.

［16］河北省政协文史资料委员会编：《河北近代经济史料·商业老字号（上）》，河北人民出版社，2002.

［17］侯树彤：《东三省金融概论》，上海太平洋国际学会，1931.

［18］胡春惠编：《民国宪政运动》，（台北）正中书局，1978.

［19］胡国瑞等：《安阳鹤壁钱币发现与研究》，中华书局，2003.

［20］湖北省民政厅编印：《湖北县政概况》第四册（1934年7月）．

［21］黄永豪：《米谷贸易与货币体制——20 世纪初年湖南的经济衰颓》，广西师范大学出版社，2012.

［22］孔祥毅：《金融贸易史论》，中国金融出版社，1998.

［23］李柏槐：《现代制度外衣下的传统组织：民国时期成都工商同业公会研究》，四川大学出版社，2008.

［24］李金铮：《民国乡村借贷关系研究》，人民出版社，2003.

［25］李景汉：《北平郊外之乡村家庭》，商务印书馆，1933.

［26］李娟婷：《商会与商业行政：北洋政府时期的政商关系（1912—1927）》，经济管理出版社，2015.

［27］李茂盛：《阎锡山全传》上，当代中国出版社，1997.

［28］刘敬忠：《华北日伪政权研究》，人民出版社，2007.

［29］马德坤：《民国时期济南同业公会研究》，山东大学 2012 年博士论文.

［30］马敏：《官商之间——社会剧变中的近代绅商》，天津人民出版社，1995.

［31］秦晖：《政府与企业以外的现代化——中西公益事业史比较研究》，浙江人民出版社，1999.

［32］曲彦斌：《中国典当史》，九州出版社，2007.

［33］全汉升：《中国行会制度史》，百花文艺出版社，2007.

［34］日本同文会编：《中国分省全志·第十七卷·山西省志》，孙耀等译，山西省地方志编纂委员会办公室 1992 年编印.

［35］施坚雅：《中国农村的市场和社会结构》，中国社会科学出版社，1998.

［36］施坚雅：《中华帝国晚期的城市》，中华书局，2000.

［37］石长有：《民国地方钱票图录》，中华书局，2002.

［38］田茂德、吴瑞雨：《民国时期四川货币金融纪事（1911—1949）》，西南财经大学出版社，1989.

［39］王铭铭：《走在乡土上——历史人类学札记》，中国人民大学出版社，2009.

［40］王先明：《近代绅士》，天津人民出版社，1997.

［41］王业键：《中国近代币制与银行的演进》，台湾：中央研究院经济研究所，1981.

［42］王振海：《社会组织发展与国家治理现代化》，人民出版社，2015.

［43］王正旭、刘绍明编著：《南阳历史货币》，科学出版社，1998.

［44］王仲：《民国苏州商会研究（1927—1936 年)》，上海人民出版社，2015.

［45］魏文享：《中国组织：近代工商同业公会研究（1918—1949)》，华中师范大学出版社，2007.

［46］行政院农村复兴委员会编：《江苏省农村调查》（民国二十二年），文海出版社，1999.

［47］徐沧水编：《民国钞券史》，上海银行周报社，1924.

［48］徐秀丽、郑成林主编：《中国近代民间组织与国家》，社会科学文献出版社，2014.

［49］杨培新：《华俄道胜银行与欧亚大陆第一桥》，中国金融出版社，1992.

［50］虞和平：《商会与中国早期现代化》，上海人民出版社，1993.

［51］张芳霖：《市场环境与制度变迁：以清末至民国南昌商人与商会组织为视角》，人民出版社，2014.

［52］张澧生：《社会组织治理研究》，北京理工大学出版社，2015.

［53］张景月、刘新风主编：《商史通鉴》，九洲图书出版社，1996.

［54］张静：《基层政权——乡镇制度诸问题》，浙江人民出版社，2000.

［55］张通宝：《湖北近代货币史稿》，湖北人民出版社，1994.

［56］张学军、孙炳芳：《直隶商会与乡村社会经济（1903—1937)》，人民出版社，2010.

［57］张玉法：《中国现代化的区域研究：山东省（1860—1916)》，（台北）中研院近代史研究所，1982.

［58］张志中：《收藏与鉴赏——中国近代纸币、票券图鉴》，知识出版社，1997.

［59］中国人民银行上海分行编：《中国钱庄史料》，上海人民出版社，1960.

［60］中国人民银行总行参事室编：《中华民国货币史资料》第 1 辑（1912—1927），上海人民出版社，1986.

［61］中国文化书院学术委员会编：《梁漱溟全集》第 5 卷，山东人民出版社，2005.

［62］周荣德：《中国社会的阶层与流动：一个社区中士绅身份的研究》，（上海）学林出版社，2000.

［63］朱英：《转型时期的社会与国家——以近代中国商会为主体的历史透视》，华中师范大学出版社，1997.

［64］诸锦瀛：《江西近代货币简史》，江西人民出版社，2002.

［65］［德］哈贝马斯：《公共领域的结构转型》，曹卫东等译，学林出版社，1999.

［66］［德］马克斯·韦伯：《经济与历史：支配的类型》，康乐等译，广西师范大学出版社，2010.

［67］［美］安东尼·M. 奥勒姆著，董云虎、李云龙译：《政治社会学导论——对政治实体的社会学剖析》，浙江人民出版社，1989.

［68］［美］保罗·A. 萨缪尔森、威廉·D. 诺德豪斯：《经济学》（上），中国发展出版社，1992.

［69］［美］查尔斯·P. 金德尔伯格著，徐子健、何建雄、朱忠译：《西欧金融史》第二版，中国金融出版社，2007.

［70］［美］费正清：《剑桥中华民国史》，上海人民出版社，1991.

［71］［美］费正清：《美国与中国》，商务印书馆，1987.

［72］［美］莱斯特·萨拉蒙：《非营利部门的兴起》，何增科译，载何增科主编：《公民社会与第三部门》，社会科学文献出版社，2000.

［73］［美］劳伦斯·H. 怀特：《货币制度理论》，中国人民大学出版社，2004.

［74］［美］米尔顿·弗里德曼：《货币的祸害——货币史片断》，商务印书馆，2006.

［75］［美］史瀚波：《乱世中的信任：民国时期天津的货币、银行及国家—社会关系》，上海辞书出版社，2016.

［76］［美］约瑟夫·熊彼特：《经济分析史》，商务印书馆，1996.

［77］［日］长野朗：《中国社会组织》，朱家清译，上海光明书局，1930.

［78］［日］黑田明伸著，何平译：《货币制度的世界史——解读"非对称性"》，中国人民大学出版社，2007.

［79］［日］加藤繁：《中国经济史考证》，商务印书馆，1973.

［80］［日］山口重克：《市场经济：历史·思想·现在》，社会科学文献出版社，2007.

［81］［英］J. C. 亚历山大、邓正来编：《国家与市民社会：一种社会理论的研究路径》，中央编译出版社，2002.

［82］［英］弗里德里希·冯·哈耶克：《货币的非国家化》，新星出版社，2007.

［83］［英］马歇尔：《货币、信用与商业》，商务印书馆，1997.

［84］［英］亚当·斯密著，唐日松译：《国富论》，华夏出版社，2004.

［85］［英］约翰·F. 乔恩：《货币史——从公元 800 年起》，商务印书馆，2002.

［86］［英］约翰·梅纳德·凯恩斯：《货币论》，陕西师范大学出版社，2008.

六、近年期刊文章及论文集

［1］蔡小军. 安徽钱庄业及其票券琐谈［J］. 安徽钱币，2006 年第 2 期.

［2］柴生高. 地方精英在乡村建设中的成效分析：以 20 世纪 30 年代宛西为例［J］. 安徽农业科学，2012 年第 40 卷第 6 期.

［3］陈福寿. 汉中奇钞油布票［J］. 陕西金融，1999 年第 4 期.

［4］陈克志，王麟. 青海省旧地方纸币综述［J］. 青海金融，1994 年第 9 期.

［5］程源，吉家林．40 年代初期的东台富安商票［J］．江苏钱币，2001年第 4 期．

［6］戴建兵．江苏私票［J］．江苏钱币，2000 年第 2 期．

［7］戴建兵．近代河北私票研究［J］．河北大学学报（哲学社会科学版），2001 年第 4 期．

［8］邓正来．国家与社会：回顾中国市民社会研究，张静主编．国家与社会，浙江人民出版社，1998.

［9］邓正来．国家与社会：中国市民社会研究，北京大学出版社，2008.

［10］樊卫国．论民国上海同业公会的"政治行为"，徐秀丽，郑成林．中国近代民间组织与国家，社会科学文献出版社，2014.

［11］龚泽轩．当年古镇里耶的货币流通［J］．金融经济，2003 年第 9 期．

［12］李林翰．多姿多彩的民国时期商会票［J］．文物鉴定与鉴赏，2013年第 3 期．

［13］李维成．解放前湖南纸币之祸［J］．湖南金融百年，岳麓书社，1999.

［14］李银．临沂县通用票［J］．中国钱币，2009 年第 2 期．

［15］李玉清．"成都公济钱庄"铜元券［J］．江苏钱币，1999 年第4 期．

［16］刘鸿燕．近代云南商会研究，缪坤和主编．经济史论丛（三），中国经济出版社，2008.

［17］吕长礼．安徽地方纸币和商会票及私票［J］．安徽钱币，2004 年第 2 期．

［18］南通市钱币学会课题组．民国时期南通地方商会、商家发行的代币券［J］．南通钱币研究文选（1993—2003），南通市钱币协会 2003 年编印．

［19］聂水南．安徽地方银行和各类钱庄票币简说［J］．安徽钱币，2007年第 3 期．

［20］邱捷．1912—1913 年广东纸币的低折问题［J］．中山大学学报论丛，1991 年第 1 期．

［21］桑维明．安康油布钱票的发行始末［J］．陕西金融，增刊（钱币专辑11）．

［22］石长有．地方私票的产生及发展［J］．中国钱币，1998年第2期．

［23］宋岗梧．民国十六年蚌埠流通券考略［J］．安徽钱币，2008年第3期．

［24］宋美云．中国近代社会的中介组织——天津商会（1912—1927）［J］．天津社会科学，1999年第1期．

［25］田凯．西方非营利组织理论述评［J］．中国行政管理，2003年第6期．

［26］童世骏．"后马克思主义"视野中的市民社会［J］．中国社会科学季刊，1993年第3期．

［27］王笛．晚清长江上游地区公共领域的发展［J］．历史研究，1996年第1期．

［28］王静．清末民初天津市场上的"红帖"［J］．历史教学，2006年第7期．

［29］王青春．民国时期盐城地方纸币发行、流通情况综述［J］．江苏钱币，2001年第3期．

［30］王文汉．洗马林镇的拨铺子［J］．河北近代经济史料：交通金融邮电，河北人民出版社，2002.

［31］王先明．士绅构成要素的变异与乡村权力［J］．近代史研究，2005年第2期．

［32］王雪农，刘建民、达津．中国山西民间票帖（六）［J］．中国钱币，2000年第3期．

［33］王雪农，刘建民、达津．中国山西民间票帖（三）［J］．中国钱币，1999年第3期．

［34］吴功臣，冷培基．马塘特别区区公所区商会"临时流通券"［J］．江苏钱币，1999年第4期．

［35］吴进．安徽砀山县商会铜元壹百文券简介［J］．安徽钱币，2006年第3期．

［36］相山，孙峰．河南西峡发现别廷芳叁百文金融流通券［J］．中国钱币，1997 年第 3 期．

［37］肖光庆．民国时期川东北各地发行的地方钞票［J］．中国经济史研究，1995 年第 4 期．

［38］姚会元．上海近代商会在稳定金融中的作用［J］．学术月刊，2000 年第 5 期．

［39］虞和平．西方影响与中国资产阶级组织形态的近代化［J］．中国经济史研究，1992 年第 2 期．

［40］张或定，张劲峰，张哨峰．湖北"鄂城县商民协会信用券"为商会票［J］．江苏钱币，2006 年第 3 期．

［41］张或定，张劲峰，张哨峰．一张经北洋政府批准发行的宜昌公济钱庄票［J］．中国钱币，2007 年第 1 期．

［42］张沛．民国十八年陕西洵阳县蜀河镇发行的几种纸币［J］．陕西金融增刊（钱币专辑 11）．

［43］张新知，王学文．哈尔滨商会发行的特殊纸币羌帖兑换券［J］．中国钱币，2007 年第 1 期．

［44］赵人民．新发现的民国商会纸币"广成楼五角银元支票"［J］．江苏钱币，2000 年第 2 期．

［45］朱英．1920 年代商会法的修订及其影响，徐秀丽，郑成林．中国近代民间组织与国家，社会科学文献出版社，2014．

七、外文资料

［1］Lawrence H. White. "Competitive Money, Inside and Out". Cato Journal, Vol. 3, No. 1, 1983.

［2］Shue Vivienne. *The Reach of the State: Stretches of the Chinese Body Politic*, Stanford University Press, 1988.

［3］David Glasner: "An Evolutionary Theory of the State Monopoly over Money", *Money and the Nation State: The Financial Revolution, Government, and the World Monetary System*, Transaction Publishers, 1998.

［4］ Anna J. Schwartz： "Are Central Banks Necessary", *Critical Review*, 1993, (7) 2 –3.

［5］ Margaret Pearson： *China's New Business Elite*： *The Political Consuquence of Economic Reform*, Canifornia University Press, 1997.

［6］ Man Bun Kwan： The Salt Merchants of Tianjin： State – Making and Civil Society in Late Imperial China, Hawaii University Press, 2001.

［7］ Lloyd E. Eastman： The Abortive Revolution： China under Nationalist Rule： 1927 –1937, Harward University Press, 1974.

［8］ Marie – Claire Bergere： "The Shanghai Bankers' Association, 1917 – 1927： Modernization and Institutionalization of Local Solidarities", Shanghai Sojourners, East Asia Research Center, University of California, Berkeley, 1992.

［9］ Xu Wang, "Mutual Empowerment of State and Society： Its Nature, Conditions, Mechanism, and Limits", Comparative Politics, Vol. 31, No. 2 (1999) .

［10］ Skinner G. William. "Marketing and Social Structure in Rural China". (2 parts) *Journal of Asian Studies*. 1964 –1965, 24 (3) .

［11］ Skinner G. William. "Cities and Hierarchies of Local Systems, Studies of Chinese Society". Ed. Arthur Wolf. Standford University Press. 1974.

后　记

　　本书为作者 2017 年承担的河北省社会科学基金项目，项目编号：HB17LS013。本书同时得到 2018 年河北经贸大学学术著作出版基金的资助，以及河北经贸大学金融学院学术著作出版基金的资助，在此表示衷心的感谢。没有这些基金的鼎力相助，此书的出版将是不可能的。

　　书稿的写作时间仅历时两个月有余，主要是 2018 年暑期完成的，但更多的时间是用在前期的资料搜集和整理工作上。自《民国小区域流通货币研究》和《钱票泛滥对民国金融体系的影响研究》之后，《民国社会组织对小区域流通货币的管理》是第三部以小区域流通货币为主题的研究专著，从研究角度和资料应用上都比前两部有较大的变化，主要突出民国社会组织作为监管的主体，而小区域流通货币则是客体，且民国社会组织也主要以商会、钱业公会等为主要考察对象，兼顾一些其他的社会组织。一方面，笔者意欲拓展自己的研究视野，使对已有的探索不至于太狭隘，另一方面，试图将历史与现实结合起来，达到以史为鉴的目的。当前，国家治理现代化已成为新时代的社会科学研究的重要方向和主题，作为史学工作者，希望从自己的研究出发，为社会发展尽些绵薄之力，也是深感欣慰的。

　　本书的资料收集、写作，还得到过许多专家、教授和学界前辈的指点和帮助，在此深表敬意和感谢。由于数年的伏案工作，占用大量的时间，所有家务劳动都推给了我的爱人张晓萍女士，致使她身体积劳成疾，腿关节落下病根，这使我深感愧疚。在查阅资料、录入及校对等方面，陈爽做了大量的工作，也提出了很多有价值的意见和建议，在此一并致谢！

陈晓荣

2019 年 7 月于经贸南院